做中华 好老师

《弟子规》中的
教育智慧

鲁鹏程 著

湖南人民出版社·长沙

图书在版编目（CIP）数据

做中华好老师：《弟子规》中的教育智慧 / 鲁鹏程著. -- 长沙：湖南人民出版社，2025. 4. -- ISBN 978-7-5561-3603-2

Ⅰ. B825

中国国家版本馆CIP数据核字第2025A38276号

ZUO ZHONGHUA HAO LAOSHI：《DIZIGUI》ZHONG DE JIAOYU ZHIHUI

做中华好老师：《弟子规》中的教育智慧

著　　者	鲁鹏程	
出 版 人	张勤繁	
责任编辑	姚忠林	
装帧设计	刘　哲	
责任印制	彪　剑	
责任校对	夏丽芬	
出版发行	湖南人民出版社〔http://www.hnppp.com〕	
地　　址	长沙市营盘东路3号	
邮　　编	410005	
经　　销	湖南省新华书店	
印　　刷	湖南天闻新华印务有限公司	
版　　次	2025年4月第1版	
印　　次	2025年4月第1次印刷	
开　　本	710 mm × 1000 mm　　1/16	
印　　张	25	
字　　数	407千字	
书　　号	ISBN 978-7-5561-3603-2	
定　　价	58.00元	

营销电话：0731-82221529　　（如发现印装质量问题请与出版社调换）

前言

中华文化源远流长、灿烂辉煌。在五千多年文明发展中孕育的中华优秀传统文化，积淀着中华民族最深沉的精神追求，是中华民族独特的精神标识，是中华民族生生不息、发展壮大的丰厚滋养，是中国特色社会主义植根的文化沃土，是当代中国发展的突出优势，对延续和发展中华文明、促进人类文明进步，发挥着重要作用。

文化是民族的血脉，是人民的精神家园。今天中华文化正在复兴，习近平总书记也指出，中华优秀传统文化已经成为中华民族的基因，植根在中国人内心，潜移默化影响着中国人的思想方式和行为方式……并多次强调要有文化自信。文化自信是更基本、更深层、更持久的力量。中华文化独一无二的理念、智慧、气度、神韵，增添了中国人民和中华民族内心深处的自信与自豪。

2017 年 1 月，中共中央办公厅、国务院办公厅印发《关于实施中华优秀传统文化传承发展工程的意见》指出：围绕立德树人根本任务，遵循学生认知规律和教育教学规律，按照一体化、分学段、有序推进的原则，把中华优秀传统文化全方位融入思想道德教育、文化知识教育、艺术体育教育、社会实践教育各环节，贯穿于启蒙教育、基础教育、职业教育、高等教育、继续教育各领域。以幼儿、小学、中学教材为重点，构建中华文化课程和教材体系……加强面向全体教师的中华文化教育培训，全面提升师资队伍水平。

百年大计，教育为本；教育大计，教师为本。为帮助教师更好地学习中华文化，提升中华文化素养，更好地传承中华文化，延续中华文脉，我们特别出版这部《做中华好老师：〈弟子规〉中的教育智慧》，即《弟子规》教师版解读本。

近年来社会各界学习推广《弟子规》已经是蔚为风潮，成为一种独特的文化风景。全国各地很多中小学、幼儿园，甚至是大专院校、企事业单位都将《弟子规》作为经典诵读，甚至连很多父母也开始学习。2014年5月30日，习近平总书记在北京市海淀区民族小学听学生背诵《弟子规》并予以肯定，这足见《弟子规》的强大魅力和影响力。所以，这本书也想借此东风，更好地呈现《弟子规》在教育中的重大价值，从而把《弟子规》推广到学校教育中去，让更多教师、学生和他们的父母从中受益。

蒙学经典《弟子规》原名《训蒙文》，是清朝康熙年间秀才李毓秀所作。后来，乾隆年间山西浮山的儒生贾存仁对《训蒙文》进行修订改编，并将其改名为《弟子规》。

《弟子规》不仅能解决家庭教育中的一些问题，也能在一定程度上解决学校的问题，无论是学生不爱学习，还是不合群、懒惰，抑或是太过依赖父母、老师，等等，都可以用《弟子规》来进行劝解，因为《弟子规》仍然是对学生进行学习指导和品行修养教育的优秀启蒙读物，能帮助学生建立良好的行为规范。

在教育学生时，《弟子规》是一部简单、易行、有效的参考书。不过，如果不对《弟子规》进行全面的与时俱进的分析解读和有效方法的总结，是很难发现它的巨大价值的，所以，需要我们用心去解读，如此，才能找到改造自己、成就学生的各种方法，也才能发现它的巨大魅力所在。

本书以《弟子规》的原文为纲目，站在学校教育的角度，联系学生发展与教育教学实际，一字不漏地对《弟子规》1080字的原文进行全面的解读。全书分为九部分，具体内容如下："《弟子规》到底是一部什么书？为什么要学？""总叙——学好《弟子规》，做好老师教好学生""入则孝——教育的生发点，孝为德之本教之基""出则弟——学生和睦相处、尊师敬长的大智慧""谨——师生何时何地都应谨言慎行，自重自爱""信——言而有信，乃立业处世之基本道德要求""泛爱众——教学生爱敬一切，创造和美人生""亲仁——引导学生亲近仁者，一生受益无穷""余力学文——教学生学以致用，立志做圣贤"。

特别值得一提的是，为方便教师教学和学生学习，本书每章的最后都有一个板块，专门讲述学生在力行《弟子规》每一句教诲时应该注意的各种细节。在本书的最后，附有《弟子规》全文，方便教师诵读、查阅，还附有《弟子规》学生每日生活力行表，既方便学生每日落实《弟子规》参考，也方便教师进行指导。希望本书的出版对教师学好《弟子规》，用好《弟子规》，做好自己，教好学生有所帮助。

这本书中的一切，不仅是说给教师怎样指导学生学习的，更是说给我们教师自己如何学习的。教师永远要走在学生前面，给学生踏出一条路来，学生跟随教师的脚步，一步一个脚印，踏实向前。学好《弟子规》，教出好学生；学好《弟子规》，做最好的自己，做最好的教师。

由于作者水平有限，书中定有诸多不足、不妥、缺憾，甚至是错漏之处，冀望高明不吝批评指正，诚挚感谢！

江河若断流，吾辈何以对子孙？文化若失传，吾辈何以见祖先？与君共勉！

目录

第二章 ————————————————————

入则孝——教育的生发点，
孝为德之本教之基

第五章 ────────────────

信——言而有信，
乃立业处世之基本道德要求

第六章

泛爱众——教学生爱敬一切，
创造和美人生

第七章

亲仁——引导学生亲近仁者，
一生受益无穷

第八章 ————————————————

余力学文——教学生学以致用，
立志做圣贤

附录1 ————————————————

附录2 ————————————————

绪论

《弟子规》到底是
一部什么书？
为什么要学？

现在全国很多中小学、幼儿园甚至是大专院校、企事业单位都在学习《弟子规》，那《弟子规》到底是一部什么书？今天为什么还要学它？我们应该怎样学？本部分内容将重点论述《弟子规》的作者及成书背景、《弟子规》与经典的关系、《弟子规》里到底有没有糟粕、《弟子规》里的三种教育内容、《弟子规》里的四种教育方法、今天学习《弟子规》的意义，以及学习《弟子规》的正确方法，以此回答前面提出的问题。

今天我们为人师者一定要建立对这部书的学习信心，其实不仅要学习，还要践行，更要去弘扬，承担使命，让更多的人从中受益，让我们的文化命脉得以延续！之所以不让江河断流，是吾辈要对子孙负责；之所以不让文化失传，是吾辈想对祖先无愧。

《弟子规》的作者及成书背景

蒙学经典《弟子规》原名《训蒙文》，是清朝康熙年间秀才李毓秀所作。

李毓秀，字子潜，号采三，山西绛州（今新绛县）人，据《新绛县志》记载，李毓秀一生只考中过秀才，没有更高功名，他创办了私塾"敦复斋"，一生致力于讲学教书。

李毓秀经潜心研读所著的《四书证伪》《四书字类释义》《学庸发明》《读大学偶记》等作品，至今仍存于北京大学图书馆及山西省图书馆中。李毓秀于乾隆年间去世，去世后，他的牌位被供奉在绛州先贤祠里供后人缅怀敬仰。

在当时，民间有很多蒙学读物，如《弟子职》《小学》《蒙学须知》《小儿语》《三字经》《千字文》等。这些读物以韵语、杂述、规范和格言等方式流传于世，虽然不乏精华之作，但也有一些不足之处，要么冗长，要么太晦涩，要么行文不够流畅。出于这些原因，李毓秀基于童蒙养正、合辙押韵、通俗易懂、简洁流畅、联系生活、便于落实的原则，根据儒家孔孟学说思想，并结合自己的教学经验撰写了《训蒙文》。

这部书编成后，在民间广为流传，连很多地方政府都对其推崇有加，列为私塾、义学的必读教材。

后来，乾隆年间山西浮山的儒生贾存仁（1724—1785）对《训蒙文》进行修订改编，并将其改名为《弟子规》。据清光绪版《浮山县志》记载：贾存仁，字木斋，乾隆辛卯（1771）科副榜，工书法，精韵学，著有《等韵精要》《弟子规》《正字略》诸书。关于《弟子规》的影响之大及盛行状况，清朝学者周保璋在《童蒙记诵编》中指出，"近李氏《弟子规》盛行,而此书几废",此书指《三字经》,也就是说因《弟子规》非常盛行,《三字经》几乎没人读了。

今天在山西省图书馆藏有光绪十年(1884)山西解州书院刻印的《弟子规》,文前署有"绛州李子潜原本,浮山贾存仁重订"的文字。

《弟子规》总叙纲目"弟子规,圣人训;首孝弟,次谨信。泛爱众,而亲仁;有余力,则学文",以《论语·学而》的"入则孝,出则弟,谨而信,泛爱众,而亲仁,行有余力,则以学文"为中心思想,采用三字一句、两句一韵的韵文形式,具体阐述了为人子弟在家、外出、待人、接物和学习上应该恪守的规范。

全书共360句,1080字,列举了113件事,涵盖了做人、做事、生活、学习等方面,是教导子弟恪守本分、克己守礼、约束邪念、保持诚实,养成良好生活习惯并传承忠厚家风的良好教材,在今天仍极具教育价值。

《弟子规》与经典的关系是怎样的？

　　《弟子规》是儒家经典，这一点确认无疑。因为其总叙纲目源自《论语·学而》，而其更详细的文本内容则借鉴引用了儒家经典《论语》《礼记》《童蒙须知》等，有着鲜明的儒家思想。更多的参考书目如下：

　　先秦的《易经》《周礼》《礼记》《论语》《孟子》《荀子》《孝经》等；汉朝的刘向《说苑》，桓谭《新论》，王充《论衡》，王符《潜夫论》等；晋朝的王肃《家戒》等；北齐的颜之推《颜氏家训》等；宋朝的司马光《温公家范》，朱熹《童蒙须知》（又名《训学斋规》）《四书章句集注》《近思录》《朱子语类》，吕本中《童蒙训》，陈淳《小学诗礼》，王应麟《三字经》，佚名《名贤集》等；明清的屠羲时《童子礼》，王阳明《传习录》，吕得胜《小儿语》《女小儿语》，吕坤《续小儿语》，程登吉《幼学琼林》，陈继儒《小窗幽记》，袁黄《了凡四训》，黄宗羲《宋元学案》，朱用纯《朱子治家格言》，车万育《增广贤文》等。

　　以下简单列举一下《弟子规》与《礼记》和《童蒙须知》相关的内容：

《弟子规》文本	相关出处
冬则温，夏则清；晨则省，昏则定。	《礼记·曲礼》：凡为人子之礼，冬温而夏清，昏定而晨省，在丑夷不争。
出必告，反必面；居有常，业无变。	《礼记·曲礼》：夫为人子者，出必告，反必面，所游必有常，所习必有业。
亲有疾，药先尝。	《礼记·曲礼》：君有疾饮药，臣先尝之，亲有疾饮药，子先尝之。

《弟子规》文本	相关出处
亲有过，谏使更；怡吾色，柔吾声。谏不入，悦复谏；号泣随，挞无怨。	《礼记·曲礼》：子之事亲也，三谏而不听，则号泣而随之。《礼记·内则》：父母有过下气怡色，柔声以谏。谏若不入，起敬起孝，说则复谏……父母怒不悦而挞之，流血不敢疾怨，起敬起孝。
步从容，立端正。	《礼记·曲礼》：立必正方。
路遇长，疾趋揖；长无言，退恭立。	《礼记·曲礼》：遭先生于道，趋而进，正立拱手，先生与之言则对，不与之言则趋而退。
将上堂，声必扬。	《礼记·曲礼》：将上堂，声必扬。
将入门，问孰存。	《礼记·曲礼》：户外有二屦，言闻则入，言不闻则不入。
勿践阈，勿跛倚；勿箕踞，勿摇髀。	《礼记·曲礼》：游毋倨，立毋跛。
天同覆，地同载。	《礼记·孔子闲居》：天无私覆，地无私载。
父母呼，应勿缓；父母命，行勿懒。	《童蒙须知》：若父母长上有所召唤，却当疾走而前，不可舒缓。
称尊长，勿呼名。	《童蒙须知》：凡称呼长上，不可以字，必云某丈。
尊长前，声要低。	《童蒙须知》：凡为人子弟，须是常低声下气，语言详缓，不可高言喧哄，浮言戏笑。
问起对，视勿移。	《童蒙须知》：凡侍长者之侧，必立正拱手，有所问，则必诚实对。
朝起早，夜眠迟。	《童蒙须知》：凡子弟，须要早起晏眠。
便溺回，辄净手。	《童蒙须知》：凡如厕，必去外衣；下，必盥手。
冠必正，纽必结；袜与履，俱紧切。	《童蒙须知》：男子有三紧，谓头紧、腰紧、脚紧……此三者，要紧束，不可宽慢。
置冠服，有定位；勿乱顿，致污秽。	《童蒙须知》：凡脱衣服，必齐整折叠箱箧中，勿散乱顿放，则不为尘埃杂秽所污。

《弟子规》文本	相关出处
对饮食，勿拣择；食适可，勿过则。	《童蒙须知》：凡饮食，有则食之，无则不可思索……凡饮食之物，勿争较多少美恶。
饮酒醉，最为丑。	《童蒙须知》：凡饮酒，不可令至醉。
缓揭帘，勿有声。	《童蒙须知》：凡开门揭帘，须徐徐轻手，不可令震惊声响。
执虚器，如执盈；入虚室，如有人。	《童蒙须知》：执器皿，必端严，惟恐有失。
斗闹场，绝勿近；邪僻事，绝勿问。	《童蒙须知》：凡喧哄争斗之处，不可近。无益之事，不可为。
人问谁，对以名；吾与我，不分明。	《童蒙须知》：凡对父母长上朋友，必称名。
待婢仆，身贵端。	《童蒙须知》：凡待婢仆，必端严，勿得与之嬉笑。
读书法，有三到，心眼口，信皆要。	《童蒙须知》：余尝谓读书有三到，谓心到、眼到、口到。
房室清，墙壁净；几案洁，笔砚正。列典籍，有定处；读看毕，还原处。	《童蒙须知》：凡为人子弟，当洒扫居处之地，拂拭几案，当令洁净。凡读书，须整顿几案，令洁净端正，将书册整齐顿放。
墨磨偏，心不端；字不敬，心先病。	《童蒙须知》：凡写文字，须高执墨锭，端正研磨，勿使墨汁污手。凡写字，未问写得工拙如何，且要一笔一画，严正分明，不可潦草。
虽有急，卷束齐。	《童蒙须知》：读书未竟，虽有急速，必待卷束整齐，然后起，此最为可法。

以上《弟子规》文本与两部经典文本的对比，仅作举例说明，在本书后面的解读中还将有更多细节内容的展现。

虽然说《弟子规》成书只有 300 多年，但里面的智慧却是 5000 年以来的中华传统文化。所以看似 300 多岁，实则已经 5000 岁了。这部看似不起眼的"小册子"实则是中华传统经典集大成之作，今人真的不应该小瞧它。

《弟子规》里到底有没有糟粕？

不可否认，今天还是有些人对《弟子规》有误解和质疑，之所以会这样，可能是因为从表面的字义来解读它，或是由思维模式导致的，有些人根本就没有读过《弟子规》，但一听到是传统文化，一听到提倡孝道教育，就上来棒喝一番。或许可以这样说，批判《弟子规》，可能是因为不了解《弟子规》；批判得越多，表明可能了解得越少。

自清初问世以来，《弟子规》就在蒙学教育史上占有非常重要的地位，距今已有300多年的历史，而要真正研究《弟子规》，就不应该以今天的眼光从字面意义以及形式去臆测其含义，而是应该以实事求是的态度，把其放在当时的历史背景和社会现实以及古代教育的实际情况下去客观地研究，当然也应该与时俱进地解读其核心与实质，如此才能从中得到有益借鉴。

如果不对《弟子规》进行全面的与时俱进的分析解读和通过有效方法进行总结，是很难发现它的巨大价值的，甚至会认为《弟子规》里满是糟粕。所以，需要用心去解读，如此才能找到改造自己、成就孩子的各种方法，也才能发现它的巨大魅力所在。也只有这样，才能让自己、让孩子真正受益。

对传统文化一定不能望文生义地去解读。传统文化重实质不重形式，《弟子规》也不例外。经典都是活的，不是死的。经典的价值是永恒的，是不朽的。对经典了解得越多，就会越发敬畏经典，就会越发感慨古圣先贤的伟大。

当然，也有些人读了《弟子规》，却用今天社会上流行的价值观或西方的某些价值观、教育观去衡量《弟子规》的价值观、教育观，这也是不妥当的。中共中央党校网刊文指出："'优秀传统文化'融入到当下社会主义文化中，融入到中华民族文化中，就成了既包含历史文化又涵盖当今文化建设，另借鉴外来文化的整体'中华文化'的重要组成部分。无论是拿今天的完全否定古代的、古代的完全否定今天的，还是拿西方的完全否定中国的、中国的完全否定西方的，都不是'客观、科学、礼敬的态度'。"对《弟子规》传递的价值观和教育观，应该结合当今社会现实与时俱进地解读，既不简单否定，也不粗暴排斥。

比如，很多人认为《弟子规》提倡的孝道教育是"愚孝"，让孩子没有自我，完全服从、顺从、听从父母，还特别举例说，"父母呼，应勿缓；父母命，行勿懒""亲所好，力为具"等。事实上，这是只知其一不知其二，《弟子规》后面还有"亲有过，谏使更""谏不入，悦复谏""善相劝，德皆建"呢！也就是说，父母不是完人，也会犯错误，此时，子女应该帮忙指正。还有人说，《弟子规》提倡"棍棒教育"，还有"例证"——"父母责，须顺承""号泣随，挞无怨"等，这也是断章取义，孔子曾指正曾子错误的做法，提出"小杖则受，大杖则走"的原则与方法，而不是流传已久的"愚孝"，没有自我的、被大众误解的做法。

此外，在过去，马和马车是非常普遍的交通工具。然而，如今的交通工具不一样了，那"骑下马，乘下车；过犹待，百步余"的做法还有什么用吗？还学它干吗呢？其实，这还是一个灵活变通的问题。形式是与时俱进的，但形式背后的实质、本质却不曾改变。还有，"夜眠迟"不是让人过丰富的夜生活，半夜十二点都不睡，而是因为古代没有电灯，日落而息，这是让人们稍微晚一点睡，珍惜时间，读书学习。所以，对于《弟子规》所讲的，一定不能教条式地理解，不能看重表面形式，而是要侧重其表现的情感实质。

另外，还有人认为《弟子规》里有43个"勿"，是被动消极的，会在思想和行为上给孩子设定太多的条条框框，从而束缚、压抑孩子的天性，影响他们创造力的发挥，也是一种"奴性教育"。这种说法显然失之偏颇。要知道，道德不是强加于人的外在东西，而是培养符合人性的美德，是每个人自我发展的一种内在需要。换句话说，道德绝不是对人性的束缚，也不是一种说教，而是在明了天道与社会人伦关系的基础上培养人的美德，是符合人性的，所以要启发它，强化它。

再者，现行（2004 年修订）的《中学生日常行为规范》和《小学生日常行为规范》里分别有 67 个和 36 个"不"字，又该如何解释呢？既然是给孩子立规矩，当然要告诉他什么可以做，什么不可以做，否则，"规"的意义与价值又体现在哪里呢？所以，"勿""不"的出现都是合理且必要的。

在古代，对德行的要求并非单向度的，而是先要求"父慈"再要求"子孝"，同样也先要求"君仁"再要求"臣忠"。也就是说，慈爱与孝敬、仁义与忠诚、尊重和友善等都是相互的，所以一个人包括孩子在内，对父母、教师以及他人的尊重，绝不意味着他丧失了"天性"，更不能说明他没有独立的人格，缺少了个人的主体性。《弟子规》没有对孩子进行"奴性教育"，而且对道德行为的约束与压抑人性是两回事，德行培养与自由发展也是不矛盾的。

如果仅从字面上来理解，《弟子规》确实不"现代"，毕竟是 300多年前的一部书，但要是以年代久远与否来分别的话，那么古代所有的经典都不值得学习了。显然不是这样。今天学习《弟子规》，学习其他古圣先贤留下来的经典，都应该本着一个原则，就是与时俱进地解读，以辩证、全面、发展的眼光来看待《弟子规》，要重实质而不重表面的形式，如此，才能挖掘其背后的深意，才会发现古圣先贤经典的伟大之处，才会明白它真的是中华文明的瑰宝，历久弥新。虽然某些做法可能已经过时，但其中蕴含的精神价值却永远也不会过时，还会发挥巨大的作用。

所以，在古今不同社会背景下，对《弟子规》的学习解读和领悟力行应该有所区别，不误解其表面的形式，不人云亦云地把《弟子规》"一棒子打死"。只有善于发现，深入挖掘，身体力行，才能更好地继承与发扬中华优秀传统文化，传递其教育思想。

《弟子规》里的三种教育内容是什么？

《弟子规》里涉及的教育内容有很多，但总结一下，最为突出的大概有三种，分别是德行教育、养成教育和礼仪教育。

1. 德行教育

有些人很反对德行教育，认为这很虚伪，甚至认为人类的道德要素都是圣人制定出来要求老百姓去做的，是用来约束、教化老百姓的。这种看法是错误的，国内外大量研究表明，道德要素是在人类漫长的历史进程中慢慢进化而来的，是每个人的大脑中天然存在的。圣人们教我们所做的，其实就是启发它、强化它而已。

而《弟子规》里首要的教育内容就是德行教育。《弟子规》全文可分为两部分：第一部分是总序，即全篇总纲，"弟子规，圣人训；首孝弟，次谨信。泛爱众，而亲仁；有余力，则学文"八个短句点明主旨，明确指出《弟子规》是古圣先贤的教诲和训导，并对此概括了具体的纲目。第二部分是正文部分，即"入则孝""出则弟""谨""信""泛爱众""亲仁""余力学文"七个篇章。除"谨"和"余力学文"外都可以归为"德行教育"这个大类。

首先提到了"孝弟"，即开篇提到的"入则孝"和紧随其后的"出则弟"。"孝弟"是做人的根本，做人教育离不开"孝弟"的教育。在这两部分内容里，对孩子"孝弟"给出了非常细致的规范与标准，比如关于孝道的"父母教，须敬听；父母责，须顺承""冬则温，夏则清""出必告，反必面""身有伤，贻亲忧；德有伤，贻亲羞"等，以及关于悌道、长幼有序的"兄道友，弟道恭；兄弟睦，孝在中""财物轻，怨何生；言语忍，忿自泯""或饮食，或坐走；长者先，幼者后""称尊长，勿呼名；对尊长，勿见能"等。事实上，孝悌是德育思想的核心，自古就如此，而《弟子规》正是从这两方面劝导子弟孝敬父母、友爱兄弟姐妹，让孩子从小就有感恩、敬重、关爱之心。

接下来的"信"篇，更是教子弟从小就懂得诚实守信，做到言出必行、谦虚谨慎、见贤思齐、向善学善等，如"凡出言，信为先；诈与妄，奚可焉""奸巧语，秽污词；市井气，切戒之""见人善，即思齐；纵去远，以渐跻""若衣服，若饮食；不如人，勿生戚"等就鲜明地表明了这些。要特别重视这些教育内容，让孩子从点滴小事做起，培养自身诚信品行。这与社会主义核心价值观所倡导的"诚信"是完全一致的。

之后的"泛爱众""亲仁"部分，可以归为"仁爱教育"，也就是说通过这两部分内容，培养孩子仁爱之心，从而使其懂得如何与人相处，怎样对待他人。其中提到的"凡是人，皆须爱；天同覆，地同载"可以培养孩子一颗广博无私的心；而"将加人，先问己；己不欲，即速已""人不闲，勿事搅；人不安，勿话扰""行高者，名自高；人所重，非貌高""善相劝，德皆建；过不规，道两亏"则教孩子在与人交往时做到知礼节，懂分寸。之后"亲仁"部分的"同是人，类不齐；流俗众，仁者希。果仁者，人多畏；言不讳，色不媚。能亲仁，无限好；德日进，过日少。不亲仁，无限害；小人进，百事坏"则教孩子学会尊重他人，但不谄媚，不傲慢，而是注意学习他人身上的优点，结交品行好的而不是那些不三不四的朋友，通过学习，孩子也会建立一个正确的交友标准。

培养孩子从小有好的德行，是《弟子规》最大的教育目的，让孩子怀着一颗仁爱之心为人处世也是《弟子规》所倡导的与人交往之道。综合来看，《弟子规》里的德行教育都是生活化的，是把德行教育融入到生活点滴之中的，让孩子在生活的点滴小事中学习、践行，形成习惯，从而自然展现出良好的德行素养，这正是《弟子规》的过人与独到之处。

另外，《弟子规》里的德行内容与儒家"孝悌忠信、礼义廉耻"的八德核心思想是完全契合的。如"入则孝"和"出则弟"在标题上就体现了"孝弟"思想，这两部分的具体内容更是体现了"礼义廉耻"的思想，比如与父母的相处之礼、与兄弟姐妹的相处之礼等；兄弟和睦相处，又有"义"的成分在其中；"苟私藏，亲心伤"既体现了对父母的孝心，还体现了"廉"的思想；"德有伤，贻亲羞"，说的是如果德行有所缺失，就会给父母和家族蒙羞，也体现了"耻"的精神内涵。而一个孝子也会是一个对国家尽忠的人，我国自古就有"求忠臣于孝子之门"的说法，《孝经》也提到，"子曰：君子之事亲孝，故忠可移于君"，意思是，一个真正能孝敬父母的人一定也具备忠心，会忠诚于领导及所做的事业。关于"信"，《弟子规》用一章的篇幅来讲述，其他还有多处体现"孝悌忠信、礼义廉耻"的思想，这些都值得好好研究学习。

2. 养成教育

养成教育在《弟子规》里体现得非常明显，即培养孩子良好的行为习惯。事实上，良好的行为习惯与高尚的思想道德密不可分、相辅相成，正如一句话所说，行为形成习惯，习惯决定品质，品质决定性格，性格决定命运。也正如孔子所说："少成若天性，习惯如自然。"意思是说，做事的方法如果习惯了，也就很难再改变了，就会成为非常自然的一件事。所以说，如果孩子在小时候就养成良好的行为习惯，那他的优秀品质与综合素养就会像天性一样坚不可摧。由此可见从小培养孩子养成良好行为习惯的重要性。而《弟子规》恰恰在习惯养成方面提供了一系列的标准与范本。

比如，养成良好的生活习惯，《弟子规》"谨"篇强调"朝起早，夜眠迟"，即要早起迟睡，但这里的吃睡不是提倡夜生活，而是相对于古代"日落而息"来说的，也就是比"日落而息"要稍微迟一点睡，珍惜时光，不浪费光阴和生命，以有充分的时间读书学习，提升道德学问。还强调"晨必盥，兼漱口"，也就是早晨要洗脸刷牙；"便溺回，辄净手"，就是如厕完毕后一定要洗手，养成良好的卫生习惯；"置冠服，有定位；勿乱顿，致污秽"，是要养成"动物归原"的好习惯。

同时，《弟子规》还要求孩子做一些力所能及的家务，比如做到"房室清，墙壁净；几案洁，笔砚正"等，就是收拾屋子，把书桌整理干净，把文具摆放整齐，营造一个良好的生活和学习环境。还有"列典籍，有定处；读看毕，还原处"，就是在学习的过程中，要把书籍放在固定的位置，看完后要放回原处；"有缺坏，就补之"，如果书坏了，要及时修补，而不是任由其坏下去，要爱惜书本等。

3. 礼仪教育

礼仪教育也是《弟子规》的重要教育内容，也就是要培养孩子友善处理人际关系。这与社会主义核心价值观所倡导的"友善"是完全一致的。一个人从小就要接触周围的人，不能离群而居，而要让孩子从小就能身心健康发展，就不能对其缺少礼仪教育。比如，如何跟父母、老师相处，如何跟同学、朋友、周围的陌生人相处等。如果孩子懂得与人交往的有关礼仪，那他走到哪里都会受到欢迎，人生就会增加很多助力，得到更多好心人的提携与帮助，他的人生之路也会平坦许多。

《弟子规》中的礼仪教育体现在诸多方面。

比如，衣冠整洁方面，《弟子规》说："冠必正，纽必结；袜与履，俱紧切。"帽子要戴正，衣服纽扣要扣好，袜和鞋都要穿整齐，鞋带要系紧。这既能体现孩子的精神面貌，也能体现他的家教。所以说，孩子的穿衣打扮也在一定程度上彰显了父母的德行！

再如，举止文明方面，《弟子规》特别说道："进必趋，退必迟；问起对，视勿移。"有事要到长辈面前时应快步走，不磨蹭，以免让长辈长时间等待；要离开时，行动缓慢一些。当被长辈询问事情时，要站起来回答，而且要把头抬起来，目视长辈，眼神不能游移不定，以表示认真恭敬地接受长辈教诲，如果眼神飘忽不定，则表明自己漫不经心，是不礼貌的行为。还有在长辈、老师面前不可以大呼小叫，声音要适度，这就是"尊长前，声要低；低不闻，却非宜"。再就是想用他人的东西要告知人家，经过人家允许后才能用，否则就是偷窃行为了，而且借用后要及时归还，即"用人物，须明求；倘不问，即为偷。借人物，及时还；后有急，借不难"。

这些礼仪细节，需要孩子从小就学会，所以值得高度重视。俗话说，细节决定成败，孩子的礼仪细节，也会对其成长起极大作用。

《弟子规》里的四种教育方法是什么？

有了好的教育内容，还离不开好的教育方法，而《弟子规》里其实也蕴含着非常行之有效的教育方法，可供参考借鉴。

1. 榜样示范法

榜样示范法是指以优秀的品德修养、言行举止、思想情感等去影响他人的一种教育方法。最好的榜样在家是父母，在学校是教师。正所谓"教，上所施下所效也"，即父母、教师怎么做，孩子就怎么学。

父母、教师都是孩子最重要的老师，其行为举止及品德素养孩子都会耳濡目染，这就要求父母、教师做好自己，给孩子做一个非常好的榜样。榜样做好了，教育就简单了，无论是家庭教育还是学校教育。孔子在《论语·子路》里曾说"其身正，不令而行；其身不正，虽令不从"，说的就是榜样身正的巨大作用。

无论是教师还是父母，都应该在思想品德、言行举止、学习提升等方面给孩子做最好的榜样示范，并对孩子进行适度指导，而这些细节的规范都在《弟子规》里有明确的要求。《弟子规》不仅仅是孩子学习的，父母、教师等成人也应该学习，只有活学活用《弟子规》，改变自己，提升自己，做到"孝弟""谨信""爱众""亲仁""学文"等，才能给孩子做一个最身正的榜样，以自己的人格魅力影响孩子。

这就要求教师、父母以身作则，全面提升自己的综合素养，把好的德行展现给孩子，让他感受到家长的真、善、美，而不会被不良行为习惯、品行影响到。《弟子规》提到，"能亲仁，无限好；德日进，过日少。不亲仁，无限害；小人进，百事坏"。教师、父母自己要先亲近仁者，再做一个仁者，让自己和孩子都能够"近朱者赤"。再如，要做到"凡出言，信为先"，也就是不欺骗孩子。教师、父母必须意识到这种无形教育的巨大影响，要抓住孩子道德养成的最佳时期，给他最好的示范。当然，这仅仅是举例而言，事实上，《弟子规》里的每一句教诲都值得教师、父母先学习，先力行，如此才会对孩子有说服力和影响力。

2. 环境熏陶法

两个环境对孩子的成长非常重要，一个是家庭，另一个是学校。好的家庭环境需要父母用心去营造，好的学校环境离不开教师的参与付出。如果这两个环境不好，孩子成人成才是非常困难的。因为孩子大部分时间是在家中度过的，跟父母相处时间最长。所以，家庭环境的塑造就显得尤为重要，这就要求父母必须给孩子营造一个温馨的家庭环境。而《弟子规》也给出了参考，即在"余力学文"篇里指出的，"房室清，墙壁净；几案洁，笔砚正"，这不仅是要求孩子的，更是要求父母的，在这样一个赏心悦目的环境中学习、生活，孩子会身心愉悦。所以，父母也要注意对房间的整理，当然最好是跟孩子一起整理，这也有助于培养孩子的劳动习惯。家庭环境的整洁干净对于孩子的成长具有重要意义。在学校也是一样，良好校园环境的营造，需要全体校领导、教师和学生的共同参与。

以上是就自然环境而言的。而就人文或精神环境来说，在家就需要父母做到互敬互爱，相互感恩，夫妻合力营造温馨的家庭氛围。这一点，《弟子规》也有提及，那就是要求父母做到"入则孝"，即孝养双方的父母；做到"出则弟"，即友爱双方的兄弟姐妹；做到"信"，夫妻之间互相信任、言出必行；做到"泛爱众""而亲仁"，不断提升自己的德行素养……如此，家庭的人文或精神环境就会非常温馨，而孩子在这样的家庭氛围中成长，那一定是非常愉悦的，一定能够让身心和谐健康地发展。同理，在学校就需要教师做到互帮互助，和睦相处，既尊敬领导，又团结同事，大家一起其乐融融维护好这个大家庭的氛围，如此学校的人文或精神环境同样会非常温馨，学生自然会得到心灵的滋养，健康成长。

所以，教师、父母一定要在学校、家庭的自然环境和人文精神环境的营造上下功夫，让孩子拥有良好的生活和学习环境，从而在教师、父母的关爱下健康茁壮成长。这也是为什么家风和校风如此重要的原因。

3. 自我反省法

每个人都应该具有反省精神，而教师、父母更应如此，不断反省自我，改进自我，并引导孩子学会反省自己的行为举止、品德素养，从而不断改进，提升。这一点，《弟子规》里也有非常明确的指导，"见人善，即思齐；纵去远，以渐跻。见人恶，即内省；有则改，无加警"。见贤思齐，善于向他人学习，即使有差距，但只要用心努力，也会慢慢缩短距离甚至迎头赶上。看到别人不好的思想、言行举止，要立刻反省自己，有则改之，无则加勉。

还有，遇到问题或不顺利的事，也要首先反省自己，而不要急于去找别人的原因，这样才会更加进步。孟子曾说"行有不得者，皆反求诸己"。孔子也表达过类似的观点："射有似乎君子，失诸正鹄，反求诸其身。"没有射中靶心，不要找箭的毛病，而应该反省自己的射箭技术还不够精湛，需努力提高。

见贤思齐、见恶内省，教师、父母首先应该做到这点，而孩子，也应该尽可能早地做到这一点。事实上，教育的最高境界就是自我的教育，即自动自发地对自己施以教育。教师、父母以自己的反省与改变带动孩子的进步和成长。

4. 循序渐进法

用《弟子规》对孩子施以教育一定不能操之过急，而要遵循其成长发展的客观规律。这就表明，在教育孩子的过程中要循序渐进。

事实上，这个方法一直贯穿于整部《弟子规》中，其总叙部分提到的"首孝弟，次谨信。泛爱众，而亲仁；有余力，则学文"就是教育的次第或顺序，只有前面几点都努力去做了，都去认真力行了（至于是否完全做到，那是另外一回事，因为那需要一个长期的过程），再进行文化常识的学习才是合理的。

这个顺序是对"学文"这件事的资格进行了一种界定，对学习的现象和规律做到了最本质的认识。一个人从小就应该打下良好的德行基础，如果做事不讲究道德，那做事的错误率就极高。"道"是错的，即使再有能力，再有技术，"术"再怎么先进，也是徒劳。

在某种程度上可以说，今天很多人把教育顺序弄颠倒了，只重视学问而忽视德行的培养。这是特别需要注意的一件事。

今天学习《弟子规》的意义在哪里？

中华优秀传统文化已深深融入中华民族的血脉之中，成为中国人内在的精神基因，无形中塑造着人们的思想与行为模式。近年来，社会各界对《弟子规》的学习与推广蔚然成风，构成了一道独特的文化景观。从全国各地的中小学、幼儿园，到大专院校乃至企事业单位，都将《弟子规》作为经典诵读材料，甚至众多家长也纷纷加入学习的行列。

鉴于此，本书旨在更全面地展现《弟子规》在教育领域的重要价值与深远意义，以期将其更广泛地融入中小学教育之中，惠及更多的教师、学生及家长。

第一，有助于开阔教育者的教育视野，帮助教育者建立对《弟子规》以及中华传统文化教育的信心，从而做好教育，让学生都能孝亲尊师、敬重长辈、友爱同学、谨慎做事，拥有健全的人格，还能去除私心杂念、凝神聚气、自动自发地学习，真正实现身心健康成长。

第二，有助于教育者对古代蒙学产生兴趣，一方面在一定程度上有助于蒙学研究的发展，另一方面教育者也会教导孩子学习经典，以丰富学习素材，提升综合素养。教育者全面深刻地解读《弟子规》在教育中的价值，有助于更好地了解、学习、实践该书的教诲，从而让自己、学生、孩子甚至全家人都真正受益。学好《弟子规》，真的可以改变人生命运。

第三，有助于现代教育学的发展。今天的教育学不应该仅有西方教育理念，更应该有中华传统文化的教育理念。在中国古代，众多著名教育家、思想家提出了很多非常有价值的教育思想，遗憾的是一些思想没有被很好地继承下来，传统教育已经被忽视了很长时间，一些传统美德已经不复存在。虽然《弟子规》只有1080字，但却对学生的心灵净化、德行熏染有着非常积极正面的影响。所以深入分析、解读、研究《弟子规》里的教育思想可以为今天的教育提供理念与方法的借鉴，从而促进教育学的发展。

第四，有助于儒家思想及中华传统文化的传播。因为《弟子规》所阐述的道理都源自儒家经典，前面已经详细阐述，其纲目源自《论语·学而》，而其更详细的内容则来源于儒家经典《礼记》《童蒙须知》等，有着鲜明的儒家思想。而且《弟子规》里的内容是对儒家父子有亲、君臣有义、夫妇有别、长幼有序、朋友有信的五伦关系的具体阐释，与儒家"孝悌忠信、礼义廉耻"的八德思想是完全契合的。而儒家思想又是中华传统文化的重要组成部分。所以，对《弟子规》的学习落实，也将会对儒家思想及中华传统文化的传播起到一定的促进作用。

《弟子规》从问世至今已有300余年，虽然历经时代变迁，但其所总结提炼的教育理念与方法却历久弥新，因为这些教育细节都是根本的，至今仍不失为"启蒙养德、防邪存诚"的童蒙养正经典。《弟子规》用通俗易懂的语言所总结、倡导的孝悌、谨信、爱众、亲仁等道德观念，体现了"大道至简"的特征，符合"道"，所以永不过时，对于今天的教育仍有极强的指导意义。

今天的教育出现了一些问题，典型的一个就是学生不好管，不听劝，而导致这种现状的一个很重要的原因就是从小没有学会孝、悌、谨、信、仁爱、宽容，没有一颗恭敬心，对谁都不服，对谁都不恭敬，对谁都看不上，以自我为中心。而《弟子规》却可以通过规范其举手投足、一言一行来塑造学生孝亲尊师、友爱分享、谦虚谨慎、诚敬好学的品格，对于培养学生在未来成为德才兼备、知识技能俱佳的现代化人才具有非常有效的实质性的推动作用。

可见，《弟子规》所阐述的教育思想在当代仍然具有非常重要的意义和价值，而要充分领悟并利用这些价值，就应该深刻解读其思想内涵与精髓。比如，从内在来看，《弟子规》阐述的是孝悌仁爱，讲求的是养德修心，也就是"仁"；从外在来看，其要求子弟做事有规矩，有礼有节，说的是"礼"。也就是说，学仁和学礼是学习《弟子规》的两大主题思想。仁，是一种道德情感；礼，是一种行为规范。没有仁的礼是苍白无力的表面形式，没有礼的仁又是失去立足点的空洞口号。所以，古圣先贤用仁来教化子弟的思想，用礼来约束子弟的行为。而这，也值得今天的教育者特别注意，既要培养孩子的仁爱之心，又要让他学会有礼，如此，教育才不会偏废。

所以，只有认清《弟子规》教育思想的现代价值，才能更好地去学习《弟子规》，去与时俱进地解读《弟子规》，去力行落实《弟子规》，也从而更相信中华优秀传统文化，进而去传播弘扬它。

学习《弟子规》的正确方法是什么？

学习《弟子规》是应该讲求方法的，一般是遵循先诵读，后解读，再力行落实的顺序。教师也是遵循这个顺序来学习，之后再教学生按照这个顺序来学。教师永远要走在学生的前面，给学生踏出一条路，学生跟随教师的脚步，一步一个脚印，踏实向前。

1. 最好每天诵读，牢记于心

对经典的学习，首先应该从诵读开始，《弟子规》的学习也不例外，每天早晚诵读一遍。在熟读的过程中，不要想文字是什么意思，读即可。诵读多了，就会渐渐明了其中的含义，虽不彻底，但再看解读本的时候也会顺畅很多。

在诵读自悟《弟子规》的过程中，不要带有"对立""审视""批判"的眼光，而是带着恭敬心，带着学习的态度来做这件事，如此才能让自己真正受益。还可以结合社会主义核心价值观的学习，联系中小学品德生活课程，看有哪些相似、相通之处。

2. 背诵是手段，落实是目的

无论是对教师还是对学生来说，《弟子规》都是要熟读成诵的，但背诵不是目的，只是一种学习手段。《弟子规》最终是要拿来落实、力行的，这才是目的，而不是仅仅把它当成知识来学习。

用《弟子规》来指导我们的教学与生活。比如，早上诵读时，提醒自己这一天要按《弟子规》的要求去做；晚上诵读时，要反省这一天的言行举止是否符合《弟子规》的要求，哪些做到了，哪些没做到，做到的要鼓励，没做到的要努力。在工作和生活中不断实践与反思，经过长时间的熏陶、力行，修身功夫就一定能得到提高。

3. 审视自己，而非观照他人

《弟子规》就是一面镜子，但这面镜子只能用来照自己，审视自己，而不能拿它来观照他人，审视他人。《弟子规》的这把"标尺"永远是用来"量"自己的，而不是"量"他人的，包括学生在内。只有我们先学好了，落实好了，才有底气去要求学生学。他们学的时候，也是一样的标准，他们只能用《弟子规》来"量"自己，不能"量"父母、老师和同学等。

还有一点要注意，学习与力行《弟子规》的过程，其实就是在日常生活中把《弟子规》当"剧本""演"出来，而我们每个学《弟子规》的人（教师和学生等）既是"演员"，也是"导演"。人生不能重来，每一天都是不可复返的，所以"演"的是自己真实的生命历程。想让人生变好，就好好"演"，"演"真实，做真人，做好自己，影响他人；反之，就凑合"演"，"演"虚假，做假人，骗他人，更骗自己。一切都由自己选择。

4. 领会精神内涵，学用并举

每个学习并力行《弟子规》的人都应该领会其精神内涵、核心主旨，结合当下自己的工作、学习和生活实际，学用并举，懂得与时俱进，善于通权达变，而不是完全复制、照搬古人各种做法的表面形式，不然就是泥古，就是食古不化，这样是不能让自己和别人真正受益的。

第一章

总叙——学好《弟子规》，
做好老师教好学生

　　《弟子规》以《论语·学而》中的"入则孝，出则弟，谨而信，泛爱众，而亲仁，行有余力，则以学文"为中心思想，采用三字一句、两句一韵的韵文形式，具体阐述了为人子弟在家、外出、待人、接物和学习上应该恪守的规范，是教导子弟恪守本分、克己守礼、约束邪念、保持诚实，养成良好生活习惯并传承忠厚家风的良好启蒙教材。

　　总叙"弟子规，圣人训；首孝弟，次谨信。泛爱众，而亲仁；有余力，则学文"正是《弟子规》的核心纲领。两千多年前，中国甚至世界上最古老的教育经典《学记》就提到"建国君民，教学为先"，可见教育的地位与重要性。而作为蒙学经典的《弟子规》里更是处处可以落地的教育智慧。可以说，教师学好《弟子规》，活学活用，就能做好自己，也能教出好学生。现在，就让我们一起走进这部经典，感受它的魅力所在。

圣贤人的学问，学一句做一句才真受益

　　蒙学经典《弟子规》的内容源自儒家经典《论语》，而《论语》叙述的是大成至圣先师孔子及其弟子的学问与智慧。圣贤人的学问，如果只学不做，它就只能是知识而不能转化为可以让人受益的真实智慧。所以，要学还要做，也就是学以致用，学用结合。而《弟子规》本身就是最容易落实到生活中的一部经典，自然也应该学一句做一句，无论是教师还是学生，抑或是家长，都是如此。

弟子规，圣人训

　　很多教师都有这样的感受，学生可能越来越不好教了。

　　教育这件事今天变难了吗？好像也没有。教育这件事，有一个关键的地方，就是教育者需要给受教育者做出好榜样，如此教育才会变得简单。正如至圣先师孔子所说："其身正，不令而行；其身不正，虽令不从。"教育学生也是一样的道理，只要求学生做到，而教师自己做不到，那学生在内心深处是不信服教师的。

　　说到榜样，有一点必须说明白，即教育者一定要知道怎样正确地给受教育者做榜样。因为有时候，无论教师做的是好样子还是坏样子，学生都会"照单全收"，所以，教师一定要保持教育的敏感，给学生做个好样子。

　　有的教师可能就要问了："好样子的标准是什么？怎样才能做个好样子呢？"我的回答是：跟《弟子规》学。《弟子规》就是非常好的教材，里面有"好样子"的标准与规范。《弟子规》既是"照妖镜"，也是"显圣镜"。我们做得好不好，对照《弟子规》就都明白了。我们做得不好，《弟子规》就是"照妖镜"；我们做得好，《弟子规》

就是"显圣镜"。通过这面"镜子"，学生也看得清清楚楚。

说到这里，可能又有些教师产生疑问了："《弟子规》不是给小孩子看的吗？难道我们成年人、我们做教师的也要学吗？"是，我们成年人、做教师的一定要学《弟子规》，而且要非常深入、用心地去学，而不是仅仅给学生读读，或者让学生自己读读而已。

弟子，到底是指谁？

事实上，"弟子规"里的"弟子"，并不是仅指孩子，而是指每一个人，当然也包括成年人，包括教师、家长在内。弟子，就是学生。狭义地去理解，弟子是指学龄前儿童、小学生、中学生或者是大学生。但广义地去理解，含义就扩大了。比如，我们在家是父母的孩子，那其实也是父母的弟子，因为我们有很多东西需要从小就跟父母学；在学校，在工作环境中，我们也有老师、师父，那就是老师、师父的弟子；我们都不是圣贤，有很多智慧和道理都要跟圣贤去学，那我们就是圣贤的弟子……

在生活中，我们总是有需要学习的地方，那我们怎么不是"弟子"呢？也就是说，弟子，是指我们每一个人。只有明白了"弟子"的概念，我们才能安下心来去学习《弟子规》，才能深入地了解它，进而把《弟子规》里的教诲运用到生活中，运用到教育教学中去。

规，是什么？为什么需要规？

规，是规范、规矩。没有规矩，不成方圆。在这个世界上，做什么事情都应该遵循一定的规矩，而不是想怎样做就怎样做。"弟子规"的规也是一样的。那么我们到底应该学习哪些规矩、规范呢？《弟子规》中也有明确的解答。《弟子规》一共讲了113件事，这113件事就是我们为人处世的规矩、规范，只有不违越规范地做事才是合理的、合法的。毫不夸张地说，《弟子规》这本书是我们每一个人为人处世的典范，也是我们人生方向的指引，更是我们教育学生、教育自己孩子的纲领。

学圣贤教诲，跟学生一起学。

学《弟子规》，其实学的是"圣人训"，也就是圣人的教诲。圣人，狭义地讲，就是孔子，因为《弟子规》的核心思想源自《论语》。

但广义地说，圣人不仅是指孔子，还包括一切古圣先贤、一切有好的德行的人。我们要学的是他们的训诫、他们的教诲。

当然，学生也要学。更确切地说，是我们和学生一起学。只有师生都来学，才能形成一个良好的氛围，大家才都能有进步，有提升。但是对这个提升，我们千万不要急功近利，慢慢来，只要按部就班地学，提升就是水到渠成、自然而然的事。

对《弟子规》要学一句，做一句。

学习《弟子规》，一定要明白《弟子规》不是用来背的，而是用来做的，也就是说，要把《弟子规》里的教诲都做出来，都运用到教育教学和实际生活中，即要学以致用，要力行。说到力行，我就想起了孔子所说的那句话："力行近乎仁。"懂得力行圣贤的教诲，这个人就离仁者不远了。所谓力行，其实就是学一句，做一句。

《弟子规》里所讲的每一句话都不是知识，而是力行的标准。所以，如果我们做教师的认为，学《弟子规》就是读《弟子规》，就是背《弟子规》，那就大错特错了。学了就要去做，不去做，就永远不知道《弟子规》的巨大价值。

所以，想教育好学生，就要跟学生一起学《弟子规》，就要学一句做一句，句句都要落实在生活学习中。一旦能身体力行《弟子规》的教诲并养成习惯，我们在教育教学和生活中的一切行为就都是自然而不做作的。当学生看到我们言行如此一致的时候，教育就变成一件很简单的事，我们就不需要"苦口婆心"地对学生说教了。

如果怀疑《弟子规》的功用，就去力行一下试试，看看我们的怀疑是否能够得到验证；如果不怀疑，那就脚踏实地去力行，按照《弟子规》说的去做，当然是活学活用，而不是刻意模仿表面的形式，如此用不了多久，自己和家庭就会改变很多，学生和家长也会改变很多，自己和周围的人一定会受益良多。

孝悌是家风也是校风，这是教育的关键所在

教学生，最重要的是教他什么？是教他学做人，做人比做事、做题更重要。而做人的根本又是什么？那就是具备良好的德行，正所谓"德者，本也"。而德行的根本又是什么？就是孝道。《孝经》中写道："夫孝，德之本也，教之所由生也。"也就是说，孝道是德行的根本，是一切教育的出发点。如果不对学生进行德行的培养和孝道的教育，是很难把他们教得好的。一个人只有做到对父母尽孝道，对兄弟姐妹尽悌道，他的人生才是幸福的、圆满的。那么，教育学生，也应该把握这一点。一句话：孝悌是家风也是校风，这是教育的关键所在。

首孝弟

"首孝弟"，即做人首先要懂得孝敬父母，尊敬长辈，友爱兄弟姐妹。而教人学孝，是《弟子规》开篇的第一件事。

孝是家庭和谐、社会安定、教育成功的根本。

对一个人来说，孝是首要的一件事，也是最重要的一件事。"孝"这个字，上面是"耂"——"老"字头，下面是个"子"，就是"老"下有"子"，"子"在"老"身边，背着"老"一代。可见，上一代与下一代融为一体就是孝。"孝"字还说明，上下两代人是不可分割的整体。如果"老"下无"子"（如果有子女而不经常在老人身边，跟无子女其实是一个道理），而有"匕"的话，那就是真的"老"了，是很危险的。千百年来中国人为什么如此重视这个"孝"字？因为它是家庭和谐、社会安定、教育成功的根本。

孩子从父母那里继承了血脉和家训，是父母的分身。我们是教师，也是父母，同时我们也是自己父母的分身。如果一个人不孝敬父母，他就失去了做人的大根大本。也正是因为这个原因，孔子才说："夫孝，天之经也，地之义也，民之行也。"也就是说，孝敬父母是天经地义的事，是每一个人都应该努力去做好的事。

当然，教学生学孝，首先要求我们做教师的要做到孝。教师要能深切体会孝是一种怎样的情感，比如经常带着自己的孩子、爱人回家看看父母，不仅是常回家看看，更多的是常回家干干，多干点活儿，而不仅是把孝当成一种知识或文化传递给学生。

孝养父母，关键在一个"敬"字。

行孝，不能离开敬，我们要从内心孝敬父母。孔子曰："至于犬马皆能有养，不敬何以别乎？"孝养父母，没有一定的形式，但皆要出自敬爱之心。如果只是给父母吃的而不敬重父母，那跟养马又有什么区别呢？所以，对父母一定要心存恭敬之心。

孝敬父母，还有一件事非常重要，就是给父母一个好脸色。《论语·为政》中有这样一段话："子夏问孝。子曰：'色难。有事，弟子服其劳，有酒食，先生馔，曾是以为孝乎？'"子夏请教老师什么是孝。孔子说："做孩子的要尽到孝，最不容易的就是对父母和颜悦色。有一些要做的事，孩子们都抢着去干；在物质条件不是很丰富的情况下，尽量做到让父母有吃有喝。但是，这样做就可以算'孝'吗？"

其实，给父母吃喝，满足父母的物质生活并不难，难的是给父母一个好脸色。所以，孝敬父母并不是只给他们吃的、穿的，而是随时都给父母一个好脸色，不摆一张爱搭不理的臭脸。如果对父母恶脸相向，那么即使让他们每天吃山珍海味，他们也不会开心。

给父母一时的好脸色不难，难的是一辈子给父母好脸色。尽管我们是为人师者，但还有一重角色——我们也为人子女，所以应该永远记得"色难"这两个字，永远给父母一个好脸色，让父母永远开心。好脸色是孝的基础，只有时刻给父母好脸色，我们才会主动去为父母做力所能及的事，真正让他们感到宽慰。

我们做到了孝，家庭就和谐了，我们就对孝有更深的体悟，也才会把这份难得的体悟传递给学生，教学生也学会孝，他们的家庭也就和谐了。当越来越多的家庭都和谐的时候，无论是家庭教育还是学校教育就都好做了，整个社会也就越来越安定了。

教学生学孝道真的那么管用吗？

前面提到过，孝是一切教育的起点。在学校教学生，也应从教孝开始。有的教师可能会有疑问："教学生学孝道真的管用吗？"答案是肯定的。一个孝敬父母的孩子，不会让父母操心，无论是学习还是生活，都会尽力让父母开心。《弟子规》后面有"亲所好，力为具"的教诲，如果教师教学生掌握了这句话的精髓，那么他就懂得该如何去做了。父母都希望自己的孩子学习好，而一个有孝心的孩子就会主动去学习，根本不用父母、老师在后面催逼，更不需要父母用物质、金钱奖励来诱惑。所以，孩子有孝心，他就会好好学习，而且真的会感受到"学而时习之，不亦说乎"的那种心境。

> 我有一位做教师的朋友，对父母非常孝敬。他从来不强迫孩子去学习，孩子的学习是自发的。
>
> 这位朋友曾这样对我说："很多时候，我都限制他学习，比如说晚上他学到很晚，都是我让他熄灯睡觉的。有时候早上我还没起床，他就已经早早起来看书了。孩子对我说，他不想让我操心他的学习，他一定会奋发努力的。"
>
> 后来，这个孩子以优异的成绩考入北京中医药大学。这位朋友孝敬父母，孩子从小就看在眼里，在孩子心里，他能做的就是主动地、积极地去学习，不让父母失望。在他看来，这就是对父母尽孝。
>
> 这个孩子在为人处世方面也比同龄孩子优秀很多，比如他会利用大学寒暑假的时间回乡义务为患者诊疗。

我想，这就是我们要教学生学孝道的原因之一吧。一个懂得孝道的孩子，绝不会做出让父母操心的事，他做事前一定会好好掂量做这件事是否有违孝道。同样，一个有孝心的学生也不会让老师操心。原因有两个：第一，让老师操心就是让父母操心，因为老师可能会找父母了解情况，从而引起父母心中不安；第二，他会把对父母的孝移到对老师的敬上来，大凡有孝心的孩子都是懂得尊师的，当然这也需要师有师者的样子，能让学生敬佩。所以，把学生都培养得有孝心，的确是一件让教师、父母安心的事，因为这样的学生会做人，也更容易成才，也会容易幸福，人生之路会相对平坦。

今天又该怎样教学生学孝道呢？

第一，以身作则。这是最重要的原则，就是我们做教师的、做父母的要时刻给孩子做个好榜样。具体的细节这里就不多说了，因为后面的内容还将详细讲述。只要我们注意一点就行，在做事之前想一下，自己的行为是否能够给学生带来正面的影响。

第二，知恩报恩。教育学生感受父母的恩德，知恩、感恩、报恩。《佛说父母恩重难报经》讲述了慈母的十大深恩：一、怀胎守护恩；二、临产受苦恩；三、生子忘忧恩；四、咽苦吐甘恩；五、回干就湿恩；六、哺乳养育恩；七、洗濯不净恩；八、远行忆念恩；九、深加体恤恩；十、究竟怜悯恩。母亲的恩德，子女真的是难以报答。而做父亲的也付出了很多，比如为整个家庭的经济状况拼搏付出。这些内容的精神内涵与核心主旨教师可以自己先学习，再利用班会时间与学生交流。

第三，亲师配合。在古代，父亲第一次带孩子到私塾见老师的时候，是要给老师行三跪九叩大礼的。在孩子眼里，父亲就是天，父亲竟然给老师行如此的大礼，孩子的内心是非常震撼的，日后，他一定会非常听老师的教诲，而不会跟老师顶嘴。对老师有一分的诚敬，学生就能得到一分的利益；对老师有十分的诚敬，学生就能得到十分的利益。

父亲三跪九叩，就代表把孩子交给老师了，老师也非常负责任，一定会教孩子做人，一定会教孩子孝敬父母。因为让父母对孩子说"你要孝敬我"，父母说不出口，让老师对孩子说"你要尊敬我"，老师也说不出口，所以要亲师配合。也就是说，父母教孩子尊师，老师教孩子孝亲。事实证明，一个人只有孝亲尊师，才能有大的作为。

今天，依然需要亲师配合。我在给家长的讲座中从来就不建议他们跟老师对立，而是希望他们尊敬老师，因为他们尊师，孩子就尊师，受益的一定是孩子。同样，在给老师、校长们的讲座中从来也不建议他们跟家长对立，而是要教他们的孩子懂得孝敬父母，如此孩子得到转变，家长看在眼里，自然就会尊敬孩子的老师，也会让孩子尊师。

这样，孩子身上就具备了孝亲尊师的美德，这是教育成功的"道"，也是 2015 年版《中小学生守则》第 5 条的核心内容。

有一次，我在辽宁做调研时，看到一所师范附属小学（在校生近 2000 人）就把"孝亲尊师"四个大字镌刻在教学楼上，时刻提醒教师、学生要把这四个字——教育的根本之道放在心里，这是难能可贵的。此外，还有另外四个大字——"学高身正"也同样镌刻在教学楼上，这是提醒教师一定要时刻记得自己教师的身份，因为"学高为师，身正为范"。

再说回亲师配合。今天的父母还需要像古代那样给老师行三跪九叩的大礼吗？当然不需要。学圣贤教诲，学的是实质，而不是形式。但是，父母依然需要对孩子的老师恭敬，更不能在孩子面前说老师的坏话。这样，孩子看到父母如此尊敬老师，自然也会对老师心生恭敬，自然会认真学老师教的课程。而做老师的也不必端着师者的架子"迎接"别人的尊敬，反而越是放平自己的心和身，越是用心提升道德学问，越是能得到学生和家长的尊敬。当然，还是尽早把一颗孝心给学生培养起来，让学生真正学会孝亲尊师。

第四，夫妻配合。也就是说，父亲要把母亲的恩德告诉孩子，母亲要把父亲的恩德告诉孩子。夫妻配合要注意教育原则一致，不能一个说东，一个说西。而这些智慧，需要教师去传递给学生父母。

悌道，不仅是对兄弟姐妹说的，也是对同学朋友说的。

弟，通"悌"，即哥哥对弟弟友爱，弟弟对哥哥恭敬，也就是兄弟姐妹之间要和睦相处，不要因为任何大事小事而伤了手足之情。在《弟子规》看来，兄弟姐妹友好相处就是悌，因为兄弟姐妹不给父母出难题，关系处得好，父母就会很开心，这其实就是在尽孝。

虽然今天的孩子很多都是独生子女，但他是不会脱离群体而单独生活的，他会跟亲戚家的堂兄弟姐妹、表兄弟姐妹等同龄的孩子相处，也会跟社区里的同龄孩子相处，还会跟幼儿园、学校里的同龄孩子相处，等等。如果把悌道教给孩子，他就不会跟别的孩子闹矛盾，别的孩子就会喜欢他，他的人缘就会非常好。他长大后，还要走向社会，走入工作岗位，如果能够懂得"悌"，他自然会跟同事和睦相处，自然会深得同事、领导的认可……可以说，如果孩子从小学会了悌道，做父母、老师的都会很省心，少去很多烦恼。

当然，现在随着生育政策的放开，越来越多的家庭会有两个甚至是三个孩子，那孩子在家就不孤单了。如果想让孩子之间相处得好，学习《弟子规》一定是个不错的选择。我常讲，教育孩子其实就是做选择题，因为时时处处都需要选择。学《弟子规》也是一个选项，可选可不选，但综合过去的经验与实践来看，做学《弟子规》的选择还是比较明智的。

有父母也许会担心：我的孩子这么好，去对别的孩子恭敬，那不是掉价跌份吗？别的孩子要是觉得他好欺负怎么办？教师则可以告诉这些父母，这种担心大可不必，学传统文化的孩子不会把自己学呆了，他会非常有智慧、非常聪明，对生活、学习以及未来工作中的任何问题都能处理得游刃有余。他不但不会掉价跌份，不但不会受人欺负，反而会迎来更多的尊重，虽然从小就是众人瞩目的焦点，却不会傲慢、不会自负，而是一步一个脚印地走自己的人生之路。所以，请父母放心，孩子一定会有出息的。

同样，教师也应该有信心，懂得悌道的学生会把周围的同学当成自己的兄弟姐妹，他们会团结友爱、互帮互助，班级风气、学校风气都会往好的方向发展。各地已经有很多教师、学校在教学生学习《弟子规》，学习孝悌之道，都取得了令人惊叹的良好效果。

教学生悌道也很简单，把《弟子规》里的教诲讲给他们听，给他们做一些指导就好。比如，在学校，如果学生之间因一些小事闹了矛盾，有了不愉快，就可以提醒他们"兄道友"，他们自然会想到"弟道恭"，提醒他们说"兄弟睦"，他们自然会想到"孝在中"。这样一提醒，学生就知道该怎么做了，就会各自退让一步，和好如初。因为学《弟子规》的孩子是非常有智慧的。如果不信，就请去做一下这个实验。当然，前提是教师和学生已经深入学习了《弟子规》。

孝悌是道，是智慧，而不是知识。

讲到这里，孝悌这一主旨就基本讲清楚了。事实上，孝悌是道，是智慧，而不是知识。如果仅仅拿它当知识来学习，用来充实大脑，就太亏了，只有把它当道来践行，才是明智的。

晚清重臣、民族英雄林则徐先生曾总结出人生中的"十无益"，其中提到两条，"不孝父母，奉神无益；兄弟不和，交友无益"，从中可以看出孝悌之道的重要。其余八条分别是，"存心不善，风水无益；行止不端，读书无益；心高气傲，博学无益；作事乖张，聪明无益；不惜元气，医药无益；时运不济，妄求无益；妄取人财，布施无益；淫恶肆欲，阴骘无益"，也值得我们好好品读，并教给学生。

而另一位晚清重臣、一代大儒曾国藩先生也指出，"读尽天下书，无非一孝字"，而且还特别说道，"家族三代不衰，一定是勤俭持家；六代不衰，一定是谨慎持家；八代以上不衰，一定是孝悌传家"，同样讲出了孝悌的重要。

周朝是我国历史上存续时间最久的一个朝代，享国800年，这与以"孝悌"立国有极大关系。可见"孝悌"之能量。儒家经典《大学》提到，"一家仁，一国兴仁；一家让，一国兴让；一人贪戾，一国作乱"。同样的道理，"一家兴孝悌，一国兴孝悌"，所以，一定要学孝道、学悌道，要兴孝道、兴悌道，更要行孝道、行悌道。

毫不迟疑地把孝悌的家风、校风传承下去。

今天学习传统文化，注重良好家风的建设已经是大势所趋，也是有识之士的共识。古人都有家风、家训的传承，今天几乎没有了。家风是家庭或家族的传统风尚，是立身做人的行为准则，是中华民族传统美德的现代传承，也是中华民族5000多年的灿烂文化所孕育的优良传统；家训指的是对子孙后代立身处世、持家治业的教诲，是中华传统文化的重要内容，也是家谱中的重要组成部分，在历史上对古人的修身、齐家，甚至是治国平天下发挥着重要的作用。在全国上下都学习传统文化的今天，我们也应该重建自己的家风家训，要有良好家风的传承。这个家风应该是什么呢？在我看来，最基本的也是最根本的，就是孝悌的家风。

只有我们把孝悌的家风一代代地传递下去，我们的家族才能兴旺。我在做讲座的时候，经常会问听众这样一个问题："大家有没有想过，自己的家族要绵延多久？是像孔子的家族一样绵延2500多年而不衰，还是像范仲淹的家族绵延1000年而不衰？"现在，我们也可以想一下这个问题。要想让自己的家族绵延不衰，孝悌是关键。

我们知道，今天很多家族都"富不过三代"，是哪里出现了问题？是孝悌。当这个富裕家族的家长懂得如何教育好自己的孩子，懂得怎样让孩子学习孝悌，懂得只有自己不违法乱纪、不做有损德行的事，才能给孩子做孝悌的榜样这个道理，他的家族怎么会"富不过三代"？

所以，我们确实应该好好思考一下传承孝悌的家风的深远意义。因为这是教育的关键所在，是家族兴旺、民族发展、社会和谐的关键所在。同样，也要把孝悌的家风移植到学校，让孝悌的校风沐浴整个校园，让所有的师生都得到孝悌之风的滋养。

教学与做事，当遵"谨"与"信"

教师的本职工作是教育教学，学生的本职工作是读书学习，这两项可以合并为一个词——教学。而教师还需要做事，也需要教学生学会做事。教学与做事，都离不开《弟子规》中的两个字——"谨"与"信"的教诲。在当今时代，依然要谨言慎行、诚信做人处世，这样教出来的学生不但不会吃亏，还会处处遇到"贵人"。教师自身何尝不是如此？

次谨信

次，就是第二重要。第二重要的是什么？谨信。谨，就是谨慎，谨言慎行，凡事要三思而后行，切勿冲动、头脑发热、拍脑袋做决定；信，就是诚实守信，就是"言必信"。

无论是教学，还是做事，都一定要特别谨慎。

对于教师来说，教学、做事等都一定要特别严谨、谨慎。其实任何时候对任何人来说，严谨、谨慎都是处世的重要标准之一。对于学生更是如此，如果一个学生从小就知道"谨"，他读书学习就会认真对待而不会粗心大意，他就不会轻信他人的蛊惑，就不会交到不三不四的朋友，就不会随意地做决定，等等。

关于谨，在这里想强调几点，一方面是希望教师以此来教育学生，另一方面是希望我们做教师的也能在"谨"上下点功夫，好好力行"谨"这一条教诲。

第一，谨言。言语非常重要，如果学生讲话非常随便、信口雌黄，那么别人肯定会不信任他，他也就很难有好的同学关系。俗话说："病从口入，祸从口出。"随便说出来的一句话，可能会给彼此造成误会，甚至会惹祸上身。所以，言语一定要谨慎。而作为教师，无论是跟同事沟通，还是跟学生交流，都应该讲得体的话，讲适合自己身份的话，而不能随意讲一些不入流的话。如果学生看到教师这样做，他一定会如沐春风，受到良好的影响。

第二，谨行。行为一定要谨慎。无论是在家庭、学校中，还是在社会上，人都不可能独立存在，一个人的一举一动都会与他人发生联系。如果不懂得谨慎，可能就会冒犯他人；如果自己的举动很轻浮，可能就会招来麻烦。教师不仅要懂得这个道理，还应该严格要求自己，努力做到谨行，更应该让学生也知道这个道理。这样，学生的一举一动就是文雅的，就是谨慎的，会顾及他人，不会得罪他人、伤害他人。

第三，谨身。一定要爱惜身体，保护好身体。我们不仅为人师，也为人父母，还为人子女，无论哪一种角色，都应该珍爱身体，不可以让身体受到伤害。比如，不熬夜，不暴饮暴食，不"挥霍"身体，等等，以免让我们的父母、子女等家人还有学生担心。而如果学生从小就懂得谨身，那么他们的父母就会非常省心。这样的智慧当然离不开教师的思想传播。

第四，谨心。心是一个人的主宰，我们要心存善良，只有"诚于中"，才能"形于外"。对于教师和学生来说，心应该都是良善的，这样就会从内心散发出善的气息，就会给自己带来祥和。一个懂得谨心的人（教师和学生），一定会慎独，会自律，凭这一点，他就能拥有幸福的人生。

所以，我们教学生谨，一定要把言、行、身、心这四个方面当作重点。谨，不会让学生吃亏，只会让他人生的每一步都走得更加踏实、更加坚定。一个"谨"字就有这么好的效用，我们做教师的又怎么忍心"只说不练"呢？

人无信不立，凡事一定要讲究诚信。

自古以来，信就是一个人安身立命的根本，正如孟子所言："车无辕而不行，人无信则不立。"诚信、讲信用，不仅是人的一种品行，更是一种责任；不仅是一种准则，更是一种道义。

今天，诚信已经是社会主义核心价值观倡导的重要内容，所以教学生讲诚信非常必要。有父母也许会担心，别人都不讲诚信，我家孩子讲诚信，那他还不整天被人骗啊？这还是需要教师来帮忙解答：其实不然。想想看，如果孩子在求学期间讲诚信，老师会不会喜欢他？同学会不会喜欢他？会。如果孩子走上工作岗位后讲诚信，同事会不会欢迎他？领导会不会器重他？也会。当下就可以让家长假定自己是某团体的领导，他会不会喜欢讲信用的下属？会。如果孩子以后从事商业，主管一家企业、一个团体，一样需要诚信……

一切的一切都足以表明，诚信的孩子不但不会被人骗，反而会处处遇到好的缘分，因为这么好的孩子别人怎么会忍心骗他呢？《史记·滑稽列传》记载："传曰：'子产治郑，民不能欺；子贱治单父，民不忍欺；西门豹治邺，民不敢欺。'三子之才能谁最贤哉？辨治者当能别之。"不能欺、不忍欺与不敢欺的人，哪一个更贤能？当然是不忍欺之人。有人曾用"三不欺"的说法来评价李鸿章、曾国藩和左宗棠："李公明，人不能欺；曾公仁，人不忍欺；左公威，人不敢欺。"说的也是一样的道理。

如果学生从小就讲诚信，别人当然不会忍心欺骗他，因为人都有一颗向善好德之心，即使是坏人也有，只是暂时被蒙蔽了而已，当他遇到善良的人时，内心的善良也会被激发出来。再说了，即使学生被坏人骗，也将是仅此一回。相反，如果我们不培养学生诚信的品格，那么他就没有正确的处世观，而且可能多次被骗，甚至被骗之后心理扭曲，也去骗别人，那就麻烦了。

每一个人都应该从小以诚信为本，都应该把讲诚信、讲信用内化为自己内心的坚定信念，外化为自己的实际行动，让诚信常驻心中，永伴自己左右。而要想让学生做到这一点，我们做教师的就不能不重视对学生进行诚信教育。当然，在教育教学和生活中，我们自己也应该诚信立己。比如，坚决兑现对学生的承诺，即使有非常特殊的情形，也要跟他们解释原因，争取得到理解，但事后一定要弥补；答应别人的事一定要去做，不找借口；等等。

一言兴邦。务必要教学生谨言、诚言、信言。

谨与信，很大程度都表现在言语上。言语是非常重要的。孔子重视四种学问，也就是孔门四科：德行、言语、政事和文学。言语摆在德行的后面，重要程度仅次于德行。因为人与人互动、交往都离不开言语。古语说，"一言可以兴邦，一言也可以丧邦"，所以我们一定要教学生谨言、诚言、信言，而教学生做到的，自己更要先做到。

爱学生、爱万物，亲近圣贤经典做仁人

当学生懂得孝亲尊师，懂得友爱兄弟姐妹、同学朋友时，就会懂得爱周围的人。这时候，我们要让他的爱心扩展开来，让他用宽广的心胸去爱身边所有的动植物和一切物品，让他的爱心得到升华。而如果学生能够再亲近仁者，在无形中就会增长他的德行，进而促使他成为一个有德行的人。何谓仁者？除了有仁德的人之外，还包括圣贤留下的不朽经典。

泛爱众，而亲仁

泛，即广泛；众，即一切的人。泛爱众，就是广泛地爱众人。其实，在今天，爱众也是人际关系学的重要内容之一。教学生爱众，就是教他们与人交往、与人和睦相处。这一点，与现代教育是完全一致的。

培养学生有一颗博爱的心、宽容的心。

事实上，《弟子规》里讲的"泛爱众"，应该是广义的。众，不单单是指众人，还包括一切事物，比如动植物，比如身边一切没有生命的东西。爱众，就要爱别人，这样别人也会爱我们；爱众，就要爱护动物、植物，不可随便伤害它们；爱众，还应该爱身边的一切东西，比如学习工具、生活用品、粮食、水、电等，不可随便浪费它们。

也就是说，爱众，就是培养学生从小有一颗博爱的心、宽容的心。我们都知道一句话：心有多大，舞台就有多大。我们都想让学生在未来过上幸福的生活，拥有人生的大舞台，那怎样才能实现呢？就是要让他有一颗博爱的心、宽容的心。

所以，教学生爱众是非常必要的。不教他爱众，他就会心胸狭隘，到时候连父母都不爱，更别说爱老师了，到头来，痛苦的是为人父母者，是为人师者，更是孩子，因为他未来的路不好走，生活也很难幸福。从小教学生爱众并不难，如果不重视，学生长大后变得心胸狭隘，对教师来说也是一件遗憾的事。所以，教学生爱众当及时。

亲仁，就是让学生亲近仁德之人、圣贤、经典。

亲仁，字面理解就是亲近有仁德的人，只有这样，才能时时提升自己的道德素养。学生每天都接触一些有仁德的人，他自己就会变成有仁德的人；学生每天都接触一些乱七八糟、无所事事的狐朋狗友，甚至是社会小混混之类的人，他也一定会变坏，言语行为都会变粗俗，可能还会因为哥们义气而走上违法犯罪的道路，毁掉自己。正所谓："入芝兰之室，久而不闻其香；入鲍鱼之肆，久而不闻其臭。"我们做老师的，要让学生做哪一类人呢？

如果学生亲近有仁德的人，他就会在无形中增长智慧。人有智慧，才会走正确的路，才会选择阳光大道，他的心也会是阳光的，而不是阴郁的，人生也会过得非常幸福。既然如此，我们为什么不从现在开始让学生都去亲仁呢？

上哪去找有仁德的人呢？其实，我们身边一定会有好人和有德行的人，比如美德少年、孝心少年、道德小标兵等，让学生多与他们交流，一定会受益良多。当然，还可以让学生向古代的圣贤学习。亲仁，狭义地讲，是亲近有仁德的人；广义地讲，就是亲近一切能够提升道德学问的人、事、物。比如，可以让孩子读古圣先贤留下来的书，《弟子规》就是其中很好的教材，还有《论语》《大学》《中庸》《孟子》《道德经》《太上感应篇》《了凡四训》《朱子治家格言》等传统典籍。不要担心学生读不懂，只要他用心读，哪怕只读懂一两句，那也是人生的智慧，可能是他在生活中碰几次壁都总结不出来的。

作为教师，我们更应该相信"仁德"的巨大力量，不要只讲给学生听，而自己一点都不行动。所以，从现在开始，就做一个跟以前不一样的自己，让自己向善好德，学生自然会跟着我们学。教学生真的不难，难的是给学生做一个好榜样。

要提升道德学问，明了教育的次第

　　《弟子规》开篇讲的"首孝弟，次谨信。泛爱众，而亲仁；有余力，则学文"，即告诫教育者在教育孩子时一定要遵守先后顺序，也就是教育的次第——孝、悌、谨、信、爱众、亲仁、学文。从中可见，提升道德学问排第一位，其次才是学习文化知识。当我们按照《弟子规》去做、按照教育的次第去教育学生时，就有助于帮助他们拥有幸福圆满的人生。

有余力，则学文

　　"有余力，则学文"，就是告诫人们，有空余时间的精力，就一定要提升自己的学问。那么，对于成长中的孩子而言，怎样才算是"有余力"呢？所谓"有余力"，就是在力行孝、悌、谨、信、爱众、亲仁的基础上，还有空余时间、多余精力的话，再去学文。学生必须要以孝悌等六件事为根本，用做这六件事之外的时间学文，而不是必须将这六件事完全做到之后才去学文。

　　如果学生没有力行孝、悌、谨、信、爱众、亲仁，只是努力学习知识，那么纵使知识渊博，也不能成为一个真正有用的人。如果学生只是落实孝、悌、谨、信、爱众、亲仁，而不努力学习知识，就容易陷入自己的主观偏见中，从而蒙蔽了真理。所以，当学生力行了这些做人的根本原则之后，就要努力学习知识，从而提升自己的学问，充实自己的人生。

为什么《弟子规》告诫人们"有余力，则学文"呢？

　　如今是一个知识爆炸的时代，很多人尤其是父母认为，没有知识是非常可怕的，是无法在这个社会上立足的。于是，努力学习文化知识几乎成了这些父母对孩子的唯一要求。但是，《弟子规》中却告诫人们"有余力，则学文"，这是为什么呢？

宋朝著名理学家朱熹在《论语集注》中讲过这样一段话："未有余力而学文，则文灭其质；有余力而不学文，则质胜而野。"意思是说，如果一个人没有多余的时间，他的内在修养还不够，却不顾一切地学习知识，也许他的知识很丰富，但是他的本质有问题，那么他所学的知识反而会埋没他的本质；如果一个人有多余的时间，内在修养也差不多了，却不学习知识，那么他的外在行为就会显得有点野蛮。

可见，无论是"未有余力而学文"，还是"有余力而不学文"，对一个人的成长都是没有益处的。事实上，真正有益的做法就是"有余力而学文"。

战国著名思想家、哲学家庄子曾说："吾生也有涯，而知也无涯。"的确是这样，人的生命是有限的，但知识却是无限的。人类几千年积累下来的知识，是不可能在短时间内学完的。所以，我们每个人都应该有终身学习的态度，正所谓"活到老，学到老"。

具体的学习方法，将在第八章中详细分析。

人生最难的不是奋斗，而是抉择。

在人生的道路上，我们总会遇到一个个十字路口，总要去抉择。如果我们抉择对了，就会朝着正确的方向奋斗，那么离自己的目标就会越来越近；如果我们抉择错了，就会朝着错误的方向奋斗，那么离自己的目标就会越来越远。可以说，人生最难的不是奋斗，而是抉择——抉择正确的奋斗方向。俗话说"方向不对，努力白费"。的确，努力一定有结果，但不一定有好结果。可见，只有选对方向才不会白白努力。

在教育学生这个问题上，同样需要我们去抉择：什么是教育的首要任务，什么是教育的次要任务？教育的先后顺序一定要抉择对，因为《大学》中讲道："物有本末，事有终始，知所先后，则近道矣。"所以，教育一定不要本末倒置，不然真就是白费力气了。

那么，教育的首要任务和次要任务分别是什么呢？从《弟子规》的"总叙"部分可以得到确切的答案，那就是：道德修养是首要任务，学习知识是次要任务。如果问学生父母："教孩子做人的道理重要还是教孩子好好学习、考高分重要？"可能大部分父母都会选择前者，认为教孩子做人的道理是最重要的。然而，在现实生活中，一些父母又是如何去做的呢？我们经常会听到有的父母对孩子说："你只要好好学习就行了，其他事情你都不用去管。"而且，很多父母每天都在抓孩子的分数。

教师又何尝不是这样做的呢？当我们这样去做的时候，就已经做了一个抉择：重视学习成绩而忽视道德修养。而这一抉择将会影响孩子的一生。当然，有的老师可能会说，现在的教育大环境就是这样啊，就是重视成绩啊！没错，重视道德修养与好成绩之间并不矛盾。在全国各地有很多全面落实《弟子规》的学校，凡是真正俯下身子去做的学校，学生的学习成绩不降反升，而且要比同类学校成绩高出很多。所以，当教育"务本"的时候，好成绩是自然而然产生的，也会达到教育的真正目标——培养德才兼备的人。

所以，无论是教师还是父母，都应该做对抉择：既要重视学生的学习，又要重视学生的道德修养，而且要把道德修养放在教育的首要位置。前面说过，孝是德行的根本，也是一切教育的出发点。所以，教育学生，首先是进行德行教育，最重要的是教他做一个有孝心的孩子。

教师要做好这件事：从小给学生打下德行的根基。

我们是教师，正在从事教育工作，那到底什么是教育？东汉著名经学家、文字学家许慎编撰的《说文解字》解释说："教，上所施，下所效也；育，养子使作善也。"短短两句话，就把教育的核心点了出来。教育就是这么简单的一件事，就是教育者（父母和老师）以身作则，率先垂范，给孩子做个好榜样，让他接受良好的熏陶，去模仿。我们爱读书、学习，他就会学着我们的样子去读书、学习；我们向善，时刻把善心、善行"演"给孩子看，他就会学着我们的样子去向善。这样，孩子自然就会成为一个好学的人、一个好人。

在这里，特别强调"使作善也"，也就是说，要让学生都有一颗善良的心，要培养他去做一个善人，当他有善心、善行时，自然会感召很多善良的朋友，一生中也一定会遇到能处处提携他的贵人，他的人生哪会不顺利、不幸福？

一旦学生扎下了德行的根基，当他面对学习的时候，就会认为学习是自己的一种责任。而且，为了不让父母担心，为了不让老师操心，他会加倍努力学习，从而提升自己的学问。德行的提升一定会带动学问的提升。反之，仅仅是学习成绩的提升，并不一定能够让他的德行变好。所以，德行教育是必需的，是第一位的，没有德行教育的教育是不完整的，也是不能让学生真正受益的。正因为如此，我们的教育提出的目标才是培养德才兼备的人。

所以，每一位教师，无论教授哪个学科，都应该尽最大努力对学生进行德行教育，教给他做人的道理，教给他处世待人的态度，滋养他的浩然正气。可能学生当时不理解老师的做法，但他长大后，一定会记得老师当年对他的教诲与积极正面的影响。

蒙以养正，圣功也！师哉，师哉，桐子之命也！

如果我们为人师者能够细细品味古圣先贤所倡导的思想，就一定会感受到中华文化的伟大，感受到古圣先贤处处为子孙后代着想的那份心地。

古老的《易经·蒙卦》里说："蒙以养正，圣功也。"在童蒙未开化时，培养孩子的正知、正见，这是最大的功业，天下没有比这更大的事业了。养正，要求我们自己先要"养正"，要学习中华优秀传统文化，把以前对中华文化的误解通通化掉，在自己"养正"之后再"养孩子的正"。

西汉学者扬雄在《法言·学行》中写道："师哉，师哉，桐子之命也！"老师啊老师，你是给孩子立命的啊！父母给孩子生命，老师给孩子慧命——智慧的生命。这个智慧从哪里来？从中华文化中来，从传统经典中来，而作为蒙学经典的《弟子规》自然不容小觑。韩愈曾说："师者，所以传道、授业、解惑也。"教师的首要任务是传道，授业、解惑次之。《弟子规》里有太多的"道"，愿每一位教师都能学道、传道，以此为基，活学活用，在向学生"授业"的同时，也能解学生的各种"惑"。

学生力行《弟子规》细节指导（一）

弟子规 圣人训 首孝弟 次谨信
泛爱众 而亲仁 有余力 则学文

我们应该多听父母、老师的教诲，他们所拥有的文化知识和生活经验足以给我们提供借鉴。

父母赋予我们生命，并无条件地养育我们成长，孝敬他们是我们每个人的本分。在日常生活中，我们一定要从各个方面做到孝顺父母。

老师开启了我们的智慧，给我们传授了知识，让我们成为一个有文化、有才的人。所以，老师的恩德我们也不能忘记，那么，尊重老师就是我们必须要做到的。

从出生到生命结束，陪伴我们最长时间的就是兄弟姐妹、朋友。所以，我们要珍惜手足、朋友之间的情义。

无论是在家，还是出门在外，我们对人对事都要恭敬、有礼貌。做任何事情、说任何话都要考虑对方的处境和感受，"己所不欲，勿施于人"。

为人最基本的道德就是诚实守信，答应别人的事一定要做到，不合理的事不随便应允，不说欺骗狡诈的话，不做偷鸡摸狗的事，做一个光明磊落、堂堂正正的人。

要用平等心与每一个人相处，不嫌贫爱富，不巴结有权势的人，不轻视贫穷的人，要以温和、恭敬、谦虚的态度与人交往。

保护环境、保护地球是我们的责任，我们要从小树立环保意识，不践踏花草树木，不虐待动物，不随手扔垃圾，懂得节约能源，为保护生存环境尽绵薄之力。

在日常生活中，我们要多和品德高尚、学识渊博的长辈或同龄人相处。如果身边暂时没有这样的人，就要多读古圣先贤或德高望重的人留下的书籍，从书中学习做人做事的道理。

要努力成为有修养、有道德的人，在此基础上，要多学习文化知识，如果有精力、有兴趣可以再学习一些才艺或技能。这样，我们长大以后，就可以将我们的所学所用服务于家庭、社会、国家，乃至全世界。

具体力行细则，可以参考后面详细内容。

第二章

入则孝——教育的生发点，孝为德之本教之基

《弟子规》开篇第一部分即为"入则孝"，即在家要孝敬父母。之所以把孝道放在本书的第一位，是因为做人最应该重一个"德"字，而"德"的最根本的体现就是"孝"。孔子在2500年前就说过："夫孝，德之本也，教之所由生也。"也就是说，孝道是德行的根本，是一切教育的出发点。教孩子一定要从孝道教起。一个懂得孝道的孩子，他一定会好好学习，一定会积极乐观地生活，以后也一定会有好的工作，有好的前程，更会有幸福美满的人生。既然这样，我们为什么不教孩子学孝呢？

我们是教师，也是父母。《弟子规》的很多内容，我们既可以站在教师的角度理解，也可以站在父母的角度理解。无论是哪种角度，活学活用《弟子规》总是有益而无害的。就本章而言，父母应该教孩子学孝（父母本应教孩子尊师，但如果教师不教学生孝亲，那父母就只能自己教了。教师教学生孝亲，父母自然会教他尊师），教师也应该教学生学孝。这一点如果做好了，学生就真的很好教了，因为学生已经变化了气质，增长了智慧。

教学生学会回应他人，改变就在"一瞬间"

对学生来说，最重要的培养内容莫过于对德行的培养，而德行的根本就在于孝道。所以，《弟子规》在开篇就提到"首孝弟"，而从此处开始将详细讲述如何培养学生的孝心。其实，培养学生的孝心就从他与父母的日常生活开始。这一点，值得每一位教师用心体会与实践。还是那句话，站在教师的角度体会是对的，站在自己作为父母的角度体会也是非常有必要的。现在要教给学生的就是如何正确应对父母、老师和其他人、事、物的"呼唤"。一旦把《弟子规》开篇的六个字落实好了，学生的改变就在"一瞬间"。

父母呼，应勿缓

在这句"父母呼，应勿缓"中，"呼"是呼喊，"应"是答应，"缓"是缓慢、磨蹭。整句话从字面上理解就是，父母呼唤孩子时，孩子应该及时答应，而不能慢慢吞吞，甚至是听到了也不答应。

我们招呼孩子时，孩子是怎么回应的呢？

先从我们做父母的角度来说吧。在日常生活中，我们都有招呼孩子的经历，面对我们的招呼或呼唤，孩子是怎么回应的呢？是听到后立即就答应呢？还是根本就不作任何回应呢？甚至非常无礼地回应"干吗"呢？

再从我们做教师的角度来想一下。当我们招呼学生的时候，学生又是怎么回应的呢？有没有做到"老师呼，应勿缓"呢？如果没有，显然我们对孩子德行的教育还有很长一段路要走。

既然《弟子规》"入则孝"一开始就提到"父母呼，应勿缓"这六个字，而这也是《弟子规》正文的第一句话，那就代表这件事非常重要。所以，为人父母者千万不要认为这是小事。其实，教育孩子无小事，任何一个点用好了，都会让孩子受益无穷；相反，如果用不好，孩子可能就会因为一点小事、一个细节而跌个大大的跟头，甚至会影响他一生的发展。

但在这件事上，今天是否已经发生了变化？也就是说，父母呼唤孩子，孩子不答应"很正常"！或者孩子很有情绪地回应"干吗？"好像也"很正常"。还有比这"更正常"的就是，孩子呼唤父母，父母倒是恭恭敬敬地答应："唉，什么事？"

类似这样的现象几乎在每个家庭中都发生过，甚至是一再发生，而且将会一直发生下去，直到父母醒悟的那一天。如此下去，父母将不是父母，孩子将不是孩子。正如一句话所说："孝子，孝子，孝顺儿子！"现在的父母，不正在"担当"这样的"角色"吗？

事实上，每一个正常的孩子在面对父母的呼唤时，都应该这样回答："妈妈（爸爸），请问您有什么事？"这样的回答必须是及时的，态度必须是恭敬的。如果孩子离父母比较远，听到之后，要先回应，"未见其人，先闻其声"，回应的同时要快步走或跑到父母的面前。

而真正接受过《弟子规》训练的孩子会做得更好，他们会在回应父母的同时给父母鞠个躬。很多没有接触过《弟子规》的父母可能感到很诧异，认为这纯粹是多余的。其实不然，如果你有机会真正深入了解一下，就会发现这是事实，而非我在这里杜撰。了解的方法很简单，借助网络搜索，就会发现《弟子规》里有一个不一样的智慧世界。当然，也并不是说孩子在回应父母的呼唤时必须鞠躬，但恭敬的态度是要有的，及时回应也是必要的。

在学校，学生面对教师的呼唤，有好到哪里去吗？作为读者的您是最有发言权的，看看周围学生的表现就知道了。

其实"父母呼，应勿缓"表现的是孩子的一种态度。

一个人的道德学问是从他的一言一行中表现出来的。所以，孩子对父母的讲话态度将对他的人生产生深远的影响。如果他对父母有真正的孝心，有恭敬心，他的道德学问的根基就能扎得很深；如果他对父母没有这份恭敬心，没有这份孝心，那么他就会有傲慢心，这会毁掉他的人生。这不是危言耸听！

《大学》中这样说："古之欲明明德于天下者，先治其国；欲治其国者，先齐其家；欲齐其家者，先修其身；欲修其身者，先正其心；欲正其心者，先诚其意；欲诚其意者，先致其知。致知在格物。"也就是说，一个孩子只有从小能做到"正心"，他才能修身、齐家、治国、平天下。可见，要想获得大学问，必须从小处入手。当然，成人也是如此，也应该做到格物、致知、诚意、正心、修身，之后才可以齐家、治国、平天下。

可是今天，还有几个孩子能恭敬地应对父母、老师的呼唤？还有几个孩子能从内心深处恭敬地与人打招呼？所以，教师和父母都不要再认为这是个小事了，也不要再对孩子降低教育的标准了。如果还不重新认识这件事的话，孩子就会一代不如一代。

教孩子这件事，需要父母来做，而教师负责传道。

教育如果仅仅是对孩子说教，那他是不愿意听的，也不愿意去相信。怎么办？关键还在于身教，身教重于言教。这件事，从表面来看，当然应该是父母来教的，但是如果父母没有这样的教育智慧，还是需要教师来传道的。所以，教师在对孩子进行"说教"的同时，还要知道怎样指导父母"身教"。这个"身教"其实就是父母的"表演"。这里"表演"二字打上了引号，表示强调，不是让父母随便"演"，而是从内心深处对自己的父母有孝心、有恭敬心，然后给孩子"表演"出来。所以，当家里的老人在呼唤的时候，要赶紧过去，恭恭敬敬地说："爸爸（妈妈），请问您有什么吩咐？"即使现在表演得不好，但只要坚持，就一定会"习惯成自然"。当父母真有了这样恭敬的态度后，这种气氛就会感染孩子，良好的家风就形成了。在这样的环境熏染下，孩子还会对父母不恭敬吗？

当然，对于家里"另一半"的呼唤，也应该做到"应勿缓"，这样，做先生的、做太太的还会因为对方不回应或回应不及时而发火吗？不会了。争吵少了，家就和了，所谓"家和万事兴"，全家人将会受益良多。

还有，在面对孩子的呼唤时，父母不可再像以前那样"恭顺"了："儿子，你有什么事？"父母是长辈，孩子是晚辈，晚辈要尊敬长辈，这是自古以来的传统美德，不应该随着时代的变迁而改变。所以，父母要成全孩子的这份恭敬心。

但从更深层次来说，教师也应该给学生做出好榜样，比如在面对领导、同事的召唤需要时，一定要及时、得体地回应，保持自己谦恭的态度。如果学生看到了，自然也会受到感染，也会向老师学习。作为教师，我们千万不要认为自己对领导、同事谦恭、尊敬是掉价，没有必要。有句话说得好，"别人尊敬你，并不是因为你很优秀，而是别人很优秀"，而我们就是那个"别人"，也要引导学生高高兴兴地做那个"别人"。

"父母呼，应勿缓"这句话并非万能，应彻底"读懂"。

教师还要明白一点：做父母的千万不要认为"父母呼，应勿缓"这六个字是"万能"的，如果没有彻底"读懂"，就很难应用好它，它也就不能成为教育孩子的"灵丹妙药"了。

说得再明白一些，就是父母一定要关注"父母呼"中"呼"的内涵，这是对做父母的提的要求。要把握这个核心，注意"呼"的语气、语调和时机。比如，当父母的"呼"明显高八度，甚至是以气势压倒、命令孩子时，那他的内心是反感的，是不想配合去"应勿缓"的。再如，"呼"的时机，在孩子正在埋头专注地做一件他认为很重要的事情，而父母又不是非得"呼"他做别的更为重要的事的情况下，就不应该随意打扰他。想想看，如果父母随意打扰孩子，还要求他"应勿缓"，这有道理吗？

当孩子暂时还没有做到"应勿缓"的时候，父母要给他适应与成长的时间，而不要试图以"父母呼，应勿缓"（包括《弟子规》后面所讲的内容）这句话去控制孩子，不要硬给他扣上一顶"不听话"的大帽子，甚至因此去否定孩子。"父母呼，应勿缓"这句话在某种程度上对父母和孩子都是有约束的，体现了父母与孩子之间的相互尊重、信任与理解，而不是父母单方面拿来衡量孩子的，父母更不能用这句话或整部《弟子规》去跟孩子对立。这一点，非常关键，十分重要，在学习《弟子规》的最开始，就一定要铭记在心。

这些是需要教师告诉父母的，但教师自己又何尝不该注意这一点呢？并不是学生学了"父母呼，应勿缓"之后，教师就可以不分时机、场合地随意呼唤、吩咐学生，认为他们就应该无条件地做到"老师呼，应勿缓"，这显然是不合适的。

践行"父母呼，应勿缓"，还能给孩子带来哪些益处呢？

孩子对父母的呼唤"应勿缓"只是第一步。作为父母或教师，还要教孩子力行"爷爷呼，应勿缓""老师呼，应勿缓"等"长辈呼，应勿缓"，甚至是"同学呼，应勿缓"……在生活中随时随地让孩子力行这样的教诲。当这种教诲深入他的"骨髓"后，他就会一生受用不尽。

学生走向社会参加工作后，就会懂得"领导呼，应勿缓"，而且还有恭敬心，哪个领导会不喜欢这样的员工？哪个领导会不提拔这样的员工？

孩子成家立业后，面对自己的另一半，他同样会这么做，和谐的小家庭就诞生了。再往后，他有了孩子，他会对孩子进行很好的教育，这样，家风就得到了传承，后代子孙的幸福就有了保障。

而这一切，就是"父母呼，应勿缓"这六个字带来的。真有这么神奇吗？当然。只要父母、教师按照圣贤的教诲去做，就一定会是这样。

这句"父母呼，应勿缓"还有很多延伸。

除了长辈、同辈这些"人"的"呼"，还有"饿了的小狗呼""渴了的花草呼""掉在地上的铅笔呼""哗哗漏水的水管呼""没有被及时关的灯呼"……要让学生学会举一反三，从内心深处改变自己，做到"知行合一"。

引导学生学会立即行动、不再拖延的绝妙方法

很多学生都有懒惰、拖延的坏习惯，怎样引导他们突破自己？《弟子规》里的"父母命，行勿懒"如果落实到位，那学生就会克服自己的惰性和不良的习气，立即行动起来，不再拖延。无论是他们的学习，还是做事，都会发生翻天覆地的变化。

父母命，行勿懒

在这句"父母命，行勿懒"中，"命"是命令，"行"是执行、行动。整句意思是，当父母吩咐孩子做事的时候，孩子应马上行动，绝不拖延。孩子能这样做，说明他没有把父母的话当耳旁风，因为他内心对父母是恭敬的，所以行动起来自然也会刻不容缓。

我们吩咐孩子做事情时，孩子会是什么反应？

同前面一样，我们还是有两个身份，一个是父母，另一个是教师。适合从父母角度解读的，我们就把自己的身份角色转到父母上；适合从教师角度解读的，我们就把自己的身份角色转到教师上。此处再次强调一次，希望在后面的内容中不刻意强调这一点我们也能辨明。

在生活中，当孩子听到父母的吩咐时会"行勿懒"吗？大多数孩子会说："等一下。"或者说："我正忙呢！"甚至说："我才不干呢！"他们不但不会立刻行动，还会直接表示他不想干或不能干。父母的吩咐，在孩子眼里又算什么呢？同样，教师的吩咐，学生又能乖乖地立即行动吗？

有的孩子虽然嘴上会答应，但却迟迟不行动。这只能说明，孩子心里根本没答应。不然，怎么可能不去执行？

有的父母出于心疼孩子的缘故，根本不会吩咐孩子做任何事。反而是当孩子吩咐父母做事的时候，父母真是做到了"行勿懒"。孩子喊："妈妈，给我倒杯水。"妈妈说："好嘞！"然后以最快的速度把水端给孩子，说不定还会给孩子喂进嘴里。孩子说："爸爸，把那本书递给我。"爸爸就赶快执行。有的孩子甚至连"爸爸""妈妈"都不叫，直接说"你把东西给我"，而父母却乖乖地听话，生怕动作慢了惹"小皇帝"或"小公主"生气。

请问，到底谁是父母啊？到底谁是长辈啊？

孩子面对父母的吩咐毫不在意，却不断使唤父母为自己做这做那，这样下去，孩子对父母不但没有恭敬心、感恩心，还会瞧不起父母，忽视父母。而当有一天，父母不愿意再继续听从他的使唤时，或者老到无法执行他的"命令"时，他就会埋怨、记恨父母，甚至会辱骂父母。那时，父母和孩子都不会感觉到人生是幸福的。

其实，每个孩子面对父母或老师的吩咐时，不但嘴上应该在第一时间真诚地答应说"好的"，还要立即行动起来。这才是一个孩子对父母或老师应有的正确态度。所以，我们一定要把"父母命，行勿懒"这样的教诲教给孩子，让他早日学会。

做不到"父母命，行勿懒"，人生路可能会不太顺畅。

如果孩子不把父母的吩咐放在心上，他就很难真心诚意地把老师的吩咐放在心上，更不会把其他人的吩咐放在心上。他对父母没有最基本的孝心，也不会发自内心地尊敬老师和他人。即使他一时听从了其他长辈或老师的吩咐，也不能说明他具备了"行勿懒"的好习惯或者说这种强大的执行力。

比如，当同学说："某某，请把那支铅笔递给我，好吗？"他可能会说："我没空，你自己拿吧！"当老师对他说："请你帮老师擦一下黑板吧！"他可能会说："我又不是今天的值日生！"面对他这样的回应，别人会喜欢他吗？

而一个常常"命令"父母的孩子，会很习惯地对同学说："你把那本书给我拿来！"说不定还会对老师说："老师，把那个拖把给我。"听到"命令"的同学和老师心里会舒服吗？

如果他走上工作岗位还是如此的表现，那他会得到领导和同事的认可吗？如果他再以同样的表现对待妻子（丈夫）和儿女，那他的家庭会和谐吗？试想，谁愿意和这样的人交往、合作、共事、生活？他的人生之路怎么会顺畅呢？

为什么会"行动懒"？根本原因到底是什么？

一个孩子或学生之所以会"行动懒"，基本上离不开以下四种因素，即过度娇惯、缺乏榜样、缺乏鼓励，当然更缺少正确的指导，这个指导不仅来自父母，更来自教师。

如果父母舍不得吩咐孩子做事，那么孩子连行动的机会都没有。但是，没有任何一位父母能够永远不吩咐孩子，因为父母总有一天会觉得孩子长大了，可以承担一些任务了，于是开始吩咐他做事。但是，当我们在过度娇惯他之后，第一次发出命令时，他会非常不适应，又因为从来没有行动过而无所适从，在这种心理驱使下，他自然会退缩，会找借口不去行动。

或许，父母并没有那么娇惯孩子，也总是吩咐他去做一些事，但他总把父母的话当耳旁风，父母吩咐几遍他都不动弹。如果是这样，大概可以推测，父母二人都没有给孩子做好榜样。当对方吩咐做事时，往往并不是马上行动，而是借口拖延。父母的行为完全会影响孩子的行为。如果父母都没能做到"父母命，行勿懒"，怎么能要求孩子做到呢？

此外，孩子还有可能因在屡次的行动中没有得到父母及时而有效的鼓励，而失去了"行勿懒"的动力。比如，孩子听从父母的吩咐在扫地，可是父母觉得孩子做得不够好，于是说："哎呀，不是这样扫的，这么简单的事情都做不好，去去去，我来做。"孩子听到父母的否定，还会有继续做下去的动力吗？如果这种场景发生过几次，父母再吩咐他时，他当然不会积极行动起来，因为等待他的将是指责和埋怨。

所以，父母不要因过度心疼孩子而不去吩咐他做事，更不要给他做坏榜样，而要及时鼓励他，教给他做事的方法。只有这样，当他听到"父母命"的时候，才会"行勿懒"。

如果父母并没有教孩子这样做，教师就应该作指导了，一方面是指导孩子的父母在家如何对孩子进行这方面的教育，另一方面也应该在班级活动和学校生活中对学生进行类似的指导，让他们不仅懂得"父母命，行勿懒"，还应该做到"教师命，行勿懒"。当然，这里还有一个前提，就是这个"命"一定是合情合理的。

把"父母命，行勿懒"落实在学习、生活中的每一处。

这句教诲，不仅体现了孩子对父母的孝心，也体现了学生对教师的恭敬心，它是培养学生强大行动力、执行力的基础。平时我们会发现很多孩子在完成学习任务或其他事务时都拖拖拉拉，毫无效率可言，能拖就拖，实在拖不过去了，才敷衍地去做，草草了事。

为什么会这样？仔细观察，也许他们的父母就是这样的人，甚至他们的老师就是这样的人。比如，门把手坏了，我们听不到它说"请及时修理一下我"，于是一天推一天，直到实在推不下去了才去修；又如，吃完饭了，我们听不到碗筷说"请及时把我洗干净"，于是我们把碗筷泡在水池里，直到要做下一顿饭或下几顿饭而没有碗用时才开始洗；再如，写教案这件事，有时候也是一拖再拖，可能课程已经上完很久了，教案都没有写，等时间不够了再匆忙"补补"了事……在生活和工作中我们都是如此，孩子或学生做事时，怎么可能会不拖拉、不懒惰呢？

所以，如果我们（再次提醒，我们集教师与父母的角色于一身）能把这句教诲落实在生活、工作的每一处，孩子的行动力、执行力自然就会被培养出来，从而在生活中的每一处落实"行勿懒"。其实，这就是引导学生学会立即行动、不再拖延的绝妙方法。

让批评教育学生这件事无阻力，更有效

好的教育离不开鼓励与表扬，但也少不了批评教育。现在很多教师不敢批评学生，当然是有原因的。但是如果任由这种现象继续存在下去，我们的教育还会出现更多的问题，到时候可能会有越来越多的教师在一定程度上成为"受害者"，也会有越来越多的学生不成器。怎么办？也许《弟子规》里的几个字就能解决这个问题，让批评教育学生这件事不但没有阻力，而且还会更有效，甚至会让教育的面貌焕然一新。

父母教，须敬听

"教"是教导，"听"是听从，"父母教，须敬听"是说父母在教导孩子时，孩子应该恭敬、虚心地聆听。同样，老师在教导学生时，学生也应该恭敬、虚心地聆听。

面对我们的教导，学生会不会恭敬地聆听呢？

孩子对父母的恭敬之心，不仅体现在当父母呼唤或嘱咐他做事时能立即应答，还体现在父母教导他的时候心存恭敬地聆听。同样的道理，对教师有恭敬心的学生，在面对教师的批评教育时，也会心存恭敬地聆听，而不会满不在乎、不屑一顾，甚至是"无理辩三分"。

事实上，面对父母或老师的教诲，年龄偏小的孩子还能够聆听，而孩子越大，似乎就越听不进去，要么心不在焉地一听，要么直接顶撞。我们说一句，他能回顶几句，几乎就是一言九"顶"……面对他的顶撞，我们作何感想？

有的父母过于疼爱孩子，即使孩子犯了错误，也不会及时上前纠正，甚至会极力袒护。渐渐地，孩子就会养成唯我独尊、傲慢无礼、张扬跋扈的性格。到那时，父母再批评教育他，他一定不会听。不仅如此，当父母对他的照顾令他不满意了，他就会反过来"教育"父母，说不定父母还会"乖乖地"听取他的意见，下次"改进"照顾他的方法。这样一来，父母和孩子完全换了位置，他成了父母孝敬的对象。这简直是颠倒了伦常，孩子不像孩子，父母不像父母。这样下去，家之不祥，子孙难兴。

如果及时跟孩子一起学习《弟子规》，那情形自然大不相同。我们做教师的也有这样的体会，有的孩子特别有礼貌，特别有家教，仔细观察就会发现，他的父母一定待人非常有礼。相反，那些这方面做得很差的孩子，他们的父母也很难好到哪里去。这正应了那句俗语，"有其父必有其子"，也就是说，有什么样的父母就有什么样的孩子，而有什么样的孩子就有什么样的父母！学过《弟子规》的孩子，当父母教导他的时候，他会恭恭敬敬地听从，虚心地接受，并落实在实践中。由此，他的过失不但得到了纠正，道德学问也得到了提升。而且，他会把对父母的这份恭敬延伸至周围人，比如老师、同学、朋友甚至是陌生人。人们在与他的相处中感受到的是被尊重、被尊敬，如此一来，人们怎么会不喜欢他、不愿意帮助他呢？这样，他的人生路就会因处处遇贵人而更加顺畅。我想，这是学生父母所希望的，也是我们为人师者所希望的。

怎样引导学生有效落实"父母教，须敬听"呢？

在引导学生学习之前一定要思考，他为什么不恭敬地听从我们的教诲？最大的可能是跟父母有关，也可能跟教师或周围的同学有关，比如他的父母（或一方）、老师或有的同学平时根本听不进别人的劝导，也从来不会虚心接受别人的意见，自以为是、固执己见。在潜移默化的影响下，他也渐渐学会了这样的说话处事方式。可见，好的言语行为是孩子最直接的榜样。

所以，一方面我们改变自己的言行举止，向《弟子规》的教导看齐，努力学习并践行《弟子规》的教诲，给学生做最好的榜样。

另一方面也抓住机会跟学生父母沟通，请他们配合。如果父母能够听取亲人、朋友的劝导并虚心接受，孩子也会受到影响，并用同样的态度面对父母对他的教导。反之，如果父母都不懂得"须敬听"，孩子也一样。也就是说，教育孩子是一个"种瓜得瓜，种豆得豆"的过程。孩子教育好了，父母就自得其乐；教育不好，父母就自食其果。正所谓"自己酿的酒，自己去品，其味自知"。所以，千万不能忽视自己的行为。希望孩子孝敬听话、前途似锦，那么父母就必须努力做到"父母教，须敬听"。此外，也应该注意教导孩子的方式，如果总是埋怨他，他肯定会产生抵触情绪，从而无法恭敬地聆听父母的教诲。当然，在父母眼里，孩子无论如何都不应该无礼地对待他们，但是如果父母自己不能无条件地尊敬自己的父母的话，那么就不要要求孩子。因为，这样的要求不但是苍白的，也是令孩子反感的。

此外，还要教导学生体会父母的不容易，父母的教导一定是为了他好，可能方式方法欠妥当，但为人子女一定要体会父母的用心，感受到父母的期待。

由此可见，《弟子规》真的不仅是要求孩子或学生的，更是要求父母的，也是要求教师的。所以，我们不仅应引导学生落实"父母教，须敬听"这句教诲，更应该俯下身来落实《弟子规》的教诲，这样，学生就一定会有所改观。

鼓励学生践行"父母教，须敬听"，告诉他"福在受谏"。

俗话说，"福在受谏"，一个人有没有福气，就看他能不能听取谏言。学生也是如此。一个学生的道德学问能不能不断提升，个人的发展空间会不会越来越大，人生之路走得顺畅不顺畅，在很大程度上就取决于他愿不愿意听劝、受谏。

学生都有缺点，而他自己很难看到自己的问题，如果他想发现缺点、改正缺点、不断成长，就必须有一个愿意听从他人劝导的态度。如果学生面对老师、父母、其他长辈的教导或面对朋友、同学提出的建议，总是表现出一副傲慢不屑、不愿意接受的样子，那么久而久之，就没有人愿意劝导他了，他就会因此而止步不前。

相反，如果学生用恭敬心认真听取他人的劝导，并抱着"有则改之，无则加勉"的态度，他就会不断进步。而对方也会因他的恭敬而愿意不断地帮助他，不断地给他提出有价值的、有效的意见，对学生而言，这样的人不就是他人生中的贵人吗？

所以，我们应该具备接受他人建议的心量和谦虚、恭敬的态度，而这种素质很大程度上需要通过践行"父母教，须敬听"这句教诲才能实现。这样的道理，也要及时跟学生分享，让他也明白"福在受谏"！

父母责，须顺承

在这句"父母责，须顺承"中，"责"是责备、批评，"顺承"是诚心接受，表明一种态度。整句意思是，当父母责备孩子或者管教孩子的时候，孩子应该表现出真诚的态度并虚心地接受。

面对父母的责备、批评，孩子会乖乖顺承吗？

孩子在成长过程中都不可避免地会犯各种各样的错误，父母也许会因此生气，继而责备他、批评他，甚至呵斥他。其根本目的，无疑是希望他能够有所改变，不断进步。所以，对于父母而言，出于为孩子好的目的而责备孩子，是正常的、无可厚非的行为。而面对父母的责备，孩子会乖乖顺承吗？大多数孩子做不到这一点。有的孩子听到父母的责备声，虽然嘴上不说，但表情相当难看，他内心在说："你别指责我，我不爱听。"有的孩子则是找一大堆理由，以表示父母说得不对；有的孩子则是直接和父母对抗，不但反过去责备父母，还会做出一些过激的行为让父母伤心……所以，很多父母经常叹息道："如今的孩子，怎么这么难管教啊！"

当然，也有少数孩子面对父母的责备和批评会毕恭毕敬地顺从、接受。为了让父母尽快消气，他还会说："爸爸妈妈，我知道错了，我下次一定改，您别生气了。"今天还有这样懂事听话的孩子吗？当然有，力行《弟子规》的孩子就会如此听话懂事。

当然，父母也不是完人，也会犯错误，有时候对孩子责备得不当，甚至会误解孩子。这时，孩子是否也应该顺从呢？应该有这个态度。但我们也要教孩子，当他认为父母做得不对的时候，应该提出自己的看法，进行劝谏，不过要注意时机和态度。《弟子规》后面讲的"亲有过，谏使更；怡吾色，柔吾声"，就是教孩子给父母提意见的。

如果不践行"父母责，须顺承"，有什么不好的影响呢？

先来看这样一个故事：

有个男孩从上初中开始，对父母的批评教育就常常表现出强烈的不满，后来慢慢发展到根本不让父母开口。在学校里，如果老师批评他，他就瞪老师，还不停地嘟囔，老师批评得厉害了，他就和老师对着干。弄得父母不敢惹他，老师也管教不了他。

后来，他高中还没上完就开始到处打工，一年之内换了好几份工作，每次都是领导说他几句，他就撂挑子不干，有时还会辱骂领导。

一次，他过马路时没有遵守交通规则，差点儿被一辆车撞上。司机气愤地说："你怎么不遵守交规呢？不要命了？"一听这话，他就不依不饶地开始骂司机。司机听不下去，便下车和他理论，没说两句，两个人就动起手来，后来，他被打成重伤送进了医院。

这个男孩就是因为听不得他人的责备，才养成了一身的毛病，脾气还异常暴躁，工作和生活都不顺利。如果他能做到"父母责，须顺承"，当面对老师、领导、他人的责备时恭敬地接受，那么他的学业就不会半途中止，工作也不会屡遭不顺，更不会遭遇横祸。说句不好听的，一切都是自作自受啊！而根源就是他没有在父母那里养成"顺承"的习惯。可见，一个不懂得孝敬父母的孩子，未来的路可能也难以平坦。

这种现象的发生跟教育缺失有很大关系，家庭教育没有跟上，学校老师又没有及时疏导学生的心理，没有培养学生的孝心、感恩心，他们不知道"父母（老师、其他长辈）责，须顺承"的道理，结果学生做出的事往往让人惊愕和惋惜。

所以，我们不要小看《弟子规》的力量，它可以让孩子都过上平安幸福的生活，也可以让家庭更加美满，让社会更加和谐。当然，仅"父母责，须顺承"这六个字可能就会让我们的班级管理、学校教育变得更好做，不但让学生有好的德行，还会有好的成绩。而身为教师的我们也会身心放松很多，成就感也会大大提升。

怎样跟孩子一起践行"父母责，须顺承"这句教诲呢？

身教永远是最有力量的教育。我们希望学生能落实《弟子规》，就要先问问自己，当我们的父母、领导、妻子（丈夫）责备我们的时候，我们是什么态度？有没有恭敬并虚心地接受？我们的一举一动，学生都会看在眼里，我们怎么做，他就会怎么学。

所以，当我们因为有些事做得不妥当而招来父母、亲人、领导、同事的责备时，我们最好主动表示歉意，诚恳地接受，而且要从内心深处真正认识到自己的错误，并说："对不起，这件事是我做得不妥，下次一定注意。"此言一出，对方也就不再继续批评责备了。

如果一开始做不到立即接受并道歉，那么至少要做到不生气、不顶撞。而要做到这两点，就不能总认为自己是对的，要从对方的训导和责备中发现自己的问题，这样才能心平气和地听对方说。即使对方说得不太对，我们也不能"奋起反抗"，因为结果只会两败俱伤。我们要么耐心地向对方解释，要么等到对方完全消气之后再从长计议。

正如朱熹在《童蒙须知》中说的：

> 父兄长上有所教督，但当低首听受，不可妄大议论。长上检责，或有过误，不可便自分解，姑且隐默。久，却徐徐细意条陈云：此事恐是如此，向者当是偶尔遗忘。或曰，当是偶尔思省未至。若尔，则无伤忤，事理自明。至于朋友分上，亦当如此。

意思是，父兄尊长对晚辈教导或批评责备时，晚辈应该低头接受，不可以轻狂妄自议论。尊长对晚辈的批评责备如果不正确，晚辈也不能立即辩解，而是先隐忍沉默。等这件事过去之后，再慢慢仔细地一一陈述清楚，对尊长说："这件事恐怕是这样的，以前可能是您偶然忘记了，或者是您偶尔没有考虑到。"这样处理的话，就不会伤到尊长的自尊心，事情的前因后果、来龙去脉就都清楚了。对于朋友之间，也应该这样处理。

再说回来，如果对方已经气得失去理智了，那么我们就要灵活应对，千万不能硬碰硬。

对我们成人是这样，对孩子，对学生也是一样的道理。

小杖则受，大杖则走。圣贤教育没有愚孝。

说到这里，我想起了"曾子受杖"的故事。《孔子家语·六本第十五》记载过这样一件事：

> 曾子耘瓜，误斩其根，曾皙怒，建大杖以击其背，曾子仆地而不知人久之。有顷，乃苏，欣然而起，进于曾皙曰："向也参得罪于大人，大人用力教参，得无疾乎？"退而就房，援琴而歌，欲令曾皙而闻之，知其体康也。

曾子名参，字子舆，是孔子的学生，从小就孝敬父母，以其孝行而著称乡里。一天，曾子与父亲曾皙在瓜地里劳作，他不小心斩断了瓜苗的根，父亲看他不爱惜植物，做事不谨慎，于是很生气，便举起手上的大杖朝曾子的背部打去。曾子知道自己做错了，很惭愧，所以就没有逃避，而是跪在地上一动不动地让父亲打。没想到，父亲用力过猛，曾子的身体承受不了，结果晕过去不省人事了。

过了好一会儿，曾子才睁开眼睛醒过来。他不但没怪父亲，反而为了让父亲不担心，还高高兴兴地爬起来，整理好衣冠后，又恭恭敬敬地走到父亲面前行礼，并问父亲："父亲大人，刚才您费了这么大力气教育我，您的身体有没有不适呀？"问候完毕，见父亲也没有什么大碍，才放心了。于是他退回自己的房间，拿出琴开始弹唱起来，希望父亲能听到自己欢快的歌声，让父亲确认曾子的身体无恙，从而安心。

故事讲到这里，我们也许会觉得曾子太孝顺了，甚至觉得曾子简直愚蠢，是愚孝。我曾看过有的很有影响力的教育专著里也讲过这个故事，不知道作者真是对此一知半解，还是有心为之，他讲到这里就停止了。之后，就开始批判儒家文化，说古人愚孝，不尊重人格，宁肯被父母打死，也要顺从父母，云云，进而上纲上线，大肆批判古代教育的不是。

可事实上，故事并不是到这里为止的，到这仅仅讲了一半，接下来的一半，《孔子家语·六本第十五》是这样记载的：

> 孔子闻之而怒，告门弟子曰："参来，勿内。"曾参自以为无罪，使人请于孔子。子曰："汝不闻乎？昔瞽瞍有子曰舜，舜之事瞽瞍，欲使之，未尝不在于侧，索而杀之，未尝可得。小棰则待过，大

杖则逃走，故瞽瞍不犯不父之罪，而舜不失烝烝之孝。今参事父，
委身以待暴怒，殪而不避，既身死而陷父于不义，其不孝孰大焉？
汝非天子之民也，杀天子之民，其罪奚若？"曾参闻之，曰："参
罪大矣！"遂造孔子而谢过。

　　大意是，别人都敬佩曾子的孝顺行为，可孔子听说这件事后，竟
然很生气，还对其他弟子说，曾参来了，不要让他进门。弟子们感到
很奇怪。而曾子知道后，反省一番，认为自己没有什么错，于是就请
其他同门向老师请教。孔子对来请教的弟子说："你们难道没有听说
过吗？从前有一个人叫瞽瞍，他的儿子叫舜。舜在侍奉他父亲瞽瞍时
非常尽心，每当瞽瞍需要舜时，舜都能及时在一旁侍奉；但当瞽瞍要
杀他时，他却跑得远远的，让人找不到。所以说，如果父母拿小棍子
打你，你就要受着；如果拿大棍子打你，你就要赶快跑。这样，瞽瞍
就没有犯下为父不慈的罪过，舜既保全了父亲的名声，也尽了孝子的
本分。现在，曾参侍奉他父亲，却不爱惜自己的身体，直接拿身体去
承受父亲的暴怒责打，就算死也不回避。如果真被父亲打死了，那不
是陷父亲于不义吗？哪还有比这更不孝的呢？难道你不是天子的子民
吗？杀了天子子民的人，又该定他什么罪呢？"弟子们听后恍然大悟，
而曾子知道这些后，也一下子明白过来，不由得感叹："原来我真的
是犯了大错啊！"于是诚恳地向孔子拜谢并悔过。

　　的确，父母生气的时候情绪难以控制，假如孩子在那里跟父母硬
碰硬，父母可能更生气，要是失手把孩子打伤了，甚至打死了，那伤
心的还是父母。所以，真正有孝心的孩子是不会陷父母于不义的，也
不会让父母伤心难过的。因此，如果责备我们的人情绪异常激动，甚
至要打我们，那么我们还是先"走"为妙。可见，《弟子规》中的教
导并不是死板的，而是灵活的。只要我们存着一颗孝敬父母的心，并
把这种态度延伸到生活中的每一处，那么我们和孩子必将获得幸福美
满的人生。

　　希望这样的道理，我们为师者先吃透，而不是一上来就盲目排斥。
只要我们安下心来学习《弟子规》，学习中华优秀传统文化，就一定
会获得更多的智慧，无论是应对教育教学，还是应对生活，都会游刃
有余。而这些道理和智慧，我们也应该及时教给学生。如此一来，学

生也会对《弟子规》充满信心，从而更加认同其中的教诲。别的不说，就单说我们批评教育这件事，学生也会重新认识，更会"敬听"，当然也会努力尽快改过。

学生有一颗时时体恤父母的心比好成绩更重要

　　培养学生的孝心，的确应该从培养他对父母的恭敬心开始，但是，这还远远不够。孩子在对父母恭敬的同时，也应该懂得如何照顾好父母的饮食起居。因为从长远来看，学生有一颗时时体恤父母的心比好成绩更重要。孩子对父母的体恤、关怀往往是从衣、食、住、行等方面体现出来的。同样的道理，一个知道体恤关怀父母的孩子，一定能够感知到父母和教师的殷切盼望，也一定会在学习上尽心尽力。这是他在用行动表达自己的孝心。

冬则温，夏则清

　　"冬则温，夏则清"就是提醒为人子女者，当冬天来临时，别让父母挨冷受冻，要带给父母温暖；当夏天到来时，要让父母感到清凉。延伸开来，就是当气候或外界环境变化时，当父母有各种需求时，要及时关心父母、照顾父母，满足父母的需要，让父母身轻心安。

父母帮孩子打理衣食起居，不影响孩子学习照顾父母。

　　孩子尚未长大，无疑需要父母的关怀与照顾。冬天天气寒冷时，父母会督促他穿上厚衣服，为他准备好棉被，生怕他冻感冒；夏天天气炎热时，父母会给他准备好电扇、空调，铺上凉席，煮好绿豆粥，生怕他中暑。父母对孩子的关爱哪里只是在这冬夏两季，可以说是日日时时！这就是父母对孩子天然而心甘情愿付出的爱。

　　父母如此细腻地付出没有错，孩子也会倍感温暖。然而，孩子会不会在父母需要的时候也如此体贴地加以照顾呢？有的孩子虽然看到了父母的需求，但觉得父母是成年人，自己会照顾自己，不需要小孩子照顾，于是就没有做出任何反应；有的孩子根本不知道父母的冷暖需求，也就很难表示关怀和照顾；也有的孩子会在口头上表达一下问候和提醒，但却没有接下来的实际行动；也有少部分孩子不但会说关心父母的话，还会照顾父母的饮食起居。

哪种孩子会让父母感到更欣慰呢？当然是最后一种。如果说父母对孩子的爱是天然的、合乎伦常的，那么孩子对父母的孝敬也是自然的、理所应当的。所以，父母照顾孩子的同时，也应该让孩子学会照顾父母，要想办法激发孩子孝敬父母的心，把孝敬父母的权利还给他。

通过故事来帮孩子理解"冬则温，夏则清"的道理。

父母可能很难对孩子说："你应该对我怎么样，如果你没有那样做，就是不孝顺。"但教师却可以对学生作相关的指导，而且如果以讲故事的方式进行，可能效果会更好一些。

比如，《三字经》中有一句"香九龄，能温席"，说的就是黄香温席的故事。而《弟子规》里的这句"冬则温，夏则清"就与这个故事有关。

> 汉朝时，江夏安陆（今湖北省境内）有一个叫黄香的孩子，9岁时母亲不幸去世，但他小小年纪就懂得孝敬父亲。在寒冷的冬天，每天晚上，黄香都先钻进被窝，把被窝焐暖和了，再请父亲睡觉。而在烈日炎炎的夏季，每天睡觉前，黄香都会拿扇子对着父亲的床和蚊帐扇风，尽量让席子和枕头的温度不太高，让蚊子远离床边，以便让父亲睡个安心觉。他的一片孝心感动了邻里乡亲，人们称赞道："江夏黄香，天下无双。"成年后，黄香知识渊博，成为国家栋梁，广受人们的赞扬和爱戴。他的故事也流传至今。

这样的故事一定会对孩子有所启发。孩子的心灵纯洁而敏感，他会知道自己该如何向黄香学习。除此之外，我们还可以搜集其他古今中外孝子照顾父母的故事，并常常讲给孩子听，或者让他看类似的动画片，时间一长，他的孝心就会被激发出来。

不但要讲好故事，还要注意自己的言语行为。

除了讲好故事之外，榜样的力量是最强大的，所以我们不能忽视自己的言语行为。如果我们只会给学生讲故事，但却不懂得去体贴、关心、照顾自己的家人，那么学生听过故事之后，即使效仿故事中的主人公也是一时兴起，而无法内化于心。因为，他从我们（教师和父母）的行为中知道，故事和实际生活是两回事。所以，我们千万不能忽视自己的行为。学生能不能落实"冬则温，夏则清"这句教诲，向父母表达孝敬，向老师表达尊敬，与教师和父母有没有把这句教诲的思想和精神落实在自己的为人处世中有很大关系。

有人可能会说："现在哪还需要暖被窝、扇席子啊？"没错，《弟子规》中的很多文字看似不符合当今时代的需求，但是，这并不妨碍我们和学生通过学习《弟子规》的精神实质来提升自己的道德学问。所以，不能把对《弟子规》的理解仅仅局限于文字上，更不能因为其中的故事不符合今天这个时代就说它是糟粕。

就以这句"冬则温，夏则清"为例。今天，随着科技的飞速发展，我们的确不需要再暖被窝、扇席子了，完全可以借助暖气、电热毯、暖水袋等设备取暖，借助电风扇、空调来降温，取暖降温设备的确比古人先进了不少，但我们对父母的一颗孝心有没有比古人更强呢？

所以，这句教诲不是让我们放着暖气、空调不用，而去效仿古人为父母暖被窝、扇席子，如果这样，我们真的是学愚了、学呆了，食古不化。子女要做的应该是提前为父母打开这些取暖、降温设备，并告诉父母一些注意事项，让父母从身心两方面感受到温暖或清凉。

有个女孩出生在非常富裕的家庭，别人都以为这个女孩娇生惯养。但是，她不但不娇气，还每天都对父母嘘寒问暖。每次爸爸回家，她都会主动为爸爸拿出拖鞋，还给爸爸端上热茶；每次爸爸出门前，她都会说："爸爸，路上注意安全！"原来，妈妈平时就是这样对待爸爸的，她看在眼里，记在心里。

不仅如此，每到冬天，她都会在临睡前半小时为父母打开电热毯，好让父母睡得舒服，睡觉时还会嘱咐说："爸爸妈妈，睡觉的时候就把电热毯关掉，辐射对身体不好。"而夏天的晚上，她会像小大人一样告诉父母："爸爸妈妈，别让电扇直接吹着身体，会感冒的，对着天花板吹就行了。"每隔几天，她还会拿抹布擦拭凉席，并说："要把螨虫和皮屑都擦掉。"她能这样做，是因为和爷爷奶奶一起居住的日子里，妈妈就是这样侍奉爷爷奶奶的。

由此看来，父母只有懂得孝敬自己的父母、关爱家人，才能培养出一个有孝心的好孩子。一个人做出什么样的选择，就将决定他拥有什么样的人生，在某种程度上还将决定孩子拥有什么样的人生，因为家风、德风是会"遗传"给子孙后世的。这其实就是教育的"道"，孩子有样学样，学生也是有样学样。孩子学父母，学生学老师。

通过"冬则温，夏则凊"培养学生的能力。

想想看，如果孩子没有照顾自己的能力，又怎么会有能力照顾父母呢？也就是说，孩子关心、体贴、照顾父母的前提一定是有照顾自己的能力。因此，孝敬不仅需要有一颗孝心，也需要具备很多能力。

比如，父母特别想吃蛋炒饭，孩子却不会做，怎么办？去外面订餐？可外面的食物既不卫生，可能又不合父母的口味。怎么办？真正有孝心的孩子，平时就会学着做饭、洗衣、打理家务，等到父母需要时，便不会因自己无能而为难了。所以，只有先培养孩子的自理能力，孩子才有能力把"冬则温，夏则凊"所代表的精神落实在日常生活中。

另外，只有当孩子学着打理日常事务的时候，他才能亲身体会到父母的辛劳，才会懂得感恩父母，正所谓"习劳知感恩"。同时，他的观察能力和行动力也会随之增强。这样一来，当父母有需要的时候，他自然能够体察到，并迅速地提供帮助和关照。

反之，如果他没有做惯各种家事，突然需要他去做的时候，他不但会力不从心，还会因无能为力而焦躁不安、生气、发脾气，进而带着怨气照顾父母，这样父母怎么能高兴和心安呢？所以，培养孩子的自理能力是非常必要的。

当然，孩子不是天生就能自理的，要教他做一些力所能及的事情。在家里，父母除了教给孩子刷牙、洗脸、洗澡、如厕的方法之外，随着他年龄的增长，也要让他学会做家务，如扫地、擦桌子、洗碗、收拾房间等。慢慢地，还可以让他学着买菜、切菜、做饭，如果孩子愿意，还可以让他学习如何持家。而在学校，教师则可以把更多的劳动机会交给学生，学生的自理能力是在做事的过程中点滴增长的。不用担心让学生多做事他们的父母不愿意，因为当我们真的相信《弟子规》的能量时，学生和父母是能够感受得到的，而且学生的改变父母也会看在眼里，有智慧的父母不但不会排斥这件事，还会大力支持。

至于方法，一开始要手把手地教，渐渐地，就要放手让他去练习，从而真正把学到的自理方法变成自理能力。如此一来，无论他走到哪里，父母和老师都不用担心他不能照顾自己，而且他还会在必要时反过来照顾大人。

晨则省，昏则定

"晨则省，昏则定"，即早上起来，要向父母问安；晚上睡前，也要到父母面前道声晚安，并服侍父母就寝。

关于这一点，历史上曾有一则著名的故事，讲的是周文王每天三次问候其父王季是否安好。据《礼记·文王世子》记载：

> 文王之为世子，朝于王季，日三。鸡初鸣而衣服，至于寝门外，问内竖之御者曰："今日安否何如？"内竖曰："安。"文王乃喜。乃日中，又至，亦如之。及莫，又至，亦如之。其有不安节，则内竖以告文王，文王色忧，行不能正履。王季复膳，然后亦复初。

周文王做太子的时候，每天都要省视他的父亲王季三次。每天早上，鸡才叫出第一声，他就穿衣起床梳洗，来到父亲的寝室外，向服侍王季的人员问："昨晚我父亲睡得好吗？"服侍人员回答说："睡得很好。"文王听了就非常开心。到中午的时候，文王再来请安一次；傍晚又来请安一次。有一次服侍人员察觉到王季有点不舒服，就赶紧报告文王，文王听了就一脸忧愁，连走路的步子都慌乱了。等到王季的饮食都恢复正常后，文王才恢复平时的心情。

今天的人虽然不用完全照搬这一点，但其中的精神实质却非常值得学习。

早起后和晚睡前，子女都要恭敬地向父母请安，有必要吗？

一般来说，孩子和父母都是住在一起的，每天都会相见，用得着早晚专门问候吗？答案是肯定的。孩子早上起来向父母问安，哪怕只说一句："爸爸妈妈，早！"父母都能通过他的声音和气色判断他的睡眠质量，他声音洪亮，气色不错，说明他晚上睡得很好，父母自然会很安心。同时，听到孩子的问候，父母的心情也会很好，带着这份好心情去工作，一天都会开开心心、顺顺利利，这是早上问安的好处。

晚上临睡前，孩子若能对父母说："爸爸妈妈，我睡觉了，晚安。"父母知道孩子要睡觉了，就不会总惦记：孩子怎么还不睡觉？是不是作业有难度？还是有什么其他事？知道孩子入睡了，父母也就能安心睡觉了。

所以，孩子早晚问安，不仅是对父母的礼貌和关照，更是通过这种方式让父母安心。而且，通过孩子的问候，父母和孩子之间也会呈现出一种自然的互动，这会让每个人都感到温暖。因此，即便孩子和父母共住在一个屋檐下，也非常有必要在早晚问候父母。

而在学校，学生一早上学，见到老师自然要主动问一声："老师好！"最好在问好的同时也鞠一躬。其实鞠躬这个形式并不重要，重要的是学生弯腰的这个动作，能让他浮躁的心沉静下来，对老师增加一分恭敬。下午放学时，以同样的方式跟老师说声"老师再见"。这是一个学生应有的基本礼貌。就如同前面讲的在家早晚向父母问安一样。

在睡觉这件事上，如今的孩子似乎没有让我们这样省心。

在大多数家庭中，早晨都是父母叫孩子起床，而且是三催四请，一遍又一遍地叫。孩子好不容易起来之后，父母会关切地问："昨晚睡得怎么样啊？有没有踢被子啊？有没有做噩梦？"很多孩子听了不但不领情，还会说："烦死了。"

晚上临睡前，父母一遍遍地催孩子："早点儿睡觉，不要再看电视了，早睡早起。"终于，孩子睡觉了，我们还不放心，一次又一次地过去看孩子的被子盖好了没有，甚至半夜还要去看两三次。而孩子却呼呼大睡，一无所知，真是可怜天下父母心啊！

面对这种情况，教师应该告诉学生："会睡觉，就是孝敬父母。"

尽管孩子年龄小需要呵护与照顾，但别忘了，他也可以自己照顾自己，不会就教他学会。

> 在军训期间，一位老师和学生一起吃住。晚上睡觉前，老师对学生说："大家晚上睡觉的时候，一定要把自己的腹部盖好，以免感冒。而且，不能想怎么睡就怎么睡，睡觉也要有规矩，睡觉姿势要显得有气质，特别是女孩更要注意睡姿。老师晚上会看谁睡觉的姿势最优美。"
>
> 半夜，老师会起来查看学生有没有把被子盖好。第二天，她会特意表扬几个睡姿优美的学生，希望其他学生也能够再接再厉。一周军训下来，大部分学生都不会乱踢被子了，也都知道把自己的腹部盖好，以免着凉、感冒。

如果教师把"睡觉姿势要优美""睡觉要盖好身体"等概念传递给学生，再让父母表扬孩子两三次，那么孩子很快就会养成规矩睡觉的习惯。那时，父母就不用半夜起来好几遍，早晨也不用问几遍："你睡得怎么样啊？"所以，父母与其早晚向孩子问安，不如配合教师，一起把照顾自己的方法教给孩子，这样不但孩子能自立，父母也不用太费心。

以父母的身份，通过身教使孩子学会晨昏定省。

再次请我们转换角色，以父母的身份通过身教让我们自己的孩子学会晨昏定省，再以此为经验，教给学生，教给他们的父母。

在古代，人们大都和父母住在一起，有的大家庭更是以家族的方式共同居住。到了早晨和晚上，父母就会带着孩子去向老人请安，每天早晚如此，孩子自然就学会了向祖父母和父母请安。

而当今社会很多家庭都是由爸爸、妈妈、孩子组成的三口之家，即核心家庭。那么，是不是不和老人住在一起，不是主干家庭，就无法通过身教向孩子传授"晨则省，昏则定"的教诲呢？当然不是，晨昏定省在形式上是早晚向父母请安，事实上是不让父母为子女操心，子女的生活起居和言语行为都要使父母安心。

如果一个孩子虽然每天早晚都能向父母问安，但是既不按时完成作业，又不听父母的教诲，还动不动就闯祸，那么这种晨昏定省又有什么意义呢？所以，无论我们是否与父母同住在一起，只要我们老实做人、谨慎做事、认真工作，不让父母为我们担心，那我们就算抓住了晨昏定省的精髓所在。

当然，形式也不能被忽略。如果我们和父母住在同一个城市，就要常常去探望父母，帮父母打理一下家务，向父母汇报一下自己的生活工作情况，好让父母安心；如果我们和父母距离比较远，就要定期给父母打电话，问候父母的身体状况，同时把我们这边的情况告诉父母。如果没有什么重大事件，我们尽可能报喜不报忧，免得让父母为我们担心。当然这也不是绝对的，有时候自己的一点"小忧"（再次强调，务必是小忧）还是可以跟父母说的，听听他们的意见，这样父母也会感觉到他们还有用，还能帮上孩子们的忙，心情反而会比较轻松。

如果有时间，我们也可以和父母共同居住几天，一来可以增进彼此的感情，二来也可以弥补我们平时不能给予的关心和照顾。只要我们把父母放在心上，无论身在何处，我们挂念父母的这颗心都会使我们的孩子感觉到。这样，如果孩子有一天独自生活了，便会学着我们问候父母的样子来问候我们。

如果我们和老人一同居住，那就更好不过了。我们一定要把握好这个"教学机会"，当然，我们不是故意做样子给孩子看，而是发自内心地落实晨昏定省，给孩子做好榜样。

早晨，我们可以鞠个躬对父母说："爸爸妈妈，早上好，昨晚睡得怎么样？"当然，也可以不鞠躬，但一定要真诚地跟父母打招呼，可以对父母说："爸爸妈妈，你们起来了？"如果发现父母气色不佳或者精神不好，就要关切地询问缘由，看看是不是父母晚上没睡好，还是有其他什么原因。

晚上，如果父母比我们睡得早，他们临睡前，我们就要主动看看他们有没有什么需要，以及时提供帮助。如果我们先睡，就要到父母房间说："爸爸妈妈，我睡觉了，你们也早点休息。"不要小看这短短的几句话，它代表了我们对父母的体贴和尊重。如果我们能做到"晨则省，昏则定"，不但父母高兴，孩子也会从我们身上学会如何孝敬父母，真是一举两得。

教孩子广泛而灵活地应用"晨则省，昏则定"这句教诲。

有个孩子自从学了《弟子规》后，每天早晚都会主动向父母问安。暑假，孩子准备到外地的爷爷奶奶家居住一段时间。临行前，他问做教师的妈妈："妈妈，您和爸爸不在我身边，我是不是要每天早晚打电话问候你们啊？"

妈妈说："你能这样牵挂我们，我们很欣慰，但不用每天打电话过来。只要你听爷爷奶奶的话，对爷爷奶奶做到晨昏定省，然后在固定的时间打电话给我们，让我们知道你安然无恙、玩得开心，就可以了。"

这位教师妈妈教导得对，落实这句教诲的根本目的就是让父母少操心，让父母安心。如果孩子一时不在我们身边，只要定期打电话来，比如隔两三天打一次，让我们知道他很好就行了。另外，如果孩子暂时住在亲戚朋友家，也要引导孩子对主人做到晨昏定省，让主人放心。

如果我们能教学生如此广泛而灵活地应用这句教诲，那他走到哪里，父母都不用为他太操心，他也会时刻约束自己。

不管是外出还是回来，都要及时告知相关信息

孩子每天都会离开家到学校，也会离开学校回到家；学生每天都会从家来到学校，也会从学校再回到家。看似没什么区别，实则是他两种身份角色的转换。而无论是哪种角色，他都需要及时把自己外出、归来或到达、回去或外出、未归或到达、未回等信息告诉父母或老师。如此，做父母的、做教师的才不会担心。这样的行为，既体现了孩子对父母的孝心，也体现了学生对教师的恭敬之心。

出必告，反必面

出，即孩子在出门前，应该主动告诉父母他的去向。反，同"返"，即回来。回来之后，也应该到父母面前说："爸爸妈妈，我回来了。""出告反面"是为了让父母能放心。

"出告反面"看似是小举动，却体现了对父母的孝敬。

如果指望年龄还小的孩子给父母的生活、工作提供什么实质性的支持，那几乎是不太可能的，他对父母的孝心往往体现在让父母少操心上。

其实，做到"出必告，反必面"就是让父母放心、少操心的表现。这样，父母不会因不知道孩子去了哪里而担忧，看到孩子平安归来后，父母悬而未定的心也就会安定下来。当孩子回来跟父母打招呼时，父母也能从他的声音和神色中推测出他在外边顺不顺利。如果他兴高采烈地打招呼，说明他在学校或外边很愉快，应该没有和同学发生矛盾，没有被老师批评，也没有遇到什么棘手的事。如果他跟父

母打招呼时情绪不高涨，父母自然要追问："今天遇到什么事了呢？"以便了解孩子心情不好的原因。教师也可以得出学生在班级或学校外面是否顺利。

然而，今天很多孩子，似乎不知道父母总是为他操心，更不知道落实"出必告，反必面"的重要性。

> 一个小学生放学回家后，没有和父母家人打招呼就跑进自己的房间玩电子游戏。一个多小时之后，母亲以为他没有回家，就打电话给老师，看看是不是老师把他留下了。当得知老师没有留下孩子后，母亲很紧张，问老师要不要报警。老师让母亲在家里仔细找一找，再作决定。最后，母亲才发现孩子早已回家，正躲在自己房间里玩电子游戏，真是虚惊一场。

其实，这个例子还不算特殊。很多孩子出门不跟父母打招呼，父母不知道孩子的去向，急得像热锅上的蚂蚁。

> 一个还在上幼儿园的小女孩一边看妈妈炒菜，一边和妈妈说话。妈妈给她讲上小学的好处，她越听越心动，转身跑开了。妈妈以为她去别的屋找奶奶了，也没在意，没想到小女孩自己背着小书包出了家门，准备去上小学。十几分钟之后，妈妈和奶奶才发现小女孩不在家，两人疯了一样在小区里寻找，也没找到。幸好，小女孩走到半路遇到了下班回家的爸爸，才没有走失。

可见，让孩子懂得"出必告，反必面"是多么重要！想想看，如果这种情形发生在班级、学校里，大人该有多着急！

小孩子如此，大孩子亦如此。有的青少年在网上认识了一些朋友之后，就计划去见网友，如果他在出门之前能告诉父母或老师去向，大人就能有针对性地对他作出正确的引导，从而避免发生意外。

因此，一个好习惯的养成不但可以保护孩子的生命安全，更能让父母放心。如果孩子能体谅父母、老师对他的牵挂而落实这句教诲，那么他就是孝敬父母，尊敬老师。

教孩子体会到父母老师的心，学会"未反，必告"。

如果孩子没有按时回家，父母肯定会着急，等的时间越久，心就越急，而且还会胡思乱想。一旦孩子回来，父母的反应要么是关切地说："哎呀，宝贝啊，你去哪里了？妈妈快急死了。"要么是大发雷霆，并吼道："干什么去了？这么晚才回来？你看几点了？以后再这样，就别出去玩！"

这两种方式都无法让孩子真正体会到父母牵挂他的心。父母首先应该心平气和地问他晚归的原因，然后如实地描述自己担忧的心情，让他知道：他无论身在何处，父母都牵挂着他，所以让他务必按时回家，如果遇到特殊情况未能按时返回，就要想办法通知父母，好让父母放心。这样理智地告诉孩子，孩子就完全领悟，下次一定会注意。

类似这些内容，该教给学生的要教给学生，该跟学生父母沟通的也要及时跟他们沟通。

希望孩子学会"出告反面"，我们又做得如何呢？

一位父亲出门前从来不对妻子说"我上班去了"，回来也不说"我回来了"。当然，妻子知道他去上班，也知道他下班回来，但是没有问候，总显得冷冰冰的。

周末，他有时会下楼买报纸，有时会出去买香烟，有时会出门约见朋友，不管去哪儿，去多长时间，都不跟妻子打招呼。妻子看到他穿外衣，才知道他要外出，赶忙询问。但是，时间一长，妻子也懒得问了，所以家庭气氛总是不够温馨和谐。

另外，他如果不回来吃饭，也不知道打电话通知妻子，总是妻子做好了饭菜，等他不来，再打电话问他。所以，家里总会出现没给他做饭他却回来吃、给他做了饭他却不回来吃的情况。说到底，就是他没有通过落实"出必告，反必面"做好和妻子的沟通工作。

他自己不懂得"出必告，反必面"，自然不会引导儿子去做。儿子看他这样，也不告诉他自己的去处，回来也不说："爸爸，我回来了。"他对儿子的做法也没什么意见。

但是，儿子对妈妈却截然不同。因为儿子每次出门前妈妈都会关心地问他去哪里，和谁去，去多长时间，他都一五一十地告诉妈妈，慢慢就养成了主动汇报的习惯。而妈妈出门前也会告诉儿子，回来也会高兴地喊："我回来了。"所以，儿子回到家，总是第一时间找到妈妈，说："妈妈，我回来了。"

如此一来，儿子和妈妈的关系很好，而和爸爸就很疏远。

可见，一句"出必告，反必面"不但能帮助孩子养成良好的习惯，更是维系亲子之间感情的纽带，有了这声汇报和问候，家庭氛围就温暖多了。

不要小看这句教诲，它完全可以体现孩子的素养。

这句教诲应用范围很广，绝不限于孩子外出之前和回来之后。在学校里，准备离开老师办公室时，不能悄无声息地走，而是要说："老师，如果没有其他事情，我先回教室了。"如果要提前离开学校，更要向老师请假，好让老师知道自己的去向。

等上了大学，离开宿舍要跟室友说一声，让大家知道自己的去向，以保持联络。等到了工作岗位上，如果需要离开办公室一会儿，就要告诉其他人，以免领导或同事因找不到自己而着急，耽误工作的进程。

另外，当出席朋友聚会、亲人婚礼等场合时，如果需要提前离开，一定要礼貌地向主人打招呼，不能不声不响地就走。在与人聊天期间，如果需要喝水或上洗手间，也不能突然转身走开，而要跟对方说："对不起，我去拿杯水。"或者说："对不起，我去一下洗手间。"

当然，还有更多细节有待我们在生活中发现，只要我们和孩子都掌握了"出必告，反必面"这句教诲的精髓，就不会做出让亲人、老师、朋友、同事为我们担心的事情，我们和孩子也会因此成为受欢迎的人。

小时生活作息要规律，大时人生事业要稳定

　　一个学生如果从小就掌握了"居有常，业无变"的精神内涵，那他就会养成生活起居等作息有规律的好习惯，这个好习惯可能会伴随他一生，让他身心健康。而且，他小时也会认真对待自己的学业，等他长大后更会用心经营自己的家庭、家业，也会踏踏实实地干好自己的事业。如此，他的人生就会相对稳定。而这，当然也离不开教师、父母的辛勤教导。

居有常，业无变

　　"居"就是生活起居，"常"就是固定的、长久的、规律的，"居有常"的意思就是生活起居要有规律。而"业"是指学业、事业和家业。在上学的阶段，孩子不要随便中止学业，也不要什么都学，而导致什么都没学好；等到孩子走向社会、选定职业后，也要一直做下去，不要经常跳槽；而择偶也要慎重，成家后，千万不能轻易离婚。

孩子从小养成有规律的作息习惯，会一生受益无穷。

　　大自然中的万物都有自己生长、运行的规律。人类是大自然的一部分，每天的生活也应该是有规律的。俗语说："日出而作，日落而息。"太阳升起来，预示着人们该起床劳作了；太阳落山，则预示着人们也该回家休息了。这句"居有常，业无变"正阐述了类似的道理。

　　如前所说，如果孩子能够做到"居有常，业无变"，父母就不会因孩子没有良好的作息习惯和稳定的学业、事业、家业而担忧。

　　然而，良好的作息习惯是从小养成的。如果孩子每天都能按时起床，按时上学，按时写作业，按时洗漱，按时睡觉，一日三餐都有规律，

很少出现饥一顿饱一顿或不按时吃饭的情况，平时还能够定期参加体育锻炼的话，这样十几年下来，他就会习惯这种有规律的生活，即便以后独自居住也不会随意打破这种规律，他的身体健康就会有保障，无论他身在何处，我们都能放心、安心。

另外，如果孩子在学业上或兴趣爱好方面能够专注地坚持学下去，时间一长，肯定会有所成就。而且，在这个过程中，孩子的意志力也得到了锻炼，以后做任何事都不会轻言放弃，成功的把握就更大了。孩子这样，父母怎么能不放心和开心呢？可见，孩子若能做到"居有常，业无变"，不但对自己有好处，也是孝敬父母的体现。

当然，有些孩子在学习的初期，为寻找适合自己的兴趣爱好而频频接触不同的学习项目，此时，就不能用"业无变"来限制他，而应该给他时间和机会，等到他找到了、确定了，再让他专注于一门科目，好好深入学习。

孩子若没有做到"居有常，业无变"，原因在哪里？

有一个上初中的男孩，每天睡觉都很晚，不是看电视，就是玩电脑，早晨自然无法按时起床，所以总是迟到，上课也无精打采，学习成绩也不是很好。更严重的是，他常常把父母给他用来买早餐的钱"节省"下来，有机会就去网吧上网。父母看他身体越来越差，学习也越来越差，却不知道问题出在哪里。

原来，他的父母就不能做到"居有常，业无变"。因为他们一起做生意，每天晚上都不会在固定的时间回家，有时会在晚饭前回家，有时过了午夜才回家。所以，男孩的一日三餐大都是在外面买着吃，偶尔去爷爷奶奶家吃饭。即便父母晚上早回家了，也很少早早休息，妈妈要看电视，爸爸要浏览网页或者玩电脑游戏。男孩在这种氛围的影响下，也无法做到早睡早起。而早晨，男孩准备去上学了，父母还在呼呼大睡，哪里知道男孩有没有吃早饭、吃得怎么样。

可见，孩子无法养成良好作息习惯很重要的原因，要么是父母的作息习惯不好，要么是父母疏于对孩子的照顾与关爱，导致他无法按时吃饭、按时睡觉。

当然，今天很多人生存压力比较大，父母若不努力为生计奔波，恐怕连孩子的教育费用都支付不了。但是，如果忽略了孩子成长中最根本的需求——父母的爱、陪伴与关怀，岂不是得不偿失？所以，这就需要教师告诉学生父母，只要父母有心关注孩子的成长，就一定能从百忙之中抽空照顾孩子，并尽量做到"居有常"。父母能不能改变，愿不愿意改变，关键是看有没有这颗心，是不是真的重视孩子的成长问题。想想看，孩子在长身体、培养习惯的时候，若没有打好基础，以后的身体状况和行为习惯也会不容乐观，这将影响孩子的一生。而孩子的身体不好，事业不顺，人生不幸福，谁最担忧？还是父母啊！所以，真的知道了孰轻孰重，父母还会忽视自己的行为习惯吗？

想让孩子有稳定人生，我们自己的人生必须得稳定。

父母肯定希望孩子的一生是稳定而顺利的，如果他长大后三天两头换工作，今天结婚，明天离婚，父母怎么能安心？看到这儿，我们也就更理解了父母对我们的期望，他们一定也希望子孙事业顺利、家庭和美。而对于他们的期望，我们做得怎么样呢？

现在很多人动不动就跳槽，工作中稍有不如意就辞职，再找新的工作。这个过程中，他自己心力有多交瘁只有他自己知道。而父母也跟着担心，父母会想："唉，怎么又失业了，又换工作了？这孩子怎么这么不顺啊！"这样担心几次，父母的白发会多长几根，还能延年益寿吗？这是一个有孝心的孩子对父母的回报吗？

而动不动换工作，也会导致家庭不稳定。如果经济再不景气，夫妻难免会生气吵架，搞不好还会分居或离婚，父母知道了，岂不是更加担心？所以，作为成年人，无论是选职业，还是选结婚对象，我们都要认真、谨慎，不能随随便便地选择，更不能随随便便地放弃。既然通过认真思考选择了，那么遇到困难，就要想着如何解决困难，而不是用放弃的态度选择逃避。只要自己摆正心态，坚持下去，用心经营，工作自然会顺顺利利，家庭也会美满幸福。如此一来，父母也会无忧无虑、高高兴兴地过好晚年的生活。

更重要的是，孩子看到父母的好样子，今后遇到同样的人生选择时，也定会努力做到"业无变"，父母也就不会因孩子的人生过于动荡而担忧了。

而具体对我们来说，教师是一份神圣的职业，古训中便讲"一日为师，终身为父"，古人对"天地君亲师"又有着无上的敬畏，"师"与"天地君亲"一同接受人间的尊敬。这样高尚的事业，怎么能容许人用得过且过、只为赚钱的心理去亵渎？

用尽心力教书育人，哪怕不求桃李满天下，但求对孩子们的人生有所助益，教他们拥有理智的人生观，踏对人生的脚步，从而让他们的人生变得更好，这也应该是教师所能得到的最大回报了吧！

《学记》说："三王之祭川也，皆先河而后海，或源也，或委也，此之谓务本。"意思是，尧、舜、禹这三代帝王在祭祀河川时，都是先祭祀黄河，后祭祀大海，因为河流是大海的源头，大海是由河流汇聚而成的。祭川，就是对根本的重视。而教育就是治国安邦、化民成俗的根本。作为一名人民教师，我们难道不应该对自己的责任与使命更为看重一些吗？

既然选择做教师，便做个样子出来，就要摒弃内心的浮躁，将自己一点一点地投入知识与智慧的海洋之中，梳理、规整，先提升自己，再去影响学生，做一个踏踏实实的教育者，做一个无愧于心的好人。如果将教师当成终生追求的事业，每位教师都将能获得更多精神上的富足，也将拥有幸福的人生。

事情再小也要教学生谨慎，不能想当然地擅自为之

　　一个孩子对父母孝不孝敬，能不能让父母安心，也表现在他做人做事是否谨慎上。谨慎的孩子往往不容易遇到意外灾祸，而那些想干什么就干什么的孩子因思想中缺乏约束，往往离危险很近，也容易做出有损于道德的事情。所以，让孩子从小事中学会守规矩，是非常必要的。孩子做到了谨言慎行，父母也就放心了；学生做到了谨言慎行，教师也就放心了。

事虽小，勿擅为；苟擅为，子道亏

　　"事虽小，勿擅为；苟擅为，子道亏"中，"擅"即擅自、自作主张，"苟"即如果，"子道"即做子女的原则。全句是在告诉孩子，不要因事情小就任意去做，一旦随便做了，可能就会有违做子女的本分，甚至让子女在道义上有亏欠，导致不良后果，从而使父母伤心、难过，这样就太不应该了。

成长由无数件小事拼接而成，这些小事却能决定孩子的命运。

　　我们的日常生活不是由多少件大事组成的，而恰恰是那些琐事充当着主要元素。我们的生活如此，孩子的生活更是如此。无论是为人父母，还是为人老师，都千万不能忽视和孩子有关的任何一件小事、一个小动作，因为小事、小动作可能会有大隐患。

　　一个男孩从小就喜欢搞恶作剧，对此，父母、老师都没有太在意。一次，他想和一个同学开个玩笑，就趁同学要入座时把同

学的凳子移开了。没想到，同学一下子就坐在地上起不来了。送到医院后，医生诊断为脊椎严重受损，被"宣判"为终身瘫痪。

就这样一个小动作毁了一个孩子的一生，他的父母该有多么痛心！一个刚刚还活蹦乱跳的孩子却只能永远躺在床上了，而且父母还要照顾他到终老。想想看，这个男孩的小动作给一个家庭带来了怎样的不幸！而他自己也会终生受到良心的谴责。如果教师、父母能时常叮嘱学生不要搞恶作剧，并把一些恶作剧引发的事故讲给他们听，也许就能避免一场灾祸。

由此可以想到，学生闯红灯、玩火柴、放鞭炮、开启电器、去溪边捞鱼等都是不能被忽略的事，更是孩子不能私自随意去做的事，这关乎孩子的生命安全，教师、父母必须高度警觉。

怎样才能让孩子重视"事虽小，勿擅为"这句教诲呢？

既然孩子不能私自随意去做一些小事，那么孩子在行动之前一定要征求父母、教师的同意，或在父母、教师的监管下尝试、玩耍。因此，孩子必须有"出必告，反必面"的习惯，否则，父母、教师都不知道他去做什么了。就像有的孩子在父母、教师都不知情的情况下，与同学去河边玩耍，不小心掉入河中，由于不会游泳而最终丧失生命。如果他去之前能说一声，父母、教师就会告诉他一些安全注意事项或阻止他去，那么就可以避免悲剧的发生。

因此，平时就要告诉孩子："当你进行新的尝试之前，一定要经过我们同意。如果我们不在身边，就不要私自尝试，以免发生危险。"而且，我们可以多把那些因"擅为"发生的不幸事件讲给孩子听，让他懂得落实"事虽小，勿擅为"的重要性。

当然，我们最好平时就把各种安全常识告诉学生，比如，电器、燃气等设备如何使用，当陌生人敲门时、遇到陌生人搭讪时等如何应对，发生火灾、水灾、地震等灾害时如何防患，放鞭炮时应该注意哪些事项，等等。一旦有了这些意识，学生就知道哪些事可以做，哪些事不可以做，哪些事情有把握做，哪些事情没把握做。有了防范意识，学生就不会随意做出一些危险举动。

还要教学生学会看警示牌，并重视各个场所的规章制度，不要随便违反。因为警示牌和规章制度中都包含了对人身安全的考虑，比如，湖边立着"禁止游泳"的牌子，或建筑工地门口立着"非工作人员免进"的牌子，学生一定要遵守，不能任性妄为，否则后果不堪设想。

三国时期，刘备临终时对儿子刘禅不放心，除了把他托付给丞相诸葛亮外，还给刘禅留下了一封信来教育他。信中说："勿以恶小而为之，勿以善小而不为。惟贤惟德，能服于人。"就是说，不要认为小的坏事就可以胡作非为，不要认为小的好事就可以不做，只有品德良好才能让人信服。后来，刘禅在诸葛亮的辅佐下，蜀国没有出现大的失误。而诸葛亮死后，刘禅开始宠信宦官，逐渐放纵自己，最终导致蜀国被曹魏灭掉，刘禅也成了俘虏。

这样的历史故事也可以讲给学生听，以使其加深对"事虽小，勿擅为；苟擅为，子道亏"的理解。当学生明白了这些道理后，也就能落实这句话的教诲了。

如此，学生就会养成"一瓜一果之弗贪，一丝一毫之不苟"的好习惯，也就是对一瓜一果都不能起贪恋的念头，对物品一丝一毫都不苟且贪求，从而不会在德行上有所欠缺，父母师长也免于为自己操心。

重视培养学生的行为习惯，让他成为高素质的人。

有些行为虽小，但做多了就会成为习惯，而习惯就会形成性格，性格最终会决定命运。比如，有的学生随地乱扔纸屑，如果没有人及时制止，他走到哪里都会成为制造垃圾的人，就不会受欢迎，进而失去很多机会。追及源头，原来是随地乱丢垃圾惹的祸。看，我们怎么能小看学生的行为习惯呢？它的确可以决定学生的命运。

所以，当发现学生第一次犯错或做出什么不雅举动的时候，我们一定要及时纠正，千万不要以为以后自然就好了。俗话说："小树不修剪，怎么能参天？"讲的就是这个道理。

而学生遇到小事会不会肆意妄为，很多时候要看我们对他管教的及时度和细致度如何，如果我们总是放任不管，他自然会随便去做。相反，如果我们能叮嘱他一番，那么他在行动之前就会想："这个事情能不能做？还是别做了，免得做错了，老师不开心，父母不高兴。"

学生在没有具备是非对错的判断力和对未来事物的预见能力时，我们当然要让他明确知道做人做事的标准和规矩。等到他养成良好的行为习惯、具备是非对错的判断力后，我们自然就不用管教太多了。但是"凡事不能随意去做，做之前应询问"的这个过程一定不能少。

任何事都不是一成不变的，也要教学生懂得变通。

一个6岁的男孩在树丛里玩耍时，看见地上有一个被大风刮下来的鸟巢，里面还有一只嗷嗷待哺的小麻雀。

当他捧着小麻雀准备回家喂养时，忽然想起妈妈不允许他在家里养小动物。于是，他先把小麻雀放在家门口，然后进去请求妈妈。在他的不断哀求下，妈妈终于答应了。但当他高兴地跑出门时，却没有看到小麻雀，只看见一只舔着嘴巴、嘴角还粘着麻雀毛的黑猫。为此，他伤心了很久。

通过这件事情，他总结了一个教训：只要是正确的事情，绝不可优柔寡断。这个男孩就是如今的华裔电脑名人——王安博士。

可见，"事虽小，勿擅为"这句教诲不是要把学生培养成一个毫无主见，没有思维能力，凡事只知问过父母、老师才去执行的人，而是说学生在不具备善恶是非的判断力之前应该多请教，当他已经知道什么是正确的、什么是错误的之后，他自然会做该做的事情。

所以，学《弟子规》千万不能学成书呆子，而是要懂得变通，学会通权达变。而这都需要教师、父母的用心指导。

戒除学生占小便宜和私藏他人物品的毛病

孩子的世界不大，拥有的也不是什么大物件，但他每天与这些小物件接触时养成的行为习惯，却会影响他未来的人生方向。俗话说："小时偷针，大时偷金。"在成人眼里，"针"实在是太小了，但孩子不这样认为，根据他的年龄和阅历判断，他不会接触多么贵重的物品，那么他小小年龄有偷针的胆量，长大了可能就敢去偷金。所以，作为父母、教师，一定要戒除孩子或学生占小便宜和私藏他人物品的毛病。

物虽小，勿私藏；苟私藏，亲心伤

"物虽小，勿私藏；苟私藏，亲心伤"，就是告诉孩子，物品虽然小，但不能因要满足私欲而偷藏起来，如果这样做了，父母会很伤心，那就是不孝了。

别小看学生能接触到的小物品，可能会让他养成不良习惯。

如果父母忽视孩子把小物品占为己有的坏习惯，他可能就变得喜欢占小便宜，甚至发展成偷盗。当孩子被称为"贼"的时候，父母不但伤心，而且脸面何存？父母没有意识到对孩子进行指导，那教师就需要教学生戒除这些毛病。

比如，有的小学生不知道私拿别人的铅笔、橡皮是多么严重的不良行为，拿过来玩玩，看着挺好，就放进自己书包里了。有的学生在地上捡到了漂亮的尺子，因为喜欢就藏了起来，一旦被发现，就理直气壮地说："我捡到的就是我的。"还有的学生，不是故意藏别人的东西，而是马虎，借了同学的东西忘了归还，同学不来要就当成自己的了……这些情形在小学生身上很容易出现，我们既不能把这看作是道德败坏的表现，也不能坐视不管，一定要进行正确引导。

有的大一点的学生私藏书籍和游戏机，但这些书籍和游戏机里充斥着色情和暴力，他们害怕父母、老师发现，就偷偷藏起来看或玩，时间一长，不但纯洁的心灵受到严重污染，还会荒废学业，甚至走上犯罪道路。所以，我们不能眼睁睁地看着学生堕落，要帮他落实"物虽小，勿私藏；苟私藏，亲心伤"的教诲，引导他做一个坦坦荡荡、光明磊落的人。

> 陶侃是东晋名将，大司马，曾任武昌太守、荆州刺史，是著名诗人陶渊明的曾祖父。他少年丧父，家境贫寒，与母亲相依为命。但他从小就勤奋好学，注意人品的修养，这一切都与他母亲的严格教育分不开。陶侃曾任管理渔业的小官。有一年他托人带回家一坛腌鱼孝敬母亲，母亲却把鱼封好让人退回去，并且给他书信一封："你是国家的官吏，怎么能用公家的东西孝敬母亲呢？这是为政不廉啊！"陶侃始终不忘母亲的教诲，终成晋朝著名清官。

此事虽小，却可以看出陶母教子严格，真是做到了再小的物品，不是自己的也不能挪为私用，哪怕是用来孝敬父母都不允许。

要防止学生私藏，如果他已经私藏该怎么办？

防止学生有私藏行为的最好办法，就是提前把"物虽小，勿私藏；苟私藏，亲心伤"的道理讲给他听，告诉他："不是自己的东西一定不能拿。捡到的东西一定要交给老师或父母，不能据为己有。每天放学前，检查自己的铅笔盒和书包，看有没有借后尚未归还的物品，如果有，及时还给同学，不能带回到家里。"不要小看这几句话，学生不知道该怎么做，是因为没有人告诉他，一旦有人告诉他这些道理，他就会心中有数了。

一个小女孩错拿了同学的水彩笔，同学找了几天都没有找到，最后偶然发现在她那里后，就说她是小偷。小女孩眼泪汪汪地说："我不是小偷。"幸亏老师及时干预，才还了小女孩一个清白。从此，小女孩每天都会很谨慎地检查自己有没有错拿别人的东西，以免背上"小偷"的骂名。

我们也可以把这个小女孩的遭遇讲给学生听，让他知道有意无意地占有他人的东西，最后就可能会背上恶名，导致失去朋友，失去信誉。

如果有机会，教师也可以跟学生父母沟通，请他们时不时注意一下孩子拿的文具、玩具和书本，看看是不是他们买的，如果不是，就要及时询问是谁的，不能不注意或假装没看见，否则，就会失去引导孩子的最佳时机。同时也要注意观察孩子有没有偷偷摸摸看书或玩东西的情况，必要时，可当着孩子的面检查他的书包和房间，以防他遭受不良刊物的毒害。

如果发现孩子私藏了别人的物品，一定要让他及时归还给对方，并表示歉意。如果孩子没有勇气这样做，父母就应该陪着孩子去做。

　　一位母亲发现孩子的书包里多了一个苹果。经询问得知，孩子路过水果摊的时候，随手拿了一个。于是，母亲立刻带着孩子去水果摊归还，母亲把钱付给老板，并要求孩子道歉。孩子不肯，母亲就说："老板，对不起，孩子我没教育好，给您添麻烦了。"孩子看母亲道歉，也跟着说："对不起，我以后不随便拿水果了。"

这位母亲做得很对。一旦发现孩子有私藏的举动，一定要及时更正。无论孩子私藏的东西多么不值钱，都要这么做，因为问题的关键是他的行为出现了偏差，与物品本身的价值没有关系。因此，父母和教师都一定要有教育敏感度，帮助孩子及时改错，让孩子成为道德高尚的人。这样，孩子遵守了做人的规范，我们就不会为他道德有问题而伤心了。

培养学生不贪、不悭，慷慨、廉洁的好品质。

当学生做出"私藏"举动时，他内心的声音一定是"我很喜欢，我想拥有"，这表现出了他的私欲和贪心。贪心和想满足私欲的心是一个人偷盗和占便宜的思想源头，没有这个念头，怎么会有私藏的行为？

我们为人教师，也为人父母，一定要做好榜样，不能今天把单位的报纸拿回来看，明天把单位的环保袋、粉笔等小件物品拿回家用。这看似是小事，往往却表现出爱占便宜的心理。职权范围一旦扩大，岂不是要走上挪用公款、行贿受贿的犯罪道路？而且，一个人如果总是想着满足自己的私欲，就会为达到这个目的做出不择手段的事情，还怎么成为敬业奉献、廉洁奉公、忠于职守的人？

学生也是一样，年龄小，贪心小，但如果他习惯了用私藏的方式来满足自己的贪心，长大后，大贪心又用什么样的方式来满足呢？等到他因犯罪而锒铛入狱的时候，教师、父母还怎么安心地生活？只有把自己的孩子和学生教育好，我们才能心安。

所以，千万不要忽略对学生进行"物虽小，勿私藏；苟私藏，亲心伤"的教育，在我们自己做好榜样的同时，应该引导学生做到不贪、不悭，为他具备廉洁自律、慷慨大方的品质打下坚实基础。学生养成习惯后，不但他能够坦荡做人，我们也会身轻心安，大家都能获得幸福人生。

让学生自动自发学习、
关心体贴父母老师的秘密

孝养父母是每个学生的本分，但对于这分内的事，学生往往不知道从哪里做起。其实，不做令父母不高兴的事，知道父母的喜好并竭力满足，等等，都是孝养父母的体现。我们要教学生明白这些道理，并引导他去落实。而且，学生学到"亲所好，力为具；亲所恶，谨为去"的精髓，也会将这种精神从"亲"移于"师"，这样一来，我们和学生都会获得精神的愉悦和身心的安宁。可见，这里面还蕴含着学生自动自发学习、关心体贴父母老师的秘密。

亲所好，力为具；亲所恶，谨为去

"亲所好，力为具；亲所恶，谨为去"中，"好"即喜好，"力"即努力、尽力，"具"即备好，"恶"即厌恶，"谨"即认真地、谨慎地，"去"即去除。全句意思是对于父母想要的、喜欢的事物，做子女的一定要尽力满足；父母不喜欢的、讨厌的、厌恶的事，做子女的就要提起警觉，不要去做，如果养成了坏毛病，就要认真地改正，谨慎地去除，以免父母伤心难过。

孩子了解父母的好恶吗？对父母的好恶又作何反应？

无论是父母还是教师，都希望孩子听话、懂事、有礼貌、爱学习，不希望他忤逆、乖张、不上进、调皮捣蛋。然而，我们是否如愿以偿了呢？

今天大部分孩子到了一定年龄就会叛逆。什么是叛逆？就是孩子总是朝着我们希望的反方向发展。比如，希望他少玩游戏，多看看书，他就是对着干；希望他见到客人能打招呼，但他却说"我就是不打"；

希望他在学校能做好值日生，在家多做些家务，他就是懒得动弹；希望他静静听我们说话，他却频频顶撞我们……不禁感叹，现在的孩子都怎么了？

如果学生从小学习《弟子规》，父母、老师就不用这样发愁了。不过从现在开始学也不晚，学总比不学强。按照"亲所好，力为具；亲所恶，谨为去"这个标准，孩子会以叛逆为耻，因为叛逆会让父母伤心，是不孝的表现。一个孩子对父母不叛逆了，对教师还会叛逆吗？

不过，很多时候不是孩子叛逆，而是父母叛逆。就比如"打招呼"这件事，其实可以归到"礼"上。父母应该带头学礼、懂礼、行礼，跟孩子也要讲理，不要动不动就批评孩子、训斥孩子，冲着孩子大吼大叫，甚至是打骂孩子，因为那样就给孩子做了一个非常无礼的坏样子，就会对孩子的身心产生负面影响，孩子也会学着父母的样子去对待周围的人，甚至会以同样的方式去反击父母，就会形成所谓的"叛逆"性格。从道理上来讲，孩子是没有叛逆期的，只有父母才有。父母不了解孩子的成长，没有意识到他的发展，只用如对待初生婴儿一样的态度来对待他，而且还单方面希望他能随时随地对父母言听计从，这才是真正逆了孩子成长的自然规律。或者说，孩子是在成长的，但父母却并非如此，有的成长不够，有的成长有偏差，更有的则干脆就没有成长。孩子的成长不等人，如果父母在教育上的成长没有跟上孩子，是没有资格去教育他的。面对孩子的成长，父母的教育也应该跟着变化，这样才会避免父母反倒像是在与孩子对着干的情况出现。就好比用教育小学一年级孩子的话去教育大学一年级孩子，其效果可想而知。所以，父母只有跟上孩子成长的脚步，才是真正跟孩子一起成长了；只有纠正了自己的叛逆心理，才不会感觉孩子对父母叛逆。

再说回来。孩子身上可能会有一些令人讨厌的坏习惯、坏毛病，比如，不勤洗澡、不爱刷牙、随手乱扔垃圾、随便摆放衣物、站没站相、坐没坐姿，等等。如果孩子知道"亲所恶，谨为去"的话，他就会尽力把这些坏毛病、坏习惯去除，而不用别人催促。

一个小女孩每天放学回家都会抓紧时间写作业，功课完成得很好。亲戚问小女孩："你怎么这么听话啊？"小女孩说："因为《弟子规》说了，'亲所好，力为具'，爸爸妈妈希望我听话、懂事、好好学习，我就要努力做到。"

可见，学过《弟子规》的孩子就是不一样！懂事的孩子是培养出来的，只要我们对《弟子规》充满信心，并参照其中的教诲培养学生，就一定会把学生培养好。

也就是说，今天很多父母、教师都头疼的问题——孩子不爱学习，在这句"亲所好，力为具"的教诲中会得到有效解决。懂得这一点之后，孩子不用催促，就会自动自发地学习了。

另外，我们都希望自己的孩子、学生好好做人、拥有幸福美满的人生，他们也会因懂得"亲所好，力为具"的道理而努力朝我们希望的方向发展。

父母也有自己的喜好，那就让孩子多了解一些吧！

"亲所好"中的"好"不仅是指父母对孩子的期盼，也指父母自己的日常喜好，比如，父母喜欢吃什么口味的食品，喜欢穿什么颜色的衣服，有什么样的兴趣爱好，等等，这都属于"好"的范围。同理，父母不喜欢的食物、颜色等，可以被狭义地归到"恶"的范畴。

有调查显示，今天80%以上的孩子不知道父母的喜好。连父母喜欢什么、不喜欢什么都不清楚，怎么能做到"力为具""谨为去"呢？当然，也不能怪孩子，很多时候是因为父母过于关照孩子的喜好，却忘记告诉孩子自己的喜好。

所以，父母平时要有意无意地告诉孩子："我喜欢吃××，不喜欢吃××。""我最喜欢的水果是××，而不是××。""×色的衣服很适合我。""我不喜欢××乐，但喜欢听××曲。"这样表达的次数多了，孩子自然就会知道父母的喜好是什么，对父母的关爱也就会更加到位。

当然，父母也要尽量创造机会，让孩子学会关心、体贴父母。比如，请孩子帮忙倒杯最喜爱的绿茶，请孩子帮忙买一些喜欢的水果，等等。不过，父母在与自己父母的相处中，也不要忘记落实这个教诲。父母的好榜样，再加上对孩子的培养，就会使孩子养成"力为具"的习惯。

这既是对父母说的，也是对教师说的。还是那句话，教师也有父母的角色，既可以在自己家里"表演"出来，也可以把这些道理或实践经验教给学生和他们的父母。

"好"往往是指正面的喜好，要教学生懂得灵活应用。

学生或孩子落实这个教诲，绝不是生搬硬套的。如果父母有吸烟、酗酒、赌博等嗜好，孩子当然不能"力为具"，否则就是害父母。孩子懂得了这个道理，也就不会随意满足他人的不良需求，既保护了自己，又不会危害他人。

父母要知道，一家之主的嗜好往往会给家庭的发展带来很大影响。比如，父母好赌或好色，孩子就会认为赌博和贪色不是什么大不了的事，渐渐地也会把父母的嗜好当成自己的嗜好，那么整个家庭发展的方向必然是衰败了！

所以，仔细观察就会发现，那些不务正业、游手好闲、走上犯罪道路的孩子往往出自没有良好家风的家庭，也就是说其父母往往会有一些不良嗜好。因此，如果父母的喜好中有不健康的、负面的，请尽快去除，这样，父母和孩子的未来才有幸福可言。

同样的道理，一个班级老师尤其是班主任的喜好也往往会影响学生和班级的发展。所以，为人师者，不可不慎，为自己，更为孩子、学生，务必端正自己的品行，给他们积极正面的影响。如此，学生不仅会自动自发地学习，也会关心体贴他们的父母和老师。

爱惜身体为孝之始，培德立业为孝之终

《孝经》开宗明义就讲："身体发肤，受之父母，不敢毁伤，孝之始也。立身行道，扬名后世，以显父母，孝之终也。"先顾好自己的身体，不受伤害，这是孝道的开始，然后才能再去立身行道，显扬父母的名声，这是孝道的终了。现代人先想着争名夺利或名利双收却完全不顾及自身健康的做法，是有违孝道的。这是学生应该懂得的，更是教师应该以此立身并教给学生的孝道智慧。

身有伤，贻亲忧；德有伤，贻亲羞

"身有伤，贻亲忧；德有伤，贻亲羞"说的是，如果身体受了伤，就会让父母担忧；如果品德不好了，就会让父母感到羞愧、羞耻。无论哪一种，都是对父母的不孝。

教学生知道，孝道的落实要从爱护自己的身体开始。

前面提到的《孝经》上说："身体发肤，受之父母，不敢毁伤，孝之始也。"意思是，一个人的四肢、毛发、皮肤都是父母给的，不能随意损伤，这是落实孝道的开始。也就是说，每个人的身体都不属于自己，我们只有"使用权"，而没有"所有权"，保护好自己的身体是对父母基本的孝心。

想想看，我们也是为人父母，可能都深有体会，从怀孕起就提心吊胆，除了希望孩子四肢健全、身体健康之外，可能再无所求。母亲在承受着剧痛生下孩子的瞬间，根本顾不上自己的安危，还会急切地问医生："孩子是不是健康？"养育孩子的过程更是让我们费尽心力，孩子稍有感冒发烧，我们就开始着急，想方设法地求医寻药；孩子在成长的过程中，身体若有伤痛，我们便会无比担心，真是应了这句"身有伤，贻亲忧"，孩子的身体一旦出现状况，最担忧的就是父母。然而，孩子未必能够体会到父母的心情。我们要做的，就是把"身有伤，贻亲忧"的道理讲给他听，让他知道爱惜自己的身体就是孝敬父母。

　　　　一位老师为了培养学生们的孝心，给学生们详细描述了母亲从怀孕到生产的身心状况，特别对母亲生产的艰辛做了描述。
　　　　学生们听得汗毛直竖，明白了父母生养自己的不易，而且也感受到了父母对自己身体健康的重视程度。之后，学生们都表示要爱惜身体，不让父母担忧。

是啊！如果学生能够深入理解"身有伤，贻亲忧"这句教诲的含义，他便不但不会做出损伤身体的事，还会努力维护自己的健康。因为他知道，父母对他最基本的期盼就是健康和平安。学生的这个明理过程，自然离不开教师的教导。

这句教诲还能引导学生理性、有智慧地面对逆境。

养成良好的饮食习惯是保障身体健康的基本条件。要让学生知道一些饮食卫生和饮食健康常识，比如，少吃路边摊的食物，少吃零食，少喝饮料等，特别是不要吃学校附近小商店里出售的俗称"五角食品"的零食，要把这些食品对身体的危害告诉学生。

不仅如此，我们还要让学生知道，人生中无论遇到什么困难都要学会坚强，要用合理的方式排解负面情绪，千万不要因一时想不开而做出自杀、自残等行为，那完全是不为父母考虑的不孝举动。如果学生能稍微体谅到父母的不易，便无论如何也不会干这种蠢事。所以，让学生明白"身有伤，贻亲忧"的道理非常重要。

不伤害自己的身体，是孝敬自己的父母。对自己的父母有孝心是小孝，对天下父母都有一份孝心，那是大孝。作为学生，不仅要有小孝之心，还要努力培养大孝之心。每个学生都是父母所生，都是父母所养，他们的身体都应该是完好、不受损伤的。那么，我们就要引导学生不仅想到自己的父母，还要想到别人的父母，这其实就是大孝。

学生体会到这一点后，就不会因各种原因而伤害别人的身体。教导学生懂得"身有伤，贻亲忧"是保障他们身体健康、生命安全的法宝，所以我们要和学生一起学习这句教诲，为他的幸福人生打下坚实的基础。

每当看到那些大学生，包括硕士生、博士生，因种种原因而伤害自己或他人的报道时，我就非常痛心，也非常感慨，如果他们能够从小接受圣贤的教育，懂得"身有伤，贻亲忧"的道理，他们便不会做出如此愚蠢的事。

还有，如果一个人懂得"身有伤，贻亲忧"的道理，他就会遵守交通规则，就不会闯红灯，也不会危险驾驶，更不会酒后驾车，等等。往小了说，他珍爱自己的生命；往大了说，他有一颗孝敬父母的心，不让自己的父母担忧，也不伤害别人，为的是不让别人的父母担忧。

希望能有越来越多的孩子从小与圣贤同行，接受《弟子规》的教育。当然，更希望有越来越多的为人父母者、为人师者认识到这本小书的神奇力量，相信它，学习它，让自己、自己的孩子、自己的家庭、自己的学生、学生的家庭都能幸福美满。

告诫学生，不要让不良行为给父母和祖先抹黑。

学生的品行、德行代表着他所受到的家教和他应当传承的家风，别让学生的不良行为辱没了他们的父母和家族。

没有父母不希望孩子具备高尚的品德，也没有老师希望自己的学生学坏，危害他人和社会。而如果孩子做出了伤天害理的事，我们不但会伤心，还会感到羞耻。"德有伤，贻亲羞"就是说，如果孩子的德行有所缺失，就给给父母、家族和祖先蒙羞，而老师的脸上也会失色无光。

一位服刑的犯人学了《弟子规》之后，写出了这样的心得："以前，我觉得父母对我不够关心，所以就故意做坏事报复他们，当我进了监狱，我居然觉得如愿以偿了。但是，自从学了《弟子规》，特别是学到这句'德有伤，贻亲羞'的时候，我才知道我以前的想法是多么错误，我真是太不孝了。想想看，虽然我一个人身在监狱，但我的父母也同样像生活在监狱里一般。他们不敢出门，生怕街坊邻居在背后戳他们的脊梁骨，他们也很少与亲戚往来，因为他们总觉得抬不起头来。每次想到这儿，我就特别难过。我下定决心，服刑期满出狱后，决不再做伤天害理的事情，决不让他们再蒙羞了。"

是啊！孩子的行为映照了他的家教，如果他的行为不端正，别人就会说："有人养，没人教。""没家教。"父母当然不希望听到这样的话。所以要让学生明白，他的言语行为不仅是他个人德行的体现，同时也代表着他的父母、家族，甚至是祖宗的道德品质。因此，人们看到坏人干坏事的时候会说："他们家祖上没积德，出了这个败家子。"

相反，如果学生品德高尚、学业有成、有所建树的话，不但父母感到光荣，家族也会以孩子为荣，真可谓是光宗耀祖。正如《孝经》所云："立身行道，扬名后世，以显父母，孝之终也。"是啊，学生能以自己的德行显示父母的德行，就是孝的终极体现。如果学生懂得这番道理，怎么会不努力修正自己的行为，激励自己成为品德高尚的人呢？如此，教师怎么会没有成就感呢？

教师时刻用《弟子规》的教诲提醒自己，修正自己。

平常人道德方面出了问题，就已经让父母感到面上羞愧了，若是做教师的人道德出了问题，会更让人戳脊梁骨。为人师者若是不能做好榜样，就一定会遭唾弃，父母面上也会更加难堪。所以，教师要时刻用《弟子规》的教诲提醒自己，修正自己。仅从职业来看，身为教师者也应该更严谨地工作与生活，小心谨慎有德行，才不会令父母蒙羞。

这就要求教师做人要有原则。不管是做什么工作，做人一定要有最基本的道德原则，做个好人是大前提，给自己定下足够多的规矩，并不是要显得自己有多清高，而是要让自己意识到自己是一个教师，言行举止都要有约束，不能太过随便，做教师也要有敬畏心，多约束克制自我才是正道。

坚持原则就行了吗？当然不够，里外如一，这是对教师最基本的要求；心行合一，这是对教师的一种约束。不能说一套，自己却做不到，要求学生做的，自己一定要先做到，在学生面前和不在学生面前时也要保持一致。教师最不能戴的就是"面具"，只有真实地展现自己的美好德行，自己和父母才能安心。

　　德行的培养是漫长的，德行的保持也一定是漫长的。教师的德行要内化入骨血，内化包含两个含义：一个是将好德行变成生活习惯，举手投足、开口闭口都要自然而然地流露；另一个是不要硬生生地在外人面前表现，好德行应该如细雨，润物细无声，不要眼巴巴地等着外人说好，自然的好才是最好，越是自然的反应才越能看出一个人的真品格。

要了悟"天下无不是之父母"的真正内涵

　　人非圣贤，孰能无过？父母也不是完人，自然会犯错误。但犯了错误的父母依旧是父母，依旧对儿女有养育之恩。为人子女，不要因为父母的一点错误就不对父母尽孝。古语说"天下无不是之父母"，不是说天下的父母不会犯错误，什么事都对，而是告诫子女，对父母尽孝是本分，即使父母有不是，也要一如既往地孝养他们，就好像他们的不是不存在一样。这样的内涵，教师一定要教学生真正领悟。但父母不能以"天下无不是之父母"为借口为所欲为，否则就是自欺欺人，而要努力改正自己的过失与改掉坏习气，好好给子女做榜样。

亲爱我，孝何难；亲憎我，孝方贤

　　"亲爱我，孝何难；亲憎我，孝方贤"，意思是当父母爱我时，做到孝敬并不难；如果父母不喜欢我、讨厌我，我还是能一如既往地孝敬父母，这才是贤德的表现。

哪个父母不爱孩子？但若孩子认为父母不爱他，会怎样？

　　天下的父母都是爱孩子的，当然，不排除个别父母或继父母对孩子不好的现象，但毕竟是少数。作为子女，无论父母对自己怎么样，都应该孝敬父母。

　　而当今的孩子，面对父母的百般宠爱，都不一定能生起孝心。如果父母讨厌他、嫌弃他，他可能就更没有孝心了。别说父母对孩子心存厌恶，就连偶尔用不理智的方式对待他，他可能都会跟父母记仇，最后父母还得反过来给他赔不是。当然，也不是说父母不能向孩子道歉，而是说，现在的孩子根本不懂得"亲憎我，孝方贤"的道理，更难以把它落实在生活中。

如果孩子觉得"父母对我好，我就对他们好；他们对我不好，我也不会对他们好"，那孝道岂不是一场交易了吗？如果是这样，孩子迟早会和父母对着干，甚至会出现打骂父母、杀父弑母的现象，那整个家庭不就因此走上了毁灭的道路吗？这句教诲就是告诉孩子：履行孝道是无条件的，是天经地义的，不是商品交易，唯有老老实实地落实，才不愧为一个顶天立地的大写的"人"，才能维系整个家庭的和谐。

借用故事教学生深入理解"亲憎我，孝方贤"的含义。

有一个流传非常广的"闵损芦衣"的历史故事：

> 孔子的弟子闵损（字子骞）是有名的孝子，他的母亲去世得比较早。后来，父亲娶了后妻，并给他生了两个弟弟。父亲常年在外，他和两个弟弟便由继母照料，继母对两个弟弟百般宠爱，对他却很不好，整日让他干重活、粗活，但把好吃的、好用的都留给弟弟们。
>
> 冬天，继母用丝棉絮为两个亲儿子做了厚冬衣，却用芦花给他做冬衣。用芦花填充的冬衣看起来很大、很蓬松，但是实际上一点儿都不保暖。对此，闵子骞一点儿都没有怨言，还是尽力侍奉着继母，照顾着两个弟弟。
>
> 一次，闵子骞驾着马车，拉着父亲和两个弟弟出门办事。恰逢天气寒冷，大雪纷飞，闵子骞一边驾车一边发抖，身体都快要冻僵了，马车一颤，脱缰了。父亲生气地责备他："穿着这么厚的衣服还很冷的样子，别人还以为是你继母虐待你，这岂不是陷你的继母于不义吗？"说完，还拿鞭子抽打他，结果鞭子一打，他的厚冬衣破了，芦花飞了出来。这时，父亲才明白马车脱缰的原因是闵子骞真的太冷了。
>
> 父亲一气之下，回到家就决定把后妻休掉。此时，闵子骞马上跪下，央求父亲不要休掉继母，他说："母亲在的时候，只有我一个人受冷，如果母亲离去，那我跟两个弟弟都要挨饿受冻，'母在一子寒，母去三子单'啊！"
>
> 他的这一席话感动了父亲，也感动了继母。从此，继母对待

闵子骞如同亲生儿子一样，全家过得和乐而幸福。

可见，当孩子无条件地孝敬父母的时候，家庭终会幸福美满。在古代，类似这样的故事很多，比如"虞舜孝母友弟"的故事等。我们可以多讲给学生听，他们听多了，就会对"亲爱我，孝何难；亲憎我，孝方贤"的教诲有深刻的理解，自然就不会因为父母欠妥当的管教方式而跟父母对立了。

我们也应该告诉学生，父母不是圣贤，也有犯错误的时候，也有误解孩子的时候，但父母的初衷一定是好的。如果父母做错了什么，应该理解他们的用心，不要错把他们的"爱"当成"恨"。如学生的确对父母产生了误解，也要引导学生通过跟父母的有效沟通化解矛盾，别让误解挡住了彼此间爱的传递。

引导学生把"亲憎我，孝方贤"推广开来应用。

在成长的过程中，学生可能会遇到一些"不投缘"的人，不知什么原因，对方总是看不惯他，甚至总和他过不去。此时，如果他没学过"亲憎我，孝方贤"这句教诲，就很容易和对方对立起来，弄不好就会引发矛盾，惹出事端，最终导致两败俱伤。

可是，如果学生从小就懂得"亲憎我，孝方贤"的道理，就会明白，无论人家对他好不好，他都不必与对方计较，更不必把对方的不好放在心上。这样，他不但不会为对方对自己不好而生气、郁闷，更不会和对方对着干，时间一长，就会感化对方，甚至彼此都能成为朋友，这岂不是皆大欢喜？

所以，"亲爱我，孝何难；亲憎我，孝方贤"的教诲，暗含了一个人不计前嫌、不与人结仇的博大心胸。学生若能做到这一点，不但能在生活中化解各种人际危机，更能因此获得更多人的尊重与拥护，最终一定会拥有顺心的学业、事业、家业，获得幸福的人生。

教师又何尝不应该好好学习并力行这句教诲？

从我们的角度来再次深刻理解这句话，可能就会发现，原生家庭的痛，每个人都会受到影响。勇敢者都选择面对，懦夫则选择逃避。我们需要了解，父母从某方面来讲也是缺乏爱的孩子，他们对孩子再爱，可能也给不出自己未体会过的那份爱。去理解父母的局限性，相信未来我们的孩子也会理解我们，宽容我们因为无知犯下的种种错误。

所以，一定要接纳自己的父母，理解他们在当时已经做到了最好，这样才能跨越对父母的批判，达到更高的层次。接纳父母，才能接纳我们自己，才能接纳我们的孩子。

我们的父母不是完人，我们同样不是，因而我们也不要用完人的标准去要求孩子。让这个世界多一点理解和宽容，让爱透过缝隙传递进来，一切的痛苦都会在爱里融化，我们会在爱中痊愈而趋于完美。所以，如果我们也认为父母不是真的爱我们甚至是对我们有些恨的话，改变自己的认知吧，当我们改变了，爱自己了，也就爱孩子了，就会发现真的是"天下无不是之父母"。"剧情的反转"就在于我们愿意改变。

圣贤教育中没有"愚孝"，
因为有善劝谏智慧

　　孩子应该孝敬父母，但这绝不是明知父母有错还顺着父母的"愚孝"。那种助长父母不良习性的所谓"顺从"，完全是害父母。就如同父母对孩子的爱，绝不应该是袒护式、包庇式的溺爱，孩子对父母的爱也应该本着这个原则。那么，当父母有错时，孩子就要学会在适当的时机、用适当的方式和态度向父母进谏。圣贤教育中没有"愚孝"，因为有善劝谏智慧。这一点，是我们做教师的首先要明白的，其次还要教给学生。

亲有过，谏使更；怡吾色，柔吾声

　　"亲有过，谏使更；怡吾色，柔吾声"，是说父母有过错时，子女要懂得规劝，但要注意劝谏的态度与方法。

孩子应当学会劝谏父母，但如今的孩子有这个能力吗？

　　在《孝经》的谏诤章中有这样一段话："父有争子，则身不陷于不义。故当不义，则子不可以不争于父……从父之令，又焉得为孝乎！"这里的"争"通"诤"，就是直言规劝的意思。整句话的含义是，对父母而言，如果有敢于直言进谏的孩子，父母就不会陷于不义之中。因此，如果父母要做不义之事，孩子不可以不劝阻，如果只是盲目地遵从父母的命令，又怎么称得上是孝呢？可见，圣贤的教育没有所谓的"愚孝"，就如同前面讲的"曾子受杖"的故事一样。如果一味地顺从父母，不分对错，那是会害了父母的。

　　所以说，做子女的如果明知父母有重大过失，却睁只眼闭只眼地任由父母做错事而不劝谏，那就是陷父母于不义之中。《孝经》的这段教诲与"亲有过，谏使更；怡吾色，柔吾声"不谋而合，它告诉我们，当父母有过错时，做子女的一定要劝谏，使父母改正。而"怡吾色，柔吾声"就强调了劝谏的态度与方法，也就是说，子女劝说父母的时候，表情要和悦，说话的语气要柔缓，不能怒气冲冲地用指责、命令的口气劝导，否则父母很难接受。

然而，在当今社会，很少听说哪个孩子会劝谏父母，为什么？因为很多孩子没有判断父母是非对错的能力，甚至看不出父母错在哪里，还怎么劝谏呢？

古代很多子女之所以有能力劝谏父母，是因为他们从小就读圣贤书，书中明确阐述了做人做事的道理，他们虽然年龄不大却懂得很多道理，知道只有落实这些教诲才算"真读书"，看到父母的行为与书中所说的行为规范不符合时，自然就知道父母犯了错，也知道为人子女应该上前劝谏，于是，就落实了"亲有过，谏使更"的教诲。

可见，让学生通过读书而明理，是具备劝谏能力的基础。而《弟子规》正是一部教学生明理、辨是非的宝典，一定要好好解读，好好利用。要让学生通过学习《弟子规》树立正确的价值观，如此他才能在父母走错路的时候提醒父母，帮父母回到正途。

劝谏态度好坏，决定父母是否愿意接受。

当然，如今的孩子也不是绝对不劝说父母，只是劝说的态度不同。别小看这个态度，它往往决定了进谏的结局。

有一个小女孩的爸爸非常爱抽烟，家人总是劝说，但效果不明显。

一次，爸爸正要抽烟，奶奶说："别抽了，身体都不好了。"

妈妈也说："别抽了，抽得乌烟瘴气的。"

但是，爸爸边点烟，边往阳台走去，表示自己不在屋内抽烟。小女孩一看爸爸不听劝，等爸爸刚坐在阳台的椅子上，她就一把夺下爸爸的烟，严厉地说："不许抽烟！"

平时温和的爸爸见此情景，也毫不客气地说："拿过来！"

结局是小女孩哭着向妈妈告状，爸爸则毫无反应地继续抽着烟。

小女孩虽然是为爸爸好，但是劝说的方式错了，这一错，结局往往就会更糟。如果她学过"亲有过，谏使更；怡吾色，柔吾声"的话，可能就会柔声细语、和颜悦色地对爸爸说："爸爸，您别抽烟了，抽烟不但对您的身体不好，对大家的身体也不好。您的身体要是出现了问题，我们都会很担心的，爸爸，您少抽两根，好吗？"

相信任何一位父亲听到女儿如此懂事的劝导，都不忍点燃烟了吧？可见，"怡吾色，柔吾声"的力量有多大！我们往往以为大声说出的话最有震慑力，殊不知，作为规劝的语言，只有柔声细语才能真正打动人心，让人心甘情愿地接受。所以，能把《弟子规》的教诲应用在生活中，是多么可喜可贺的事啊！

想让学生学会"怡吾色，柔吾声"，教师要先做到。

孩子能不能在劝说父母的时候保持温和的态度，取决于他平时的语言习惯。如果他平时说话声音大、语速快、父母说一句他顶三句，那么当他看到父母犯错时就会更加激动，一激动，说话速度会更快，声音会更大，脸色会更难看，还怎么做到"怡吾色，柔吾声"？

而孩子形成什么样的语言习惯，往往和父母、老师的语言习惯有很大关系。如果父母平时讲话温文尔雅，孩子受到这种气氛的影响，就不太可能如机关枪扫射一样说话；反之亦然。同样，孩子作为学生，受教师的影响也很大。很多孩子都在不知不觉模仿教师说话的表情、动作、态度等，甚至有的学生还有意识模仿教师。

这就给我们提了一个醒，言行举止务必要谨慎，无论是面对自己的孩子，还是面对学生，都一定要给他们做好榜样。

因此，若想让孩子、学生好好说话，我们对父母、妻子（或丈夫）、孩子、朋友、同事等所有身边的人讲话时，都要努力做到"怡吾色，柔吾声"。而且，当父母、亲人、朋友出错时，我们劝谏的态度也要柔和，因为孩子、学生正在看着我们的样子学习。我们现在所做的，往往是以后所受的，知道这个道理，我们就会时刻提醒自己用身教把这句教诲做好了。

而面对孩子、学生的进谏，我们应该保持什么样的态度？如果当时不能心平气和地接受，至少事后要认真思考和积极反省。当然，最好是当时就积极作出谦虚的回应。一个愿意接受他人劝谏的人，往往能得到很多好处，正如《弟子规》后面讲的，"闻誉恐，闻过欣；直谅士，渐相亲"。

善劝谏的学生往往更易受长辈青睐和同龄人喜爱。

除了父母，学生总会与其他亲人、老师、同学等人相处，这些人都是平凡的普通人，也有犯错的时候。

比如，老师可能会在黑板上写下错别字，同学可能会拿错别人的东西，面对类似的情况，学生该怎么做呢？

如果他大声地、严肃地说："老师，那个字你写错了。"老师可能会觉得颜面扫地，赶快掩饰说："我是故意写错的，看看你们能不能看出来。"话虽如此，但心里难免会对这个孩子有一丝不良印象。

如果他举手，经允许后轻柔地说："老师，那个字好像不是这样写的。"那么，老师也会轻柔地回应："嗯，谢谢你，请坐。"这样，老师也不至于太尴尬。如果学生能考虑到劝谏的时机问题，选择在课后向老师提出建议，并做到"怡吾色，柔吾声"的话，那么他的举动一定会给老师留下深刻的好印象。

以此类推，如果学生对周围的人都用恭敬的态度进谏，他们怎么能不器重他、不喜欢他呢？当学生具备了敏锐的判断力和适当的进谏能力时，他的威信往往会增加，他也会因此成为团体的领导人物，从而发挥自己的才能，带领团体走上更好的发展道路。

教师自身又该怎样领会并落实这句教诲呢？

劝谏父母，不要和教育学生一样，苦口婆心地讲大道理在父母这里是没有用的，因为绝大多数父母都会有一种父母威严在心，会觉得自己被孩子教育了并不是什么有面子的事，有些老人会固执己见，有些老人又会脾气暴躁，若是一言不合，与父母吵了起来，不仅起不到劝谏的作用，还会伤了亲子和气。而和父母吵架，当然就是更为不孝的表现了。

那么，到底应该怎么劝谏不完美的父母呢？

首先，有的教师对错误几乎是零容忍，就算是父母犯的错误也"毫不姑息"，当下就会驳父母的面子。可父母是长辈，小辈指责长辈，一定会让长辈觉得心里不舒服。尤其是父母，他们很容易觉得孩子看不起他们，一旦他们想歪了，那么以后的问题也就更加不好解决了。即便父母错了，也不要当下就指责他们，待他们情绪平稳舒缓的时候，再提及这件事比较好。有人觉得，父母反正已经老了，老小孩一样，错了就错了，随他们去吧。这可不是正确的想法，父母有错，如果子女不想着提醒他们，帮他们改正，那就是对父母的不负责，还是找个合适的时间告诉他们比较好。

其次，面对父母犯下的错误，直接地说"你错了"可是不行的，因为这可能会让他们感觉没面子。劝谏父母要学会"迂回战术"，先从其他事说起，然后慢慢回归正题。用"可能不太合适""有那么一点不太恰当"等类似的表达，也可以用换位思考的方式来引导父母，以免让他们反感。孔子曾说："事父母几谏，见志不从，又敬不违，劳而不怨。"意思是，侍奉父母，如果他们做了错事，就应该和颜悦色、轻言细语地劝说。如果他们不愿听从我们的劝说，对他们还是要恭恭敬敬，不要当面违抗他们，也不要生怨恨之心。以后再慢慢找机会劝谏就是了。

再次，即便有教师这个身份，在父母面前，我们也依然是孩子，所以不要用教师的身份提醒父母的错误。这一点值得反复强调，要引起足够的重视。不然，父母会感觉我们对他们不尊重，会难过的，哪怕是为了他们好。在父母面前，一定要先放下职业角色，用孩子的身份去面对他们，可以讲出自己的感受，柔和婉悦地讲出我们觉得不妥当的地方，不用明确指出他们哪里错了，留给父母自己去考虑。

最后，要有磨的精神。说到底，孩子给父母指错，总归是相当于挑战了父母的权威，父母内心本能地不愿意接受也情有可原。所以，我们也要培养自己磨的精神，不是干耗硬磨，而是要有耐心，打个"持久战"也无不可。但要用孩子的心性去磨，撒个娇，服个软，多多安抚。也不用一次性讲完，可以一天讲一点，让父母一点一点地接受意见就好。

谏不入，悦复谏；号泣随，挞无怨

"谏不入，悦复谏；号泣随，挞无怨"说的是，如果父母不接受劝谏，就要等到父母喜悦、高兴的时候再劝，而"号泣随，挞无怨"则显示了进谏的决心，即使挨打、哭着也要劝，以免陷父母于不义。

如果简单地劝告，父母不听又该怎么办呢？应注意什么？

"谏不入，悦复谏"，这里的"悦"特别强调了父母的心情。如果恰逢父母心情不好，孩子却向父母提出他们上次不能接受的建议，那父母这次能接受吗？当然很难。这样，劝说不但是徒劳的，还会惹父母更加不高兴。为了避免这种情况，就要懂得"悦复谏"。

如果父母的过失很大，会造成很严重的不良后果的话，子女的确要有"号泣随，挞无怨"的精神。"号"是大声喊，"泣"是哭泣，"挞"就是打，意思是，如果父母不接受，哪怕哭喊着劝说父母，因父母的不理解而挨打，也没有怨言。当然，这也不是愚孝。与让父母陷于不义相比，挨点打又算得了什么呢？

所以，别小看了劝谏这件事，其中包含着子女对父母深深的敬意和爱戴。为什么要用柔和的态度？为什么要选择劝谏的时机和场合？当父母不接受时，为什么还要再劝？因为，孩子真心为了父母好，真诚地希望父母不要有过失。

无论是孩子、学生还是教师，如果能真正领会这句教诲的含义并努力落实的话，对父母的孝敬之心无疑就体现在其中了。

教学生掌握"号泣随，挞无怨"的精神内涵并灵活应用。

先看一则历史故事：

隋朝末年，在李渊（唐高祖）带着军队南征北伐时，其子李世民（唐太宗）一直都追随在身边。一次，李世民发现父亲的一个军事计划呈现出明显错误，如果不谨慎就会导致全军覆灭。于是，李世民就多次向父亲提建议，但是父亲都没有接受。

出兵前一天晚上，李世民心想，如果这次不能劝阻父亲，这些年的努力都将功亏一篑。他越想越难过，就坐在父亲的帐外放声大哭。父亲看他如此伤心，便说愿意听他细细分析战事，他慢慢地给父亲讲解作战方略。后来，父亲改变了作战计划，那次战役也赢得了胜利。

如果李世民没有如此坚定地一而再再而三地劝说父亲，历史上有没有唐朝还说不定呢！

看来，在重大事件上，若有一个有远见、善于劝说父母的孩子，那么家庭一定会很兴盛。当然，孩子的能力是一点点积累的。

这就需要教师把"号泣随，挞无怨"的精神内涵教给学生，并教他灵活运用。要告诉学生，对这句话应该领会其中真心劝人的精神，而不是一定要"号泣随"。而且看前面的故事就知道，在"号泣随，挞无怨"之后，一定要能讲出中肯的、切合实际的道理让父母信服。

所以，如果学生没有真实的智慧讲出令人信服的道理，而仅仅抓住了"号泣随"的形式，恐怕在劝说之后就会毫无收获。真实的智慧往往要通过读书明理来得到，由此来看，学习《弟子规》并真正领会其精神要义是非常必要的，只有学会、做到，才有足够的智慧在关键时刻告诉父母或他人为什么不能这样做而要那样做。

"号泣随，挞无怨"的实质是说，在劝谏父母等至亲的人时，不要因一时失败而放弃，而要抱着坚定的态度，找准机会时时劝说，时间一长，父母自然会接纳。只要领会了这个思想，就不会死板地把这句教诲随处应用，也避免了被误解、被怨恨的情况。

另外，也要教学生明白，劝谏是有前提的，前提就是彼此建立了深刻的信任，所谓"君子信而后谏"。没有信任做前提，劝谏往往会被认为是挑毛病、吹毛求疵，反而起不到好的效果。具体的内容会在"善相劝，德皆建"中详细阐述。

重视对学生进行关于生老病死的生命教育

生老病死是人间常态。父母生病和离世，对学生而言，是令他极度担忧和悲痛的事情。但这些都是人生的正常经历，谁都回避不了。所以，教学生用心应对父母生病，并借此对学生进行关于生老病死的生命教育，非常有必要，也非常有价值。一方面，培养学生对父母的孝心，让他们懂得孝道需要及时履行，不能等；另一方面，也引导他们学会尊重生命，善待生命。

亲有疾，药先尝；昼夜侍，不离床

"亲有疾，药先尝；昼夜侍，不离床"，是说面对生病的父母，要懂得寻医问药，用心照顾他们。

当父母生病时，孩子应该怎么做呢？

人生在世，难免有生病的时候，当父母身体欠佳时，孩子应该怎么做呢？

汉文帝刘恒是个大孝子，他对母亲非常孝敬。

一次，母亲患了重病，他非常担忧。为了让母亲尽快好起来，他每天都亲自为母亲煎药，每次煎完，自己总先尝一尝，看看汤药苦不苦、烫不烫，觉得温度差不多了，才端给母亲喝。

不仅如此，他还日夜守护在母亲床前，看到母亲入睡了，他才趴在母亲床边小憩一会儿。母亲醒了，他就赶忙问母亲有什么需要，哪里不舒服。

母亲这一病就是三年，汉文帝也这样服侍了三年。

当时，汉文帝孝敬母亲的事广为流传，人们都称赞他是个仁孝之子。而后人为了颂扬他，把他列入"二十四孝"中，即"汉文尝药"。

"亲有疾，药先尝；昼夜侍，不离床"就出自汉文帝孝敬母亲的故事。"疾"就是病，身体不舒适；"药先尝"就是药煎好了要先尝一下，看看是不是太烫。因为过去只有中医，所以古人都喝中药，倘若一煎好就给父母喝，可能就会烫到父母，所以子女要尝一下，待温度合适再给父母。接下来的"昼夜侍，不离床"则尽显了孩子的一片孝心，意思是无论是白天还是晚上，都要时时刻刻守护在父母床边，服侍生病的父母，让父母尽快好起来。

这句教诲放在今天应用，要教学生学会适当变通。

现在人们不是只喝中药，倘若是吃西药片，孩子要不要先尝一尝？当然不用了，但可以尝一尝服药用的水是不是太烫或太凉。而且，孩子不能拿错药，还要确定药物的名称、有效期和用量，不出一点差错，这关系到父母的生命安全。所以，这句"亲有疾，药先尝"主要是说，孩子在侍奉生病的父母时，要谨慎，不要因用药不慎而让父母更加痛苦。

同理，"昼夜侍，不离床"也不是一定要不分昼夜地守在父母床边，是否要这样做，主要看父母的身体需要以及孩子的身体情况。但是，做子女的至少要尽心尽力照顾生病的父母，使父母早日康复，这才是这句话的精神实质，领会并用心去做才不枉为人子女。

父母无须刻意掩饰病痛，应该让孩子了解自己的感受。

这一点需要教师以父母的角色来领会，并以教师的角色再教给学生的父母。

因为今天很多孩子在父母生病时根本不懂得嘘寒问暖，就更别说体贴照顾了。有的孩子虽然有心照顾父母，但不知道如何照顾。其根本原因就是没有学过照顾父母的方法，或者是平时父母根本就没有给孩子机会去照顾父母。所以，父母在身体不适时不要刻意掩饰，而是要把感受和需要告诉孩子。

一位妈妈很疲惫地回到家，头疼得厉害，于是就在床上躺着。儿子见了，问："妈妈，您怎么了？"

妈妈说："我没事，你自己玩一会儿，妈妈一会儿给你做饭。"

于是，听话的儿子就去玩变形金刚了。

这样几次之后，儿子一看见妈妈非睡觉时间躺在床上，就自己去玩了。儿子长大之后，也不知道妈妈头痛时该如何照顾妈妈，只知道干自己的事情。

而另外一位妈妈却不是这样做的。

如果她感觉身体不舒服，就会告诉女儿说："妈妈今天很难受，一点儿力气都没有，只想躺一会儿。"不仅如此，她还会请女儿帮她端水、拿药，并夸女儿懂事听话。后来，只要妈妈身体不舒服，女儿就会主动照顾妈妈，妈妈觉得很温暖。

可见，要想让孩子初步领会"亲有疾，药先尝；昼夜侍，不离床"的道理，就不要刻意掩饰自己的病痛，要把不舒服的感受描述给孩子，并把自己的需要告诉他，让他学会体会父母的心情，并慢慢学会照顾父母。当然，教师在有需要的时候，也可以请学生帮一下忙，让他为自己做点事。只要是真正本着一颗为学生成长着想的心，就可以给他们成长的机会。

另外，教师要教学生了解一些急救常识。因为，父母或周围的人有可能会遇到类似烫伤、烧伤、崴脚或突然晕倒的情况。此时，如果学生能了解一些急救常识或紧急应对方式，就会帮父母等有需要的人渡过难关。比如，教学生认识简单的药物，并学会看使用说明书；懂得拨打120急救电话，并准确描述病人的症状和住址；知道烫伤或烧伤的简单处理方式；等等。这样，父母或他人的病情就不会因孩子帮不上忙而延误了。

通过故事让学生知道，"久病床前有孝子"。

不知从什么时候起，"久病床前无孝子"这句话开始盛行，也成为很多子女弃父母不顾的借口。其实，"久病床前无孝子"绝对不是真正的孝子说出来的，而是那些实际不孝而又想给自己留个"孝子"之名的人为自己不孝敬父母找的借口。

古今中外，很多人用行动击破了这句错误的言论，并演绎出了"久病床前有孝子"的责任，也告诉人们当父母卧床不起的时候子女应该做到"昼夜侍，不离床"。

大连的王希海老师，为照顾因脑出血成为植物人的父亲，当年23岁的他不仅放弃了出国工作的机会，还放弃了成家的念头，全心全意照顾他的父亲，通过父亲的一个表情他就清楚父亲的需要。经过他20多年的精心照顾，80多岁的老父亲皮肤很光滑，没有生一点褥疮。

在此之前有一次，医生给王老师的父亲诊断，问他："你父亲中风多久了？"王老师说："十多年了。"那个医生很生气，因为他觉得十多年的中风病人皮肤不可能这样，认为王老师骗他！后来，这个医生把他父亲的病历调出来，看了之后来到王老师面前，流着眼泪说："你照顾你父亲的能力可以给我们医院的护士上一课了，你照顾得太好了，怎么可能照顾到皮肤这么光滑？"因为王老师每半个小时帮他父亲翻身一次，即使在夜里也是如此。他父亲80公斤，他把手伸到父亲的腰间以后，父亲的身体压在他的手上，半个小时他的手就整个麻掉，他就会醒过来。一醒过来他就赶紧给父亲翻身，父亲就不会长褥疮了。王老师觉得让自己的父母长褥疮是子女的耻辱、不孝，是没能体恤父母的表现。

王希海老师精心照顾了父亲26年后，他的父亲安详去世。而王老师也走上了在全国弘扬孝道精神的大爱之路，现身说法讲述"久病床前有孝子"，听过王老师讲述的人没有不感动的，没有不痛哭流涕的。

王希海老师用自身行为展示了为人子女应尽的本分，是的，"久病床前有孝子"，就像一记重棒敲在我们身上，让我们清醒，反观自己，重新认识自己的父母以及自己过去的行为。

这样的真实故事，可以讲给学生听，也可以跟学生一起观看王希海老师分享的"久病床前有孝子"的视频，网上很容易找到，相信学生一定会深受感动。

想想看，父母含辛茹苦把孩子养大，倾注了多少心血？等父母年老体衰时，当然需要子女的照顾，特别是父母因病不得不卧床时，更希望子女能陪伴在身边。尽管父母会体谅孩子的难处，愿意接受保姆或护工的照料，但子女能给给父母的情感与心理安慰是保姆和护工给不了的，这也是汉文帝不让侍从照顾母亲的原因，也是提倡"昼夜侍，不离床"的原因。

如果天下的子女都懂得这个道理，就不会认同"久病床前无孝子"，更不会对生病的父母不闻不问，而是想着如何尽心尽力服侍父母，送父母最后一程，不让"子欲养而亲不待"的遗憾在自己身上上演。

作为教师，我们不但自己要好好落实这句教诲，也要常常把一些感人的孝子故事讲给学生听。久而久之，学生的孝心便会被激发出来，从而用行动表达对父母的孝敬；也会把这一份对父母的孝心移到对教师的尊敬上来，到时候我们一定会收获满满，精神富足。

丧三年，常悲咽；居处变，酒肉绝

"丧三年，常悲咽；居处变，酒肉绝"的意思是，父母去世后子女会时常想起父母的恩德，可能就因为思念、感动或悲伤而落泪，"咽"是声音因阻塞而低沉、哽咽；在守丧期间，子女的生活起居要有所改变，不能贪图享受，整天吃大鱼大肉，好像毫无悲痛的样子。

与其"丧三年，常悲咽"，不如"昼夜侍，不离床"。

当今社会，很多人往往对"丧三年，常悲咽"的感受深于"昼夜侍，不离床"。因为他们在父母在世时，没有尽力照顾和侍奉父母，等父母去世，自己根本没机会再尽孝了，才念及父母的恩德，才后悔当初没有好好对待父母。

一位"成功人士"在父亲在世时，认为父亲在分割财产的问题上不公平，于是对父亲心存怨恨。父亲得了尿毒症，在床上躺了两年，他居然一次都没探望过。直到得知父亲去世的消息，他对父亲的恨意才消失，并感到深深的惭愧。于是，他动用自己的人脉、钱财、权力等所有力量为父亲操办了一场声势浩大的葬礼，以平他的惭愧之心。但是，这就对得起已经去世的父亲了吗？仅仅是让自己在心理上有一点自我安慰罢了。

另有一个家庭，两个女儿觉得母亲未把财产分给她们，就认为，谁得财产，谁就有孝养母亲的责任。于是，母亲住院期间，她们毫不客气地对得到财产的大姐说："陪护本来就是你的本分，让我们分担什么？"等到母亲去世，两个女儿哭得死去活来，大姐却默默流泪。殊不知，不是谁哭得大声谁就是孝子！

类似的例子在今天是不是比比皆是？在病床上期盼见到儿女的父母是不是也越来越多？人间悲剧啊！还有什么比这个更凄惨的？若是这些子女学过《弟子规》，就不会把分得的财产与自己尽孝的责任等同，更不会等父母去世了才后悔，而是会努力做到"财物轻，怨何生"。

子女在父母去世后哭声再大、祭祀得再丰厚，又有什么用呢？正如欧阳修所说："祭而丰，不如养之薄也。"祭祀得再好，也不如在父母生前好好奉养。即使经济条件差一点也没什么关系，老人没有太多的奢求，只要吃平常的饭菜，穿普通的衣服，日常生活照料得周到，过得和乐幸福就足矣。所以，父母一定要给孩子做榜样，免得他长大了对父母不好，还理直气壮地说："我只是用你对待爷爷奶奶（外公外婆）的方式对待你。"

为人子女，应该用真诚的哀悼表达对父母的敬重与思念。

父母去世后，子女应该从内心表达出对父母的感怀与思念。当然，表达的方式不是统一的，但为什么古人要守孝三年，而且三年期间要常怀念父母呢？

《论语·阳货》里记载，孔子的学生宰予对守孝三年提出了质疑，他认为这个时间太长了。而孔子批评他不仁，并指出，一个孩子从出生到真正学会走路、离开父母到处走之前，父母要把他在怀里抱三年，在三年里，生活起居都完全靠父母照顾，父母的辛苦可想而知，难道宰予没有从他父母那里得到过三年怀抱之爱吗？其实这还不算母亲怀胎十月的辛苦。所以，父母过世，孩子守三年孝，是天经地义的事，也是为人子的本分。

其实，子女对父母的思念绝不仅是三年，而是一生。但如果子女过度悲哀，往往会影响自己的身体健康和正常的工作与生活，那也不是父母所希望的。正如《孝经》所云："三日而食，教民无以死伤生。"就是父母去世三天后，子女就要吃东西，不要因悲哀而损伤了身体。因此，教师要教学生领会"丧三年，常悲咽"的思想精髓，并不是这三年一直要哭哭啼啼，而是要时常感念父母的恩德，不忘父母的教诲，把父母留下的家风、德风传下来，才不愧对父母的养育之恩。在这个过程中，子女可能会不由自主地感怀落泪。

但今天很多人对"丧三年，常悲咽"的理解确实有偏差。

> 有一次，我面试一位应聘者。
>
> 这位应聘者是一位年轻的母亲，她听别人说用《弟子规》教孩子不错，就买了一本"儿童易解版"的《弟子规》给三岁的孩子读，因为她自己也不知道《弟子规》讲了些什么，文言也读不太懂，于是就看"易解"，结果看到"丧三年，常悲咽"这句解释"父母去世三年，要经常伤心哭泣"，她就看不下去了，认为《弟子规》是糟粕，坚决不给孩子读了。从那以后，她对《弟子规》排斥得不得了。
>
> 当时，我就告诉她，"丧三年，常悲咽"绝不是字面理解的这个意思，而是有深刻内涵的，并把其中的义理跟她作了分享。还跟她解释道，在今天，我们应该学其中的精髓，领悟其中的精神，而不是学表面的形式，更不能因为这样一个简单的"易解"而全盘否定《弟子规》。经过沟通，她明白了，原来她自己看到的、认为的，其实只是表面的东西。

这也是我把《弟子规》跟家庭教育或大教育联系起来的原因之一。我希望能有更多的教师、父母认识到《弟子规》的真正价值，而不是被表面的字义误导，甚至因此而排斥它，否则，将会错过一部绝佳的、真正有价值的人生智慧宝典。

再说回来。"居处变，酒肉绝"也是对父母哀思的表达。在古代，人们大都在遇到高兴的事情时用饮酒食肉的方式来庆贺。所以，遇到父母离世这种令人悲哀的事情，就不再喝酒，不再吃肉。在今天，这句教诲当然可以变通，但是一个有孝心的孩子会因父母离开而悲伤，是不可能有心情整日唱歌跳舞、饮酒食肉、尽情享乐的。因此，"居处变，酒肉绝"不是规定要如此对父母表达哀思，而是一个孝子自发的表现。

因此，只有借助《弟子规》开启为人子女的孝心，他才能自然而然地落实这句教诲。

丧尽礼，祭尽诚；事死者，如事生

"丧尽礼，祭尽诚"就是说，操办丧事要尽力做到合乎礼节，祭祀父母或去世的亲人、祖先时要用百分百的诚心；"事死者，如事生"说的是，对待过世的亲人，就像他们还活着一样恭敬。

父母去世，子女应该怎样办好丧礼呢？

丧礼，也是生命教育的一部分，当然也是对学生最残酷的教育。这需要教师的努力，自己先做好功课，再把这样的教育传递给学生。

父母去世后，子女就不可能再通过照顾其衣食住行来尽孝了，只能通过举办合乎礼节的葬礼来表达孝心，所以葬礼和祭祀都是子女对父母表达孝心的体现。

而葬礼中往往有各种细致而烦琐的仪式，为人子女者不可小看那些仪式，每一个仪式的举行都有深刻的含义，其中包含着子女对父母的敬重和无尽的哀思。所以，丧事应该按照当地的风俗习惯或父母的遗愿操办；如果有宗教信仰，也可以依照宗教礼仪来办。但无论是哪种，都不可马虎大意，要把葬礼办得妥妥当当，合乎礼节。

当然，要让学生知道，葬礼不是用来炫耀权势、金钱和地位的，也不是做出来给别人看的，更不要搞得声势浩大、铺张浪费。如果父母生前非常节俭，一定不希望自己的丧事如此奢华。所以，子女只要按照程序，尽心尽力地操办，表达出自己的一片哀思就可以了。最重要的是秉承父母之志，使父母的高尚品质因子女的继承而发扬光大。

要引导学生从葬礼中体会生命的意义，也可以引导学生从其他逝者的子女身上体会"子欲养而亲不待"的遗憾，从而更加明白"祭而丰，不如养之薄"的道理。

祭祖也要教，激发学生对祖先的感恩与敬仰之情。

丧礼办完不等于结束，以后还需要祭祀。

一般来说，每年有5次祭祖活动，分别在春节、清明节、七月十五中元节、农历十月初一寒衣节和冬至。其中清明节还是国家法定假日，是专门祭扫的日子，由此看出国家对于祭祀的重视。此外，每年还要在逝者的忌日进行祭祀活动。

为什么要祭祖呢？

《朱子治家格言》中说："祖宗虽远，祭祀不可不诚。"祖宗虽然已经过世，但他们的德行还庇荫着世代子孙，为此，子孙应该对祖宗怀有一份感恩，为了表达对祖宗的感恩、敬仰和缅怀，子孙当然要用祭祀的方式表达心意。

在《论语·学而》中，曾子也说道："慎终追远，民德归厚矣。"意思是说，人们如果谨慎地对待父母死亡，追念故去的祖先，那么人们就自然会归于忠厚老实，民风也会变得淳朴。由此可见，祭祀这件事，是非常重要的。

然而，今天的学生可能对"祖宗"这个概念不是很清楚，他们似乎不认为祖宗和他有什么关系，所以即使参加祭祀，也很难保持至诚之心。因此，这一课就需要教师来教了。可以引导学生去有意识地了解他们祖先（过世的长辈）的事迹，比如学生向他们的爸爸妈妈、爷爷奶奶询问，或者教师把一个大家族（如同姓家族）祖上的善事、好德讲给学生们听。即使暂时了解不到学生各自祖先的事迹，也要告诉他们："我们身上流着祖先一代又一代传承下来的鲜血，不可以对祖先不敬。没有祖先，就没有我们。祖先赋予我们生命的恩德都报答不完啊！"

这样，学生不但会对祖宗充满敬意，也会懂得传承祖宗的志向，不做出令祖宗蒙羞的事情。当学生对祖宗有所了解、内心充满崇敬和感恩时，就自然会用一颗真诚的心参加祭祀。

还要告诉学生，当他们的家人操办祭祀的仪式时，或者是学生一起参加一些公祭活动时，态度要认真，内心要诚敬，气氛要庄严肃穆，不可嘻哈打闹，否则祭祀就变成了形式，毫无意义可言。说得严重一点，这是对逝者的不敬，也是对祖先的亵渎。

教学生用心领会"事死者，如事生"的深刻含义。

有这样两则小故事，可以讲给学生听。

有一个儿子每到母亲的忌日时，都要做母亲生前最爱吃的饺子，还要陪母亲喝点儿红酒。他的母亲是否真的能吃到饺子、喝到红酒，我们不得而知，但是，他侍奉母亲的态度，与母亲在世时没有丝毫差别，这就是"事死者，如事生"的含义。

还有一个小朋友，他的外婆去世了，他们坐在灵车里，他的舅舅抱着他外婆的骨灰。路上有些坑洼，所以车有点儿颠簸，他的舅舅马上就跟司机说："麻烦您开慢一点，因为我母亲不习惯坐快车。"这个小朋友看了也很感动，回到学校就跟老师说："老师，我舅舅的行为是不是'事死者，如事生'？"可见，这个小朋友学过《弟子规》，很有悟性。

透过这两则故事可以看出，"事死者，如事生"的道理确实需要用心体悟。

这句教诲指的不仅是子女对父母在衣食上的侍奉，更是志向上的遵从。比如，父母希望子女勤俭持家，父母生前，子女做得不错；父母去世后，子女觉得这下可没人约束了，可以过享乐奢靡的日子了，那就完全违背了父母的意愿，也就违背了"事死者，如事生"的教诲。

而真正领会这句教诲的子女，在做任何事情之前，都会想想：如果父母在世，他们愿不愿意我这样做？他们希望我怎么做？想过之后，他就不会做出令父母难过、担心、蒙羞的事情了。如此一来，才是真正做到了"事死者，如事生"。

学生力行《弟子规》细节指导（二）

父母呼　应勿缓　父母命　行勿懒
父母教　须敬听　父母责　须顺承

父母喊我们的时候，应该立即应答，然后再到父母跟前，恭敬地问："爸爸（妈妈），请问您有什么事？"我们不能拖延回答，不能用"干吗""干什么""真烦人"等不礼貌的语言回应，更不能不回答。

父母让我们做什么事的时候，一定要回答："好的，我马上去做！"然后立即行动，不能拖延，更不能找借口不做。

爷爷奶奶、外公外婆、老师等长辈招呼我们，吩咐我们做事时，我们也要立即答应，立即去做，不要找借口拖延。

父母上了一天班回到家的时候，我们应该主动给父母拿拖鞋、倒水，等等，让父母能够及时休息。

放学后，我们应该在第一时间，认真地完成作业，不要让父母再为我们的作业操心。

家里有客人来时，我们要主动问"叔叔好，阿姨好……"，给他们倒水，拿水果，帮父母照顾客人；客人需要我们做事时，我们也要立即去做。

父母教育我们的时候，我们要恭恭敬敬地聆听，不可以顶嘴。如果我们觉得有必要解释，也要等父母说完话，我们才能说。

父母批评、责备我们的时候，我们应该虚心接受，并对父母说："爸爸（妈妈），对不起，我错了，我会改的。"

冬则温　夏则清　晨则省　昏则定
出必告　反必面　居有常　业无变
事虽小　勿擅为　苟擅为　子道亏
物虽小　勿私藏　苟私藏　亲心伤

　　早上起床后，记得问候："爸爸、妈妈早上好！"

　　下午放学回家后，向父母报告一下一天的学习情况。

　　天气转冷时，提醒父母多穿衣服，以防感冒。

　　外出时，一定要告诉父母去哪里，要去做什么，在什么时间回来。

　　回到家时，一定要在第一时间面见父母，让父母知道自己回来了。

　　生活作息要有规律，周末也不要让自己放松得过了头，晚上尽量不看电视，不上网，也不要玩手机。

　　好好学习，不要因为贪玩而荒废了自己的学业。

　　在家移动一些家具、电器，一定要先请示父母，得到允许后再做。

　　不要捉弄其他的小朋友，如偷偷挪开人家的椅子，在椅子上放东西扎人家，等等。

　　不是自己的东西，再小也不要拿；如果真想用，首先要征得人家的同意。

　　在商店里，看到东西好，可以买，但不可以偷偷地装到口袋里，因为那是小偷行为。

　　捡到别人的东西，要交给失主或上交给老师、警察叔叔，不可以自己留下。

　　在任何时候、任何地方，都不要偷看人家的账号和密码。

亲所好　力为具　亲所恶　谨为去
身有伤　贻亲忧　德有伤　贻亲羞
亲爱我　孝何难　亲憎我　孝方贤
亲有过　谏使更　怡吾色　柔吾声
谏不入　悦复谏　号泣随　挞无怨

　　问问父母喜欢吃什么，不喜欢吃什么，有他们爱吃的东西，一定要让他们先吃。

　　父母都希望我们能好好学习，那我们就要努力，不让他们失望。

　　父母都不喜欢我们身上的坏毛病，那我们就要努力去改，把毛病都去除。

　　要保护好自己的身体，不要让它受到伤害，比如，不可以玩危险的游戏，过马路要遵守交通规则，要戴好小黄帽，等等，更不能自残，以免父母担心。

　　我们也不要去伤害别人，因为别人也是父母生的，他们的父母也会很担忧他们。

　　做个品德高尚的好孩子，要有礼貌，不打架，不破坏公物，不偷东西，不流连于网吧、游戏厅、台球室等娱乐场所，不做违法乱纪的事情，以免让父母蒙羞。

　　父母喜欢我们，我们一定要好好孝顺他们；如果父母不喜欢我们，我们就应该反省自己，看看自己哪里做得不对，是不是惹父母不高兴了，然后努力改正，并且在孝敬父母这件事上做得更好。

　　如果父母有不对的地方，我们也应该试着劝他们改正，比如，父母沉迷于打麻将，甚至是打麻将赌博，我们就应该劝他们不要再打。

　　劝父母的时候，一定要和颜悦色，声音要柔和，一定不能板着脸批评他们，甚至是训斥他们。

　　父母如果不听劝告，也不要立即再劝，而是等到父母心情好的时候，或是在一个比较轻松的氛围中，再和颜悦色地劝说他们。

　　甚至也可以哭喊着劝他们，直到他们听进我们的劝告为止。

　　父母如果对我们的劝告感到厌烦了、生气了，甚至训斥、责打我们，我们也不要记恨他们。

如果父母轻轻打我们几下，我们就忍受一下；如果父母狠狠打我们的话，那我们就赶紧跑掉，以免父母打伤我们，最终让他们后悔。

不要老是试图找父母的"毛病"，更不能因父母有"毛病"而瞧不起父母。

亲有疾　药先尝　昼夜侍　不离床
丧三年　常悲咽　居处变　酒肉绝
丧尽礼　祭尽诚　事死者　如事生

父母如果感到不舒服，我们就应该拿体温计给父母量一下体温，确认是否发烧。

如果父母生病了，我们就要尽力去照顾他们。如果是中药，我们要帮父母准备好，端给他们时，要尝一尝药，如果太烫，就凉一会儿；如果是西药，我们要记得提醒父母按时、按量服药，给父母端的水不要太烫，温度要适中。另外，也要注意西药是否还在保质期内，是否有一些禁忌，等等。

如果父母的病情比较严重，要知道拨打120急救电话（也要记得什么时候可以拨打110、119电话）。另外，我们也应该日夜护理好父母，不要离开他们的床前。

如果是爷爷奶奶、外公外婆生病了，我们也应该像照顾父母那样照顾他们。

在平时，我们应该学习一些急救的小常识，比如止血，应对中暑、烫伤以及异物进入口鼻、眼睛，煤气中毒处理，等等，这样既能自救，也能救人。

在古代，父母去世，儿女要守丧三年。今天，我们应该时刻记得父母的教诲，记得父母的恩德，要时常感念父母。

亲人去世后，生活要俭朴一些，不能再整天大鱼大肉地吃。

办丧礼时，要按照礼仪风俗来办，不能马虎大意，也不能铺张浪费；祭祀时，心一定要真诚。

对待去世的亲人，也要恭敬，不做让他们蒙羞的事情，就像他们还活着一样。

　　前面提到的一些内容，也许我们暂时还理解不了。但至少我们心里应该明白一点：自己一定要做个孝顺父母的好孩子，要让父母开心，让他们为我们感到骄傲。

第三章

出则弟——学生和睦相处、尊师敬长的大智慧

　　孝道是善事父母，也就是父子之间的爱；悌道是善事兄长，也就是兄弟姐妹之间的爱。可以说，孝悌是爱的教育，而悌道又是孝道的延伸。弟，通"悌"，"悌"是形声、会意字，从心、从弟，本义为"善兄弟"。出则弟，是说要用悌道对待兄弟姐妹，并延伸到对长辈的尊敬。

　　《孝经》中讲道："教民亲爱，莫善于孝；教民礼顺，莫善于悌。"意思是说，教导人民爱他人，没有比教孝更有效的了；教导人民尊敬他人，有节有度，没有比教悌更有效的了。可见，对于一个人来说，落实悌道也是非常重要的。而且，悌道包含了礼节的教诲，这就需要我们教学生学会与兄弟姐妹、同学和长辈相处的礼节。这点学生做到了，他在学校自然会懂得如何跟同学和睦相处，也会发自内心地尊师敬长。

引导学生互敬互助、兄友弟恭，
亲如兄弟姐妹

唐朝的一位僧人曾写过两首诗："同气连枝各自荣，些些言语莫伤情。一回相见一回老，能得几时为弟兄。""弟兄同居忍便安，莫因毫末起争端。眼前生子又兄弟，留与儿孙作样看。"这两首描述兄弟情谊的诗值得我们细细品味。父母不仅要给孩子做出兄友弟恭的好样子，还要教导孩子与兄弟姐妹和睦相处，相互敬爱，不要因财、物而伤了手足之情。同理，教师也要给学生做出尊敬领导、友爱同事的好样子，还要教导他们与同学友好相处，互敬互助，亲如兄弟姐妹，就像相亲相爱的一家人一样。

兄道友，弟道恭

"兄道友，弟道恭"中，"道"即相处之道，"友"即友爱，"恭"即恭敬，整句意思是说，做哥哥姐姐的要友爱弟弟妹妹，这样才符合兄姐之道；做弟弟妹妹的要恭敬哥哥姐姐，这样才符合弟妹之道。可以说，"兄道友，弟道恭"就是爱的具体表现。

兄弟姐妹间要长爱幼，幼敬长，相互友爱，相互恭敬。

对于学生来讲，除了父母之外，兄弟姐妹就是最亲的人了。兄弟姐妹就好像是同一棵大树延伸出来的树枝一样，都是一体的。而且，与兄弟姐妹相处的时间，往往比与父母相处的时间还要长。因为一个人与父母的年龄往往相差二三十岁甚至更多，但与兄弟姐妹年龄相仿，差不了几岁，相处的时间几乎是从小到老。

可以说，兄弟姐妹是陪伴一个人一生走过最长路的亲人（夫妻还算不上，因为结婚前二十年左右可能彼此都不认识），正所谓"手足之情，既长且久"。作为哥哥姐姐，要懂得友爱弟弟妹妹，在生活上，要多关心和照顾弟弟妹妹的生活起居；在学习上，要多帮助和辅导弟弟妹妹的功课。作为弟弟妹妹，要懂得尊敬哥哥姐姐，由于他们经验丰富，要多听他们的安排和指导，而不应蛮横无理地顶撞他们。

所以，要教学生明白并践行"兄道友，弟道恭"，让他成为一个受欢迎的人，从而拥有幸福的人生。

俗话说，"兄弟同心，其利断金"，意思与"团结就是力量"差不多。因此，要教导学生，无论在哪里，都要跟自己的兄弟姐妹团结在一起，心往一处凑，劲往一处使。

今天的孩子大都是独生子女，如何教他们兄友弟恭呢？

虽然说现在国家已经全面放开生育政策，但大部分家庭还是只有一个孩子，孩子在家庭中没有兄弟姐妹，又该如何教他做到兄友弟恭呢？其实，无论多么大的孩子，都不会离开集体而独立生活，他会跟堂兄弟姐妹和表兄弟姐妹相处，也会跟学校的同学、朋友相处，还会跟小区里同龄的孩子相处，等等。所以，还是需要教师给他们传授与同龄人的相处之道。

要帮学生建立这样一个观念：只要是与自己年龄相仿的人，就都是自己的兄弟姐妹。不要让他们养成傲慢、目中无人的不良品质，要引导他们努力培养自己的恭敬心。尤其是学生在学校的时间比较多，与同学朝夕相处，更是要懂得"兄友弟恭"的道理，要明白自己是"学长""学姐""学弟"还是"学妹"。作为"学长""学姐"，应该给"学弟""学妹"做个好榜样，要懂得爱护他们，关心他们，而不是摆架子，甚至是耀武扬威，不可一世；而作为"学弟""学妹"，也要懂得尊敬"学长""学姐"。如果学生们做得不错，要及时给予鼓励与肯定；如果做得不好，则要及时提醒，应该如何去做，但要注意态度。

如果学生从小懂得了与兄弟姐妹、同学朋友等同龄人的相处之道，无论他将来进入哪一个集体，父母、老师都不用为他担心、操心，他一定能与周围人和睦相处，互敬互爱，自然也会深得周围人的欢迎和喜爱。所以，从小就教导学生兄友弟恭非常重要。

另外，还有一个最重要的原则：要想教学生、孩子做到兄友弟恭，我们就首先要做到兄友弟恭。无论我们是与亲兄弟姐妹相处，还是与朋友、同事相处，都要做到兄友弟恭，这不只是为了给学生、给自己的孩子做个好样子，更是做人的根本。

平日里，要多注意自己的言行举止，要尊敬、友爱兄弟姐妹，不要与兄弟姐妹斤斤计较，不要在自己的孩子面前说兄弟姐妹的坏话。当然，也不要当着孩子、学生的面说同事、朋友不好。

兄弟睦，孝在中

"兄弟睦，孝在中"说的是，兄弟姐妹和睦相处，就是对父母的孝敬，因为这样父母就不会操心，就会很安心。兄弟可以延伸到同学，同样的道理，如果同学之间和睦相处，就是对老师最大的尊敬，因为这样老师会省心。

平等相待，才能兄弟和睦。对父母的孝心也包含其中。

兄弟姐妹之间和睦相处，父母就会宽心，自然很高兴，这就是在尽孝。试想一下，如果兄弟姐妹经常吵架，总让父母在中间为难，让父母操心，还算是孝子吗？前面已经讲了"亲所好，力为具"，父母希望子女之间和睦相处，子女就应该努力做好，让父母满意，这是孝子应该尽的本分。

《大学》中有一句话："宜兄宜弟，而后可以教国人。"就是说，兄弟之间和睦相处，就能教化全国的人和睦相处。可见，兄弟姐妹和睦相处，家庭就能和睦，社会也就和睦了。

兄弟姐妹和睦是结果，原因是什么呢？原因是平等相待，只有平等相待，才能赢得和睦。作为教师，应该认清平等的真实含义，如此才能给学生的父母讲清楚。其一是父母对子女要平等相待。如果父母偏心，喜欢这个孩子，不喜欢那个孩子，那么孩子的内心必然会不平，不平就会产生纠纷。所以，只要父母的言语行为让孩子们感受到公平，他们的内心就会平衡，自然就会和睦相处了，正所谓"心平气和"。其二是兄弟姐妹之间要学会平等相待，不要因为对方有某种缺点就看不上他，认为他不努力，或者不争气等，因为对方是能够感受得到的，自然会不舒服，"积怨"久了，势必会"爆发"。遇到类似情况，要想办法帮助对方改正，而不是对他指指点点，更不是所谓的"恨铁不成钢"。

当孩子和兄弟姐妹有摩擦的时候，可以用这句"兄弟睦，孝在中"提醒他，与兄弟姐妹和睦相处就是在尽孝。然后，要引导孩子从自身找原因，让他对照《弟子规》看自己是否做到了兄友弟恭。但凡一个有孝心的孩子，都会马上找到自身的原因，然后请求兄弟姐妹的原谅，与兄弟姐妹和解。

除了兄弟姐妹要和睦之外，人与人之间也要和睦。

这里所说的"人与人之间"范围是非常广的。比如，对于学生来说，首先就是要与同学和睦相处。不然，担心的不仅是父母，还有老师，这是对父母和老师的双重不敬。

我知道有一位初中班主任老师，十几年前就在自己的班级推行《弟子规》，学生们不仅诵读，还真正去力行。尽管如此，学生们依旧难免有摩擦的时候，但与不学《弟子规》的学生不一样，即使出现了小摩擦，学生们之间也会很快化解，马上和好如初。

有一次，班里的两位同学因为打篮球起了冲突，一言不合，打了起来。班主任老师知道后，并没有像一般的老师处理问题那样，各打五十大板，因为"一个巴掌拍不响"，而是回到班级，把批评变为讨论，把双方可能会出现的"互相指责"变为"各自自责"。

在同学们讨论之后，他们对照《弟子规》，找到了两句话，如果这两句话落实好了，这件事就不会发生了。第一个是"言语忍，忿自泯"，如果有一个能忍让的，这件事就化解了。第二个是"兄弟睦，孝在中"，这个结论让班主任老师非常感动，因为在某种程度上，他们把同学当作了兄弟，又把老师当作了父母。班主任老师的那份责任感、使命感油然而生。

从那以后，班级再没有发生一起实质性的打架事件。

而当学生走向社会，走向工作岗位，会与更多的成人相处，就如同我们现在从事教职一样。在这个时候，父母最担忧的可能就是我们的工作是否顺心、生活是否幸福和乐。所以，"睦"是非常重要的。在工作中，我们要跟同事睦，跟领导睦；在家庭中，要跟先生睦，跟妻子睦，如此才能带给双方的父母安慰，带给子女安全感与幸福感；还要跟兄弟姐妹和睦，如此才能让父母高兴。再扩展开来，其实我们跟周围所有的人都要睦。

再多说两句。夫妻不和睦，会给双方父母带来很大的担忧。而且，夫妻不和睦，会带给孩子最大的伤害，使他无法安心学习和生活。夫妻不和睦，对父母是不孝的表现，对子女是不负责任的表现。所以，既然选择了成家，就要把这个家经营好，夫妻两人就要和睦相处，懂得彼此包容、尊重，上孝父母，下教子女。这样，才会给孩子营造一种幸福和乐的家庭氛围。孩子在这样的家庭氛围中长大，身心会更健康。受父母彼此和睦、与人和睦的影响，孩子也就学会了与周围人和睦相处，无论是"兄弟睦"还是"同学睦"都是自然而然的事。

要重义轻利，"君子喻于义，小人喻于利"

人活一世，不能为了利益而没了道义。要想真的活明白，就应该重义轻利。《论语·里仁》讲道："子曰：'君子喻于义，小人喻于利。'"意思是君子看重的是道义，而小人看重的是利益。要教学生从小就做君子，而不做小人。对外人都如此了，那对家里的兄弟姐妹就更应该做到这些了。同理，对于同学、朋友，也应该做到这一点。如此，便无怨。

财物轻，怨何生

这句"财物轻，怨何生"说的是，如果把财物看得很轻，人与人之间还怎么会产生怨恨呢？怎么还会争财夺利呢？

与钱财比起来，兄弟姐妹的情义更重要。

看"财物轻，怨何生"，这个"怨"从哪里来？从"财物"上来，如果把钱财和物品看得太重，就会你争我抢，自然就会产生怨。相反，如果都把钱财和物品看得轻一些，都不争不抢，哪里会产生怨呢？

今天很多兄弟姐妹在父母百年之后，不是想着和睦相处，让父母在九泉之下安心，而是想尽方法争夺家产，甚至为了家产而大打出手，还上法庭，打官司，最终反目成仇，真是可悲可叹啊！

《朱子治家格言》中讲道："居家戒争讼，讼则终凶。"也就是说，一家人切忌打官司，只要打官司，最终的结果就一定是不吉祥的，会败家，甚至是家破人亡。想想看，当兄弟姐妹争夺家产时，他们就忘记了对父母的孝，也忘记了对兄弟姐妹的悌。这是典型的重财轻义。作为教师，一定要给学生传递这样一种思想：兄弟姐妹之间的情义重于利益，或者说，情义才是最大的利益，千万不能因为争夺小利——财物而伤害了兄弟姐妹之间的大利——情义。

《礼记·曲礼》说："临财毋苟得，临难毋苟免。很毋求胜，分毋求多。"意思是说，在财物面前，不能不顾道义地接受；在灾难面前，不能没有道义地逃避。对待性格固执的人，不要追求去压倒他；分财物时，不要追求比别人拿得多。这样的道理跟"财物轻，怨何生"不谋而合，对我们和学生都有很大的启示。

人离不开钱财，那正确的金钱观应该是怎样的呢？

钱财本是身外之物，生不带来，死不带去。如果一个人把一生的奋斗目标定位在钱财上，那么他一生将会为钱财而奔忙，为钱财的获取或失去而或喜或悲，如此就变成了钱财的奴隶，会活得很累、很辛苦。相反，如果把钱财看得很轻，具有驾驭钱财的能力，就会避免因为想方设法过度地追逐钱财而产生怨恨，就会获得快乐。

古人常把"财"比喻成水，因为水是流动的，而且流动的水能保持清澈、畅通，所谓"流水不腐，户枢不蠹"。如果把"财"占为己有，就会变成一潭死水，将来就会发臭。那么，把"财"占为己有又有什么意义呢？甚至还会因为占有大量财富而招人恨，或者是被"贼惦记着"，又何苦呢？

《大学》中讲道："德者本也，财者末也，外本内末，争民施夺，是故财聚则民散，财散则民聚。"意思是，道德是最重要的，财利不是最重要的。如果轻视道德而重视财利，向老百姓夺取财，那么当物质财富积累起来的时候，百姓也就离去了；而把财富分给百姓，就会使百姓团结，得到百姓的拥护。可见，当我们把钱财紧紧攥在自己的手里时，就会失去他人的支持；当我们把钱财捐给有需要的人时，我们就能凝聚力量，获得支持，因为我们赢得了人心。有人曾说："一个人最大的耻辱就是在巨富中死去。"所以，钱财要用到当处，花在该花的地方，千万别死攥在手里。

今天的学生并不需要理财课，而需要财商课。所以，教师要把正确的金钱观传递给学生：金钱不是人们唯一的追求目标，金钱不是万能的，生活在富裕的家庭中要懂得知足，要把多余的钱用到有意义的地方，帮助社会上的人渡过难关。比如，可以参加一些慈善活动，给灾区捐款捐物，给贫困山区的孩子捐书本，等等。这样，学生的正确金钱观就形成了，自然就不会把钱财占为己有。因为他已经把钱财看得很轻了，那么"怨"自然就无从生起。当然，如果生活比较贫困，就更要体谅父母的辛劳与不易，而不要嫌弃他们没本事。还要立定志向，努力学习，长大后能够为社会、国家多作贡献，如此，自然也会得到丰厚的物质回报，从而有能力让父母拥有幸福的生活。

学生懂得了这些，他又会计较什么呢？不但当下不计较，在未来更不会计较。而且，他对于自己的兄弟姐妹，还会"让"，让的不仅是钱财，更是一份对兄弟姐妹的恩义、情义和道义，还让出了对父母的孝道。

扩展推广开来，还要引导学生学会与人分享。

这里所说的"财物"包括金钱和物品。对于如今的很多独生子女来说，家里好吃的、好玩的都是他一个人的，长期生活在这样的环境中，就会慢慢习惯于独占一切，独享意识和自私心理就会不断滋生。所以，我们更要教他学会与人分享物品。《孟子》中说："独乐乐，与人乐乐，孰乐？曰：'不若与人。'"意思是说，一个人欣赏音乐所获得的快乐，不如和大家一起欣赏音乐快乐。换作今天的话来说，就是告诉人们要懂得分享。

要纠正学生的一种观念：与人分享就意味着失去。可以这样跟学生说：分享并不是一种失去，而是一种获得。如果你不愿意与人分享，你的快乐就没有人与你分享，你的忧愁就没有人与你分担，他人也不会主动与你分享。如果你愿意主动与人分享，你就会吸引很多的亲朋好友，受到他们的欢迎和喜爱，他们也愿意与你分享。比如，与兄弟姐妹、同学、朋友相处时，要把自己的玩具、食物、学习用品等分享给大家。当你这样做时，就能体会到分享所带来的那份快乐。

这样慢慢地，学生就能理解分享的意义，从而让自己成为一个乐于分享的人。

人最高的理想境界是提升德行，而非追求物质享受。

古人非常重视家庭教育，因为古人有家道，有家风，家业的传承是一代接着一代的。历史上有很多传承千年的家道，如前面提到的，孔子的家族绵延2500多年而不衰，范仲淹的家族绵延1000年而不衰，这足以成为后人称赞的典范。还从没有看到过物质富有而没有德行的人可以让家族绵延几百年甚至几千年而不衰，可以成为后人称赞的典范。

孔子的家族、范仲淹的家族之所以能经久不衰，是因为他们重视德行教育，教导后代子孙做有德行的人，而不是让后代子孙去追求物质的享受，追求财产的富足。

所以，师者也应该有这样的情怀，就是努力让更多的学生变得有德行，让他们懂得，一个人最高的理想境界就是提升自己的德行，而不是追求那些所谓的物质享受。读书志在圣贤，而非仅志在赚钱。要告诉他们的父母，在家也要重视对孩子的德行教育，把孝悌的家风一代代传承下去。

说话是一门艺术，做到言语柔和避免起争端

语言是交流的工具，语言都具有能量。善的语言有正能量，恶的语言有负能量。所以，要说善的语言，说好话；不说恶的语言，不说坏话。其实，说话也是一门艺术。如果能做到言语柔和、包容忍让，可能就会避免很多争端，不必要的冲突、怨恨就会消失得无影无踪。学生不仅在家里应该做到这一点，在学校、在社会上更应该做到这一点。

言语忍，忿自泯

在"言语忍，忿自泯"中，"忿"即生气、愤怒，"泯"即消失，整句意思是说，彼此在言语上包容忍让，生气、愤怒自然就会消失了。

说话是一门艺术，是一门相当高的学问。

人与人最简便的交流方式是言语，人与人之间的沟通离不开言语，而言语也是最简便、使用频率最高的沟通方式之一。前面提到，孔门四科包括德行、言语、政事、文学，言语仅次于德行。足见言语的重要性。

我们都有这样的体会：同样要表达一个意思，甚至同样一句话，不同的人说出来的感觉是不一样的。因为每个人的态度、语气、语调不一样。

《弟子规》前面讲的"怡吾色，柔吾声"，就是在告诫人们：说话的态度要诚恳，语调要柔和，并且要和颜悦色。如果学生与他人交流能做到"怡吾色，柔吾声"，相信对方一定会感觉非常舒服，又怎么会发生不必要的矛盾和冲突呢？

忍一时风平浪静，退一步海阔天空。

"言语忍，忿自泯"，用一句俗语来说，就是忍一时风平浪静，退一步海阔天空。

说到家庭中兄弟姐妹之间的纷争，很多时候都来自一些琐碎的小事，结果争到最后彼此变成了陌生人，甚至是仇人。相信谁也不愿意走到这一步，但是事情摆在面前的时候，心中的怒火就是控制不了。而如果其中有一个人有"言语忍，忿自泯"这句教诲来"打底"的话，相信状况就会缓和许多。

所以，我们做教师的，不但要告诫学生和他们的父母，还要告诫自己：与其希望对方说好话，不如让自己改变，说好话，说柔和的话，不能因为是自己的兄弟姐妹就大声呵斥他们。再扩展开来，不能因为他们是自己的同学、朋友、同事就很随便地说话，口不择言，口无遮拦，这样会产生矛盾，使小问题变成大问题，正如《论语·灵公》中讲到的，"子曰：巧言乱德，小不忍则乱大谋"，花言巧语能败坏德行，小事不能忍耐就会败坏大事。所以，言语不可不慎。无论遇到什么事，都要多说好话，不说坏话，忍住气话，即使对方做得很过分，言语非常激烈，也要忍一忍，往后退一步，这样彼此的怨恨就不会产生了。

怎样教导学生做到"言语忍"呢？

试想一下，如果一个人说话非常柔和、态度很诚恳，对方还好意思冲他发火吗？可能不会了，他不好意思发泄自己的怒气。我想，这就是我们要教学生做到"言语忍"的原因之一吧！那么，应该怎样教呢？

首先，我们自己要做到"言语忍"。在学校与同事交流时，做到态度恭敬、言语柔和、不急不躁；与学生交流时，也不要拉着脸，端着一副师者的架子，而应该和颜悦色、轻声细语，让学生感觉跟老师交流如沐春风，对老师感佩不已。在家与爱人、孩子也是如此，不发生口角，避免争吵，以免伤害对方的心。不然，夫妻间的争吵、不容忍可能就会被没有是非判断能力的孩子看在眼里、记在心中，一方面他可能会模仿，另一方面可能还会身心受到伤害。

所以，无论是作为教师，还是作为父母，都要注意自己的行为举止和讲话的态度、语气等。尽量不要在学生、孩子面前与人起争执。

即使真的发生了令人无法忍受的事情，也要克制自己，先忍一忍，然后在私底下解决。这样一来，在校的学生就是心安的、快乐的；而在家的孩子也会觉得自己生活在一个和睦的家庭环境中，就会学着父母的样子与他人和睦相处，自然就不会和他人起争执。

其次，在学习、生活的点滴中，都要引导学生做到"言语忍"。提醒他们在与兄弟姐妹、同学、朋友交流时，不说不礼貌的话、埋怨的话、生气的话，要多说好听的话、鼓励的话、忍让的话。如果他人的话语伤害到了学生、孩子，我们则要劝导他，不要指责他人，不要以恶言恶语回击，而是先忍一忍，反省一下自己，看自己是不是哪里做得不好、说了不好听的话，才引起他人说出伤人的话。等对方的情绪平稳后，找机会交谈一下，请对方原谅。

有句话说："掌控情绪，才能掌控未来。"非常有道理。我们也应该把这句话教给学生，让他学会控制自己的情绪，从而掌控自己的人生与未来。

饮食坐立行走，遵循"长幼有序"的原则

教师要做的一件重要的事就是在学生心中种下"长幼有序"的种子，培养他具有"长幼有序"的意识。《弟子规》里教导学生要有礼，无论是饮食，还是坐立行走，都需要遵循"长幼有序"的原则。不过，在执行原则的时候，不同的事情，处理的方式也是不同的。所以，还要教学生懂得变通，而不是食古不化，一成不变。

或饮食，或坐走；长者先，幼者后

这句"或饮食，或坐走；长者先，幼者后"的字面意思非常简单，几乎可以不用解释。但是要想落实好，还是需要下一番功夫的。

为什么一定要遵循"长幼有序"的原则呢？

《大学》中讲道："物有本末，事有终始。知所先后，则近道矣。"一个人必须懂得什么是本，什么是末，什么在先，什么在后，这种有条不紊的秩序就近于"道"。事实上，"道"就是超越时空的大自然运行的法则。我们都要按照这个法则做事，才不会有偏差。

天地万物的运行都是有一定的次序、规律的，比如，木星要走木星的轨道，它不会走到火星的轨道上去。如果打乱这个次序、规律，就会导致混乱。同样的道理，如果在今天这个社会没有遵循"长幼有序"这个"道"，那么长幼次序就会变得混乱，教师将不是教师，学生将不是学生；父母将不是父母，孩子将不是孩子。不要有了儿子，自己就成了儿子；不要有了孙子，自己就成了孙子。不然，就是一件可悲、可叹而又无奈的事！

所以，我们要教育学生，教育自己的孩子，在日常学习和生活中

一定要遵循"长幼有序"这一礼节,不要做违背"自然法则"的事。

让"长者先,幼者后"帮学生养成谦恭的人生态度。

我们做教师的都知道,现在很多父母都有这样的观念:孩子还小,所以优先照顾他,处处以他为中心。孩子与爷爷奶奶、爸爸妈妈一起吃饭时,父母一般都会把第一口菜夹给孩子,而爷爷奶奶也不甘示弱,争着给孙辈们夹菜。这个夹菜的先后次序将在某种程度上决定教育的成败,因为把第一口菜夹给孩子时,先后次序就颠倒了。

一旦颠倒了先后次序,就不符合礼仪,不符合教育的规律了。因为孩子会认为:在家里他就是最大的,他可以为所欲为,所有的人都要为他服务。这样,就给孩子种下了傲慢、无礼、以自我为中心的种子。如果父母、老人一直这样溺爱孩子,孩子就会很傲慢、没有礼貌、不能礼让他人,自然也不会拥有良好的人际关系。

这也是今天的学生在学校这么难以管教的一个重要原因。既然如此,就需要教师下点功夫了。我们一定要引导学生落实这句"或饮食,或坐走;长者先,幼者后"的教诲,告诉学生,不论是饮食,还是坐立行走,一定要遵循"长幼有序"的原则,让年长者优先,年幼者在后。这虽然仅是一个细节,但它却决定了学生是否拥有谦虚、恭敬的人生态度。

怎样教学生落实"或饮食,或坐走;长者先,幼者后"?

可以利用各种机会告诉学生,当他买了好吃的东西时,首先要想到自己的父母,可以亲手拿给父母吃。如果跟爷爷奶奶、外公外婆住在一起,应该先拿给他们吃。这样一来,在吃东西的时候,他就会先想到长辈,会请长辈先吃,然后再自己吃。吃饭时,要把好吃的饭菜端到靠近长辈的地方,要先请长辈入座,把第一口菜夹给长辈,这样,他就不会迫不及待地吃自己喜欢的食物。

另外,也要让学生知道,主位是正对着门的位置,无论是在什么场合,都要把主位让给年高、德高、位高的人坐。因为当他们坐在主位时,就可以掌握整个场合的状况,以便招呼所有的人。作为晚辈,只能坐在"下位"。如果学生实在学不会具体的细节,就让其把握两点:第一,无论什么时候,都不要先坐下,而是等长辈坐下后再坐;第二,一般坐在离主位较远的地方，至于具体的座位，听从长辈安排就是了。

我们经常会看到这样的场景：学生蹦蹦跳跳地走在前面，爷爷奶奶等长辈帮孙辈们背着书包，缓慢地跟在后面。这样的行为是颠倒的，一定要纠正。告诉学生，当他与爷爷奶奶一起外出时，要把爷爷奶奶照顾好，可以走在他们的旁边，如果需要搀扶，就应该搀扶着他们缓步而行，不可以自己走得很快，把爷爷奶奶甩在后面。

还有，教学生在乘坐公交车或地铁时，要主动往里走，以免堵在门口妨碍了后面的乘客上车。在乘车的过程中，遇到老年人、孕妇、带小孩的人，要主动让座。

学生在落实这些行为的过程中，谦虚、恭敬的人生态度就会越来越扎实。这样，在他将来走上社会之后，也一定会彬彬有礼，具备谦谦君子的风范，懂得尊重身边的每一个人。如此，他的人生、事业就会越来越顺利。这是父母乐见的，也是师者盼望的。

凡事要懂得变通，而不是死板地执行所谓的"规矩"。

对孩子来说，在家长者是父母，是爷爷奶奶、外公外婆；对学生来说，在学校长者就是校长、教师。他们都应该遵循"长者先，幼者后"的原则。但是，并不是所有的时候都死板地按这几个字去做，有时候是需要变通的。这一点，需要教师给学生讲明白，或引导他们去思考这个问题。

有位老师经常去各地讲学，有时候接待她的人会非常恭敬地说："您先请。"但是，面对一个陌生的环境，她根本不知道前面是什么情况，应该往哪边走，尤其是人家让她先出电梯，出来后又跟在她的后面，她就更不知道该往哪边走了。

可见，面对不同的情况应该懂得变通，长者不一定在任何场合都要最先，有时候也需要引导。比如，进门的时候，晚辈就需要先长辈一步把门打开，然后请长辈进来，如果这时候还死板地遵循"长者先"，就变成了长辈为晚辈开门，显然就不妥了。

所以，我们要教给学生具体的方法，比如，当与长辈一起进出房门、车门、电梯门时，要先上前几步，帮着开门、打开车门、按电梯按钮，请长辈进入或走出；如果长辈是第一次来到一个地方，就需要走在长辈前面，给长辈带路；如果前面的路不好走或非常黑暗，就要先长辈一步，探一下路，在确定安全的情况下再请长辈走。

而对于年龄较小的学生，让他走在长者的后面可能会有危险，那就让他走在长者的旁边；让他按着电梯的按钮请长辈先走可能会有危险，那就让他先进电梯。

无论遇到什么事情，都要根据具体情况，看看是否先礼让长辈。举例来说，如果是在一些比较随意的场合，比如去商场购物、逛庙会、赶大集等，则没有必要拘泥于"长者先，幼者后"，但要保证安全。

总之，学习《弟子规》绝对不能学呆了，要视情况的不同而灵活应对。

教学生懂得体察长辈的需要，
做力所能及的事

我们不仅要教学生在日常学习、生活中懂得"长幼有序"的礼节，不做任何越礼的事，还要引导他们为长辈做一些力所能及的事，要长存尊敬长辈、服务长辈的心，当长辈需要帮忙的时候，要尽全力去做，让长辈满意。如此，学生才会真正拥有谦虚、恭敬的人生态度，具备尊老爱幼的传统美德，还会扩展到对待其他人上面。

长呼人，即代叫；人不在，己即到

"长呼人，即代叫；人不在，己即到"，说的是，长辈呼唤别人，晚辈应该立即替他去叫。如果被叫的人不在，晚辈就应该上前听从吩咐。

当长辈呼唤其他人时，晚辈一定要代为传唤。

晚辈在长辈面前，应该表现出对长辈的敬重，积极主动地为他们服务，代替他们去做一些眼前的、力所能及的事。

比如，当长辈有事呼唤人的时候，晚辈应该立刻代为传唤，如果被叫人不在的话，要赶快向长辈报告，说此人现在不在，可以主动询问一下，看看有没有什么需要代劳的地方，能代劳就代劳，不能代劳就代为转告。这一连串的行动，体现了晚辈尊敬长辈、服务长辈的一种态度。

在古代，一户家宅很大，有前厅还有后院，长辈所居住的房间可能与孩子居住的地方相距较远。如果长辈想要找人，可能要走一段路才能找到那个人。所以，在那时候，如果有人听到长辈的呼唤，一定会立刻代长辈来传达，把被叫人找来。如果被叫人当时不在，就会马上回报长辈，看看有什么吩咐。也就是说，凡是长辈交代晚辈去做的都要立即去做，而且要把做后的结果汇报给长辈。

然而，现实状况却令人担忧。在"父母呼，应勿缓"中已讲过，父母呼唤孩子，孩子不马上答应，甚至会回应"干吗"。这样的孩子，怎么会代父母去呼唤其他人呢？孩子叫不动，是结果，原因是什么呢？是没有及早给孩子扎下"父母呼，应勿缓""长呼人，即代叫"的根基。所以，要尽早、及时训练孩子养成随叫随到、随传随到的好习惯。

作为教师，我们要告诉学生，无论是在家庭、学校，还是任何一个集体中，当长辈呼唤某人时，都要立刻替长辈去传唤，如果被叫人不在，或者暂时不方便回应，则要马上走到长辈面前说明情况，可以这样说："某某（恰当的称呼）现在不在（或者是他现在不方便来到您身边），请问有什么事情？我可以帮忙做吗？"能帮忙做的就要尽力去做，不能做的就要等被叫人回来或方便时，提醒他去找长辈。

有时候，学生可能会接到长辈的电话，怎么有礼貌地接，也需要教。比如，可以这样教他：接到电话后，要说"您好，我是某某，请问您是……您要找哪位"。如果对方说找爸爸，当爸爸在身边时，要说"请稍等"，然后去找爸爸接听电话；当爸爸不在时，要说"我爸爸现在不在，有什么需要转告的吗"。如果对方有什么事要代为转告，就需要记下来，等到爸爸回来后，再转告给爸爸；如果对方希望等到爸爸回来再说，就需要记下对方的电话，等爸爸回来后，提醒爸爸给对方回电话。

当学生养成了这种尊敬长辈、服务长辈的习惯后，无论走到哪里，都能尊敬他人，乐于为他人服务，自然能得到他人的欢迎和喜爱。

除此之外，还应教学生学会主动体察长辈的需要。

教学生在落实这句教诲的过程中，除了等待长辈的呼唤之外，还要多一份关怀，主动体察长辈的需要，进而替他们解决。

比如在平日里，可以时常询问一下长辈的需求，看看有没有需要做的事；还要经常察言观色，如果长辈显得郁郁寡欢，或者没精神，就要主动去询问一下，看看长辈是不是哪里不舒服，或者有什么心事。然后，再根据长辈的具体情况，及时给予帮助。

当然，教师可以把这些关照长辈的细节教给学生，让他懂得如何去做。这样，如果长辈身体不舒服时，不用跟学生说，他也会主动询问长辈哪里不舒服，并尽心尽力地照顾长辈。当学生能做到时时关怀长辈、时时体察长辈的需要时，"长呼人，即代叫；人不在，己即到"就得到了落实，也得到了拓展。

　　这是在家里。学生在家能做到这些之后，在学校里他自然会体察老师的需要，也会帮老师做一些力所能及的事。在家校之外，他也会主动帮助有需要的人。

引导学生对师长有礼敬之心，
不呼其名，不炫己能

礼是发于人性之自然、合于人生之需的行为规范。很多经典都讲到了礼对一个人的重要性，如孔子在《论语·季氏》中说："不学礼，无以立。"这六个字虽然简单，但是意义深刻。一个人如果不学礼仪、礼节，在社会上就难以有立身之地。这正是告诫人们，要懂礼、学礼、行礼，做一个有礼的人。对于没有太多处世经验的学生而言，我们要教给他如何与长辈有礼有节地相处，对长辈要有礼敬之心，比如不直呼其名，不炫耀己能，等等。

称尊长，勿呼名

在"称尊长，勿呼名"中，"称"即称呼，"勿"即不可以，这句话的意思是，称呼长辈的时候，不可以直呼其名。

让学生对他人多一分礼敬，真的对他有益吗？

从称呼长辈这样一个细节中，就可以看出一个人是否尊敬长辈。有的人可能会疑惑：学生对他人多一分礼敬，会不会有失尊严？会不会受人欺负？

其实不然，对他人多一分尊重，多一分礼敬，可以增加他的恭敬心，对他有无限的益处。因为当他懂得礼敬他人时，别人同样也会礼敬他，正如《孟子》中讲的："爱人者，人恒爱之；敬人者，人恒敬之。"而且，如果他处处与人为善，就不会有人与他作对。那么，他就多了一个帮手，少了一个对手，就可以借助周围人的力量成就自己的学业和事业。

怎样引导学生在生活中落实"称尊长，勿呼名"？

想想我们自己，在平日里是怎样称呼周围人的呢？比如，对同事是直呼其名，还是称呼一声"张老师""陈老师"？

我知道，有很多夫妻在称呼对方的时候都是连名带姓，这样称呼久了，家庭气氛就会变得冷淡。而且，孩子也会跟着学习，他可能也会在背地里偷偷地叫爸爸妈妈的名字。有的夫妻在称呼对方的父母时，都是"你爸""你妈"，这也是不尊重长辈的一种表现，应该称呼"咱爸""咱妈"。

在与周围人相处的时候，如果有孩子、学生在旁边，我们更要注意自己的言行举止是否合礼。如果对他人的称谓很重视礼节，孩子、学生就会跟着我们学习，重视对他人的称谓，从而懂得尊重他人。

要让学生知道，他应按照自己的年龄和辈分来称呼长辈。对于年龄较小的学生，一开始，可能要引导他，比如，见到了叔叔阿姨，就要叫"叔叔好""阿姨好"或"刘叔叔好""孙阿姨好"。慢慢地，他就知道如何去说了，即使不知道应该如何称呼，他也会主动询问："您好，请问我应该怎么称呼您？"在称呼老师方面，也要引导他自如应对。比如，一定要称"张老师""王老师"等，即使知道老师的名字也不能直呼其名。如果两位老师同姓，也不应该直呼他们的名字以示区别，而是以其他方式区分，比如"教数学的李老师""教英语的李老师"或简称"数学老师""英语老师"。

学生对父母的名字，又该如何称呼呢？

曾经看到一个报道：一个六七岁的女孩与父母走失，因为不知道父母的名字和电话，令找寻工作一度搁浅。

从这个报道中，我们得到两点启示：第一，学生一定要知道自己父母的名字，还应该熟记他们的手机号码，以备不时之需；第二，还要提醒学生，不能随便直呼父母的名字，否则就是不尊重父母的表现，但在必要的时候或是特殊情况下，可以直呼父母的名字。还是那句话，学习不能刻板，要学会变通，但在此之前应该先学"老实"。

对尊长，勿见能

这句"对尊长，勿见能"说的是，在尊长面前，不要炫耀自己的知识和才能，否则可能就会显得幼稚而轻狂，不得体。

"见能"会助长傲气。要知道，"满招损，谦受益"。

《尚书》里讲道："满招损，谦受益。"大意是说，傲慢会给人招来损失，谦虚会使人得到益处。可见，谦虚对一个人的一生是至关重要的。

然而，我们经常会看到这样的场景：孩子得意地站在长辈的面前，将最近学习的"手艺""拿手绝活儿"一一展示。表演得好，当然会得到满堂喝彩，而父母或其长辈也就"风光无限"。这件事到底好还是不好呢？

有这样一个真实的故事：

> 一位奶奶让孙女在长辈们面前表演背英语单词。奶奶问她："苹果怎么讲？""桌子怎么讲？""雨伞怎么讲？"孙女都对答如流。周围的长辈都鼓掌，说小女孩"厉害"。小女孩当然很是得意。
>
> 最后，小女孩反问了奶奶一句："书本用英语怎么讲？"这给奶奶一个措手不及，奶奶说："我哪知道啊！"小女孩当即就说："你怎么那么笨啊！"

为什么会这样呢？是因为经常让孩子在长辈面前炫耀他的才能，助长了他的傲慢心。当他拥有的才能越来越多时，他就会越认为自己什么都懂、都会，而长辈什么都不懂、都不会，从而越瞧不起长辈。而且，当他非常傲慢时，就会认为自己很聪明、很厉害，可能就不愿意付出努力来提升自己了。一旦产生傲慢心理，就会阻碍孩子健全人格的形成和道德学问的提升。所以，教师要慎重对待学生"见能"这件事，也要教他们的父母特别注意这一点。

不鼓励学生炫耀才能，而是要引导他学会立志。

古语说："小时了了，大未必佳。"意思是，小的时候很聪明，长大了未必很有才华。北宋王安石笔下的方仲永，天生才华出众，但因为被父亲当作造钱的工具到处"表演"自己的才能，再加上他自己后天不努力学习，最终沦落成了一个普通人。

从中应该体会到两点：第一，不要让学生随意炫耀自己的才能，这会助长他的傲慢心，不利于他学问的提升，而且，当他习惯了鲜花、赞美和掌声后，可能就难以接受失败和挫折，不利于他的成长；第二，要注重后天的教育和培养，引导学生立志，让他注重后天的努力，如果仅靠先天的聪明而不重视后天的付出，往往会一事无成。

作为教师，还应该告诉学生，长辈拥有很多人生智慧和经验。所以，在长辈面前，不要炫耀卖弄，也不要夸夸其谈，更不能表现出傲慢无礼的样子，而是要主动向长辈请教，虚心向长辈学习。还要引导学生根据自己的兴趣和爱好，立定人生志向，这样，他就会坚持不懈地朝着自己的志向努力奋斗，自然就不会出现"小时了了，大未必佳"的状况。

各种才艺大赛最好也是谨慎参与。

从某种意义上来说，刻意参加某些才艺大赛，也是一种"见能"，而且还是比较大范围的"见能"。对于学生来说，从小应该是"藏"或"积累"的，而不应该过多地"释放"或"外露"。这是一方面。另一方面，各种才艺大赛真真假假，难以辨别。有的才艺大赛虽然冠以"国际""全国"之类的名目，但是却在冠名、收费、评奖等方面非常混乱。一些学校、家庭花费了大笔资金，最终却发现某些"大赛"好似一场披着华美外衣的骗局。

对学生来说，多参加一些才艺比赛本是一件好事，因为他可以在比赛的过程中向别人学习，可以与他人交流各自的学习心得和体会，也可以通过比赛得到锻炼、增加信心。然而，现在很多才艺比赛的商业气息、功利性太重，给学生的成长带来了负面的影响。

因此，要谨慎对待各种形式的才艺比赛。第一，要详细了解才艺大赛的相关情况，不要盲目参加。凡是需要交一大笔钱的比赛，都不会单纯地为学生提供一个展示才艺的舞台，更多的是商业行为。第二，明确让学生参加才艺大赛，是为了锻炼他的能力，是为了让他享受比赛的过程，而不是为了让他拿那一张奖状或一个奖杯，所以要去除这个功利心。第三，一切要以有利于学生的成长为原则，要尊重他的自然发展规律，掌握好让他参加才艺大赛的"度"，不要进行"揠苗助长"式的魔鬼训练，或让他参加过多的比赛，否则很容易损害他的天性，也会带给他更大的压力，甚至让他成为所谓的"童星"，最终沦为"赚钱的工具"，那是在"消费"孩子，对孩子的成长弊大于利，如果真的是"小时了了，大未必佳"，就得不偿失了。在现实生活中，已经有过很多这样的例子了，所以务必慎重慎重再慎重。

著名翻译家傅雷给儿子傅聪的家信中有这样一句话："先为人，次为艺术家，再为音乐家，终为钢琴家。"在傅雷看来，做人与艺术是相通的，做人追求真善美，艺术也是如此。音乐是艺术中的一个门类，对音乐的理解需要艺术中其他门类的支撑。钢琴是艺术的一种载体，是音乐家表达情感和对艺术理解的一种形式。音乐脱离不了精神上的"美"，所以最终仍要回到"做人"上来。无论是教师还是父母，在学生、孩子接受艺术教育这件事上，要淡化功利心，不要为了将来成为音乐家、舞蹈家、画家等目的而让他学艺，而是让他做一个追求真善美的人，接受艺术的熏陶，提高对艺术的鉴赏和审美能力。

对待长辈的礼节有大学问，
教学生自如地应对

与长辈相处，确实需要一些礼节。这些礼节，可以表现出一个人对长辈是否有恭敬之心。如果学生能够用与长辈相处的这些礼仪细节来磨炼自己，就会滋养出自己的恭敬之心。一旦他拥有恭敬之心，自然就会流露在与长辈相处的行为举止中，正所谓"诚于中，形于外"。

路遇长，疾趋揖；长无言，退恭立

在"路遇长，疾趋揖"中，"疾"即迅速，"趋"即奔向、快步向前走，"揖"是作揖，在今天来讲，就是恭敬地问候。如果长辈没有什么话要说，自己就要退在一旁恭敬地站立，等长辈过去。

在路上遇到长辈时，应该主动上前问候。

"路遇长，疾趋揖"的意思是说，如果在路上遇到长辈，就应该赶快上前行礼问候。之所以用"疾趋"两个字，是因为这种快步走上前的动作表现了对长辈的恭敬。如果看到长辈后，走路还是慢吞吞的，就会让长辈觉得这个人傲慢无礼。

因此，我们要教导学生，在路上遇到师长，要快速走到面前去问候，比如"奶奶好""老师好""叔叔好"等。在行礼的过程中，一定要注意安全。这样，无论学生将来走到哪里，带着这样一颗恭敬有礼的心，他都会受到大家的欢迎和喜爱。

还要教导学生，在学校也应该这样，如果遇到了老师，尤其是正在教或曾经教过自己的老师，一定要先跟老师恭敬地打招呼，如果能再鞠一个躬自然最好。千万不要跟老师四目相对而没有要说话的意思，不要等着老师跟学生打招呼，也不要见到老师就绕道而行。

如果长辈没有说话，就要站立恭送长辈先过去。

《礼记·曲礼》记载："遭先生于道，趋而进，正立拱手。先生与之言则对，不与之言则趋而退。"意思是，在路上遇到长辈，要快步迎上去，在其面前立正作揖行礼。如果长辈跟你说话，那就及时回答；如果长辈没有什么话要说，那就快步退在一边恭立，等长辈离去。《童蒙须知》也有类似的说法："凡道路遇长者，必正立拱手。疾趋而揖。"这些跟《弟子规》上这句教诲的意思是一样的。

然而，现在很多孩子和长辈在一起时，长辈还没有准备离开，他就提前跑开了。这是很不礼貌的做法。所以，我们要纠正这样的错误做法，给予他正确合理的指导，以培养他的恭敬心。

另外，要引导学生学会察言观色，如果看到长辈脸色比较疲倦或心情比较沉闷，就不要多说话来影响长辈，而是要保持沉默，恭敬地站在一旁，等待长辈的吩咐，如果长辈没有什么事情吩咐，就要让长辈先过去，等长辈走远了，自己再离开。

这样的教诲，我们一定要及时教给学生，并教他灵活运用。

骑下马，乘下车；过犹待，百步余

"骑下马，乘下车；过犹待，百步余"，说的是如果是骑着马在路上见到长辈，就要下马；如果是乘着车（古代是马车），就要下车。等长辈过去了，还要在路边等一会儿，目送他远去后再离开。

类似这样的礼节会不会太烦琐呢？

在古代，只要在路上遇到长辈，不论是骑马还是乘车，都要下马或下车问候，而且要等长辈离去大约百步（注意，不是在那里严格准确地数上一百步，百步是概数，意思是等长辈远去，如拐到角落看不见了）之后，才能上马或上车离开。这是古代人的做法。今天有人也许会发出疑问："这样的礼节会不会太烦琐了呢？"

其实不会，因为礼节是用来规范人与人之间的行为的，只有遵循礼节，人与人之间才能和谐相处。如果觉得这个礼节太烦琐而把它废除，可能就会发生一些不愉快或产生一些误会。一个真正懂礼、学礼、用礼的人是不会认为它烦琐的，而是会用这些生活中的细节来培养自己的恭敬心。

今天，又该如何把其精髓运用到日常生活中呢？

过去，马和马车是非常普遍的交通工具，如今的交通工具已经变了，那"骑下马，乘下车；过犹待，百步余"的做法还有什么用呢？还学它干吗呢？其实，这是一个灵活变通的问题。形式是与时俱进的，但形式背后的实质、本质却是不变的。

所以，我们需要参照当今的现实状况，教导学生把这句经典所传递的精髓合理地运用到日常生活中。

这句"骑下马，乘下车"其实就是说，遇到长辈要主动问候。我们可以这样跟学生说：在路上行走或骑车时遇到长辈，在保证自身和长辈安全的情况下，要主动问候长辈；但如果是乘坐正在行驶中的汽车，即使见到了迎面而来的长辈，也不可以把头探出窗外问候长辈，否则就非常危险。

另外，也要教给学生送长辈的细节：如果把长辈送到电梯口，就要给长辈按按钮，让长辈安全进入电梯，等电梯门关闭之后再离开；如果把长辈送到楼下，就要等长辈走出我们的视线之后再离开；如果把长辈送到车站，就要等长辈上了车且车行驶了一段距离之后再离开。也就是说，一定不能离开得太早，否则是很没有礼貌的。

长者立，幼勿坐；长者坐，命乃坐

"长者立，幼勿坐；长者坐，命乃坐"，意思简单明了，长辈还站着呢，晚辈就不能坐下；长辈落座后，招呼晚辈坐，晚辈才可以坐。

时刻注意自己的言行举止是否符合礼节。

如今，很多学生和长辈在一起时，长辈还没有坐下，他们就已经"大大方方"地坐下来了，这样的行为显得很没有教养，而长辈可能嘴上不说，但心里也不舒服。所以，如果学生的父母没有教他这一课，教师就要把这一课补上，教学生与长辈相处的礼节。

告诉学生，在平日里要时刻注意自己的言行举止是否符合礼节，当长辈站着的时候，我们也应该陪长辈站着，长辈坐下后，吩咐我们坐下，我们再坐下。当然，我们见到长辈，也应该如此。这样，学生慢慢就会懂得有意识地规范自己，学着与长辈有礼相处。

引导学生灵活运用这句经典的教诲。

有的学生非常听话，学习了这句经典之后，就老老实实地按照经典去做。这是非常好的。先学会"老实"地去做，再学会"变通"地去做，这是对的。如果一开始还没有学会"老实"，就学如何"变通"，那这种"变通"也很可能是不合理的。

就"长者立，幼勿坐；长者坐，命乃坐"这句话来说，当长辈不想坐而让学生先坐下时，学生可能还是会恭敬地站在一旁。这时，我们首先要肯定学生的那份恭敬心，然后再教导他灵活处理，那就是应该听从长辈的吩咐，正所谓"恭敬不如从命"。

另外，学生还会遇到这样一种情况：长辈已经坐下了一段时间，还没有吩咐他坐下。我们要告诉学生：这时候，要看时机，如果是长辈没有意识到这一点，那就顺势坐下即可。当然，为慎重起见，还可以主动询问长辈："我可以坐下吗？"这样做是为了让长辈更轻松一些。因为如果一直站在长辈旁边，长辈就需要把头抬起来，甚至是仰起头来跟学生说话，这会让长辈觉得不舒服，甚至感到很累。而且，如果在没有犯错误的情况下，一直站着不坐，就有点学呆了。还是那句话，凡事都不是一成不变的，视情况而变。

尊长前，声要低；低不闻，却非宜

"尊长前，声要低；低不闻，却非宜"，说的是在长辈面前说话，声音应该放低一些，但是如果低到都听不见了，那也是不合适的。

当孩子在众人面前大吼大叫时，我们是如何做的呢？

作为学生，在父母、老师等长辈面前，声音体态都应该谦恭、自然、大方、庄重，切不可随意。如果注意到这一点，说话时声音自然就会放低。但是如果过于拘谨的话，也是不妥当的。正如《童蒙须知》里说的，"凡为人子弟，须是常低声下气，语言详缓，不可高言喧哄，浮言戏笑"。晚辈说话应该低声一点，温柔一点，慢一点，不能高声喧哗，也不能用轻浮的话语来开玩笑。

但现在很多学生无论是在家还是在学校，甚至是在其他公共场合，拿捏不准应该讲什么，不该讲什么，应该多大声，不该多大声。在公共场合，经常看到有一些学生大吼大叫，上蹦下跳，到处乱跑，等等。这不是"活泼"的表现，反而会让周围的人认为他们没礼貌、没教养、不懂规矩，是在捣乱，等等。

> 有一次，我乘坐电梯，同行的有几个家长和几个孩子。几个孩子先进入电梯，然后就争着按电梯的按钮，把每层的按钮都按了一个遍，紧接着就大吼大叫、哈哈大笑起来。这时候，一个家长非常淡然地说："现在的孩子都这样，只要聚在一起就闹腾。"
> 还有的孩子在出电梯前，把电梯所有楼层的按钮都按一遍，然后哈哈大笑着跑出电梯。而跟在旁边的父母也不说什么，似乎已经见怪不怪了。

请问，这样的教育方式对吗？当孩子听到父母这句"现在的孩子都这样"的时候，或者根本就听不到父母说什么的时候，他会怎么想？他可能会认为这样的行为很正常，下次还会这样大吼大叫，还会把电梯所有楼层的按钮都按一个遍。

正确的做法是，适时地制止孩子，纠正他的错误行为。一旦发现孩子说话很大声，就要马上提醒他：在公共场合，说话一定要小点声音。另外，争着按电梯按钮，第一，会给别人带来不便；第二，会减少电梯的使用寿命；第三，可能会给自己带来危险。所以，务必要纠正他，以后不可以再这么做。

学生说话时应该声音适中，表现大方得体。

在生活中，我们要注意训练学生与长辈说话的礼节。告诉他说话的声音要适中。如果声音太大，会让长辈觉得刺耳，也会影响到周围的人；如果声音太小，就会让长辈听起来费劲。如果说话的语速适中、声音适中、语句清晰，就会让长辈觉得比较舒服。

当然，在我们进入公共场合时，一定要注意自己说话的音量，如果身边跟着学生或自己的孩子，也要及时提醒他们注意音量，不能因为说话声音太大而影响到周围的人，破坏公共秩序。

此外，如有机会可就这件事教学生父母注意，请他们适时地带孩子参加一些聚会，在这个过程中，让孩子有机会学习如何与长辈说话。孩子见识多了，自信心增强了，在长辈面前也就显得落落大方了。

如果学生在外面能做到这一点，那么他上课回答老师的问题的时候，也能够声音适中、自信地回答，让老师、同学清晰地听到，从而更好地表达自己的观点。这样，他的学习效率会很高，学习会是愉悦的，也有助于学习成绩的提升。

进必趋，退必迟；问起对，视勿移

"进必趋，退必迟；问起对，视勿移"说的是，走到长辈面前时，步伐应该快一点；离开长辈时，步伐应该慢一点。如果长辈问话，要起身应答，眼神要专注，不可以游移不定，东瞧西看。

对待尊长，一定要遵守相关的礼数。

这一点，不仅是学生需要注意的，也是我们为人师者应该注意的。与长辈相处的时候，一定要注意自己的言行举止，处处留意长辈的感受。比如，见到长辈时，如果慢吞吞地走上前，长辈就会觉得我们很傲慢、没有礼貌；当我们准备离开时，如果一溜烟就跑开了，长辈可能会认为我们不愿意跟他在一起，恨不得马上离开；当长辈问我们事情的时候，如果我们回应时左顾右盼，长辈就会觉得我们心不在焉或者很不耐烦。

类似这些行为是很难带给长辈舒服、开心的感受的，所以也是不符合礼节的。学生跟长辈相处，也是一样的道理。所以，教师在自己做好这件事的同时，也要好好引导学生去恰当合理地做好这件事。

怎样引导学生落实"进必趋，退必迟；问起对，视勿移"？

要教学生明白：当他有事要到长辈面前时，要快步走上前，不能磨磨蹭蹭，以免让长辈等待的时间过长；当他要离开长辈的时候，行动要缓慢一些。当长辈走到你身边询问事情时，不能坐着回答，而是要站起来；不能害羞，而是要把头抬起来；眼神不能游移不定，而是要目视长辈。

对于这些进退应对的礼节，也可以在学校做相关的训练，比如，我们可以有意识地吩咐学生去做一些力所能及的事。在这个过程中，他就会慢慢养成"进必趋，退必迟"的好习惯。同样的道理，也可以有意识地对学生进行一些语言方面的指导，提醒他应该恭敬认真地听，这样一方面会让长辈感受到他懂礼，另一方面他自己也听得进长辈的话，并从中受益。

　　通过这些，学生与其他长辈相处时，自然就会进退有礼、应对有度了。

帮助学生开阔心胸，引导他做好孝悌 在家校外的延伸

孝悌是爱的教育。对于学生爱的教育，我们首先要让他学会爱身边的亲人，这属于小爱；然后让他学会爱周围的人，这属于大爱；最后让他学会爱世间的万物，这属于博爱。当他的爱得到升华时，他的心灵也就得到了净化，他就会发现更多美好的事物，生活也就更容易美满幸福。

事诸父，如事父；事诸兄，如事兄

"事诸父，如事父；事诸兄，如事兄"说的是，侍奉父亲一辈的人，要像侍奉父亲一样；侍奉哥哥一辈的人，要像侍奉哥哥一样。

引导学生开阔心胸，把恭敬心推广到对所有人上。

在古代，"诸父"是指伯伯、叔叔、舅舅、姑父、姨父这一辈的长辈，"诸兄"是指堂兄弟、堂姐妹、表兄弟、表姐妹等兄弟姐妹。用侍奉父母的那颗孝心来对待身边的其他长辈，就是在落实"事诸父，如事父"；用对待兄弟姐妹的那颗爱心来对待身边的其他兄弟姐妹，就是在落实"事诸兄，如事兄"。

事实上，"诸父""诸兄"除了指有亲缘关系的人之外，还可以推广到所有人身上。正如孟子讲的"老吾老以及人之老，幼吾幼以及人之幼"，人们应该用孝敬自己家里老人的那颗心来对待社会上的所有老人，用爱护自己孩子的那颗心来对待社会上的所有孩子。事实上，这就是孝悌在社会上的延伸。

孟子还说："亲亲而仁民，仁民而爱物。"亲爱亲人而仁爱百姓，

仁爱百姓而爱惜万物。这句话解释了爱的过程，使爱得到了升华。的确，一个人只有爱自己的亲朋好友，才有可能推己及人地爱所有人，才有可能爱惜万物。不然的话，爱就成了无源之水，是不可能维系下去的。《弟子规》专门有一篇讲"泛爱众"，在后面将详细分析这部分的内容。

《孝经》说："不爱其亲而爱他人者，谓之悖德；不敬其亲而敬他人者，谓之悖礼。"如果一个人不爱自己的父母而去爱他人，这是违背道德的；对父母都不敬而去敬别人，这是违背礼节的。的确如此，一个连自己的父母都不懂得爱敬的人，是没有资格和能力去爱敬其他人的，如果他还是去"爱敬"别人了，那一定是假的，是有其他目的的。

所以，我们还是应该按照"入则孝"讲的方法培养学生的孝心，然后再引导他把孝心、感恩心、恭敬心扩展到所有人身上，做好"孝悌"在社会上的延伸。当学生以这样的心胸去对待所有人的时候，他的心胸就宽广了，做事就"如有神助"，会非常顺心、愉快，这样他的人生会更容易获得快乐和幸福。当然，学业成绩也会稳步提升。

学生对所有人有恭敬心，自然会赢得好人缘。

《孝经》中还说："敬其父则子悦，敬其兄则弟悦，敬其君则臣悦，敬一人而千万人悦。"尊敬一个人的父亲，做孩子的一定会很喜悦；尊敬一个人的兄长，做弟弟的一定会很喜悦；尊敬一个人的领导，做下属的也一定会很喜悦；尊敬一个人，因此而喜悦的又何止千万人呢？可见，人际关系并没有我们想象的那么复杂，一个人只要以一颗恭敬心对待身边的人，自然就会赢得好的人缘，拥有好的缘分。

事实上，每一位长辈都经历了人生种种的大事小事，他们有很多的人生感悟和经验，所以我们要引导学生以一种谦恭的态度主动向长辈请教、学习，从而丰富他的人生。当学生对周围的人都有一颗恭敬之心时，如果他再遇到困难需要帮助，周围的人就都会乐于帮助他。那么，他的人生路就会越走越顺畅，越走越平坦。这不正是我们和学生父母所希望的吗？

总之，当学生用侍奉父母的那颗孝心、恭敬心来对待身边的其他长辈时，当他用对待兄弟姐妹的那颗友爱之心来对待身边的其他兄弟姐妹及同学朋友时，他的心胸就会非常开阔，做事就会非常顺心。当然，他也会获得来自身边人的提携和帮助，从而增长他的德行，提高他的学问。如此，他自然就能获得更多的福气。

学生力行《弟子规》细节指导（三）

兄道友 弟道恭 兄弟睦 孝在中
财物轻 怨何生 言语忍 忿自泯

如果我们是哥哥姐姐，在生活上，就要多关心弟弟妹妹的衣食冷暖；在学习上，弟弟妹妹若遇到困难，我们也要提供辅导。另外，如果弟弟妹妹遇到不顺心的事，我们要加以开导。

如果我们是弟弟妹妹，就一定要尊重哥哥姐姐，多听哥哥姐姐的劝导，绝不肆意顶撞他们，也不能蛮横无理地对待他们。

在学校，同学之间有长幼之分，关系就如同兄弟姐妹，学长学姐应该多关心学弟学妹，同理，学弟学妹也要尊重学长学姐，彼此团结友爱。

平时，父母会为我们提供衣服、食物、玩具、学习用具等，我们不要因想得到好的东西而与兄弟姐妹争抢，更不能因自己得到的东西不好而对兄弟姐妹产生恨意。

在和堂兄弟姐妹、表兄弟姐妹玩耍相处时，要懂得礼让，要乐于把自己的玩具和食物分享给大家。

要和邻居、小区的同龄孩子保持友好互动，不与伙伴为玩具和食物发生争抢和打斗。

在学校，当老师给我们分发书本、学习用具或劳动工具时，我们也不要因得到的物品不如其他同学的好就和同学抢夺。

如果兄弟姐妹、同学、朋友的话语伤害到我们，我们不要以恶语"回击"，而是先忍一忍，等到对方情绪稳定了，再找机会交谈。

即使与兄弟姐妹、同学、朋友发生不愉快，也不要指责对方，而是反省自己，先道个歉，握握手，又是好朋友。

平时，与兄弟姐妹、同学、朋友说话时，不能说无礼的话、生气的话、埋怨的话、责备的话，而要多说关心的话、鼓励的话、建议的话、忍让的话。

或饮食 或坐走 长者先 幼者后
长呼人 即代叫 人不在 己即到

所有比自己辈分高、德高、位高的人都是长辈，对待这些长辈，我们要心存恭敬，懂得礼让长辈，懂得服务长辈，为长辈做一些力所能及的事。

无论是在家中还是在外用餐，长辈尚没有入座时，我们不能先坐，而是要等到长辈入座后，我们再坐。

坐座位时，我们要把主位腾出来让给长辈。主位就是正对门的位置，长辈坐在这里可以掌握客人出入的情况，便于待客。

吃饭时，如果长辈没有动筷就餐，我们就不能先吃，不能因自己肚子饿或有喜欢吃的食物，就迫不及待地先吃起来。

与长辈一起外出时，我们要走在长辈左右，不能因贪玩而跑得很远，也不能出现长辈都走得很远了，我们还没有跟上的情况。

当与长辈一起进出房门、电梯门、车门时，我们可以先上前几步，帮着掀开门帘，或推开门，或摁住电梯按钮，或扶住车门，等长辈进入之后，我们再进。

在公交车或地铁上，我们上车后要主动往里走，以免堵在门口妨碍了后面的乘客上车。而且，我们要主动给行动不便的年长者让座，如老年人、孕妇、带小孩的阿姨或背沉重包袱的叔叔。

在家里，当父母叫其他家庭成员的名字，而被叫人又没有听见时，我们要赶快提醒被叫人，如"哥哥，妈妈在叫你"。如果被叫人不在家，或在接电话，或者不方便回应时，我们就要马上走到父母面前说明情况，例如："妈妈，某某不在，我能帮您做什么呢？"

在学校，如果老师叫某位同学，而这位同学又不在时，我们要主动问老师，看有没有需要代劳的地方。

称尊长 勿呼名 对尊长 勿见能
路遇长 疾趋揖 长无言 退恭立
骑下马 乘下车 过犹待 百步余

称呼长辈时，要称"爸爸妈妈""爷爷奶奶""外公外婆"等，交谈时要称呼"您"，而不是"你"，不可以直呼其名。

称呼老师时要注意礼貌，与同学谈起老师时，不可称呼老师的名字，更不能给老师起外号。

在长辈面前，不可肆意炫耀自己的才能，更不能表现出傲慢无礼的样子。比如，自己会拉小提琴，不能对长辈说："你真笨，居然不会拉小提琴。"在心里，也不能看不起父母等长辈，不能认为他们不行。

与长辈交谈时，即使话题是自己比较了解的，也不可以没完没了地夸夸其谈。

在路上行走时，如果遇到长辈，虽然不用作揖，但要鞠躬、点头，还要主动上前问好，比如说"老师好""叔叔好""奶奶好"等。

如果长辈没有什么要说的，我们就要站在旁边让开路，请长辈先过去，而不是长辈还没准备离开，我们就先跑开了。

根据现在社会的路况，如果我们坐在公交车或者私家车上，即使见到迎面而来的长辈，也无须开窗伸手或探头出去打招呼，否则会很危险。

如果我们把长辈送出家门，不可以等对方一出门就把门关上，要视情况送到电梯口，或楼下，或车站。如果送到电梯口，就要等对方进了电梯，电梯门关闭之后再离开；如果是送到楼下，就要等长辈走出我们的视线后再离开；如果是送到车站，就要等长辈上了车，车驶出一段距离后再离开。

长者立 幼勿坐 长者坐 命乃坐
尊长前 声要低 低不闻 却非宜
进必趋 退必迟 问起对 视勿移

　　当我们和父母等长辈回到家时，不能一进门就坐在鞋凳上换鞋，而是要让长辈先坐下来换好鞋，我们再使用鞋凳；出门换鞋时，也应该如此。

　　如果我们和长辈同时在一个房间，长辈还没有入座，我们就不能先坐。只有等长辈坐定后并指示我们坐，我们才可以坐。

　　在学校，进到老师的办公室时，除老师让我们坐下之外，我们必须站着听命。

　　在父母、老师等长辈面前，我们不要高声畅谈、大呼小叫，说话的声音要低一些，但是音量不能低到对方都听不见。

　　当着长辈的面，我们不能用长辈听不懂的方言与他人交谈，更不能与邻座的人低声耳语，这都是不礼貌的表现。

　　我们进入任何公共场所，比如公交车、医院、剧院、商场等，一定要注意说话的音量，不能因我们的声音过高而影响了他人。

　　如果我们要给长辈汇报事务，进屋或进办公室后，就要快步走到长辈面前，不能磨磨蹭蹭，以免让长辈久等。

　　我们汇报结束后，确定长辈没有要交代的了，才可以转身离开，但是行动要慢。

　　如果父母、老师等长辈走过来，站在我们身边询问事情时，我们不能坐着回答，要起立回答。

　　在教室里，我们回答老师的任何问题时，都要起立。

　　我们在与长辈交谈时，眼睛要注视着长辈，以表示我们的专注，不能东看看、西瞧瞧，更不能边做其他事，边回答长辈的问题。

事诸父 如事父 事诸兄 如事兄

如果我们去书店、图书馆、游乐场等场所，需要咨询相关工作人员时，要主动称呼对方为"叔叔阿姨"或"爷爷奶奶"，不可以不称呼就直接问话。

当对方为我们解答了疑问后，我们要表示感谢，说"谢谢叔叔阿姨""爷爷奶奶"。

在路上，如果看到需要帮助的人，我们应当视自己的能力伸出援手。试问，若父母和兄弟姐妹遇到类似的困难，我们会怎么做？

如果我们因做错了事而被陌生的长辈训导时，不能因为他们不是我们的亲人和老师，就不听他们的教导，反倒应该如同父母在耳边训导一样，恭敬地聆听。

我们若因故住在叔伯阿姨家一段时间，就要听从叔伯阿姨的各种安排，主动帮忙分担家务，常存感恩之心。

在马路上或在学校里，见到年幼的弟弟妹妹被欺负，不可坐视不管，要上前制止。如果没有能力上前阻止，就要拨打110报警电话或尽快告诉老师。试问，如果是亲生弟弟妹妹被如此对待，我们会怎么做？

无论是落实"出则弟"中的哪一条，我们都要懂得变通，要根据实际状况灵活地应对，把"出则弟"所表达出来的精髓运用到生活中，做一个真正有礼的人。

第四章

谨——师生何时何地都应谨言慎行，自重自爱

孝悌是德行的根基，而孝悌的落实离不开一个"谨"字，例如前面提到的"亲有疾，药先尝""亲所恶，谨为去""尊长前，声要低"等，在某种程度上都说明了谨言慎行的重要性。除此之外，养成良好的生活习惯和严谨的处世态度也非常重要，因为习惯和态度可以决定人生的成败。

事实上，一个人无论身处何地，无论接触何人、何事、何物，只要有一个谨慎的态度，那么不但能保障自己的生命安全，还能保护自己的身心健康。所以，教师自身随时随地都应谨言慎行，自重自爱，同时也要把这样的修为教给学生，让他们意识到谨的重要性，从而做一个谨身律己、自重自爱的人。当然，这更是一种高修养、高素质的体现。

教学生珍惜时间，培养良好的生活卫生习惯

珍惜时间，就是珍爱生命。一个能够有效利用时间、有良好作息习惯的学生，往往能够在当下的学业和未来的事业上有所成就，而良好生活习惯的养成不但能给自己，也会给他人带来便利。因此，我们一定要教学生学会珍惜时光，不要因为荒废了大好青春而一事无成；养成良好的生活作息习惯，过有规律、有礼有节的生活。

朝起早，夜眠迟；老易至，惜此时

"朝起早，夜眠迟；老易至，惜此时"字面上的意思是，早晨要起得早一些，晚上要睡得迟一些，从少年到老年也就是一转眼的工夫，所以要珍惜当下的宝贵时光。

我们都希望学生能学业有成，这个愿望会实现吗？

曾国藩先生曾告诫他的子孙，一个家庭是不是会兴旺，只需看三个方面：第一，子女是否早起；第二，子女是否常常做家务；第三，子女是否读经典。

为什么曾国藩先生要把早起放在第一位？我想，一个孩子在学业、事业上有没有成就，就看他是否勤奋努力。而一个勤奋的孩子怎么可能常常睡到日上三竿呢？他会因珍惜光阴而早早起床，抓紧时间读书。

这与《弟子规》里"朝起早，夜眠迟；老易至，惜此时"说的道理是一样的。早上要早起，晚上要迟睡，珍惜时光，因为人生易老。

早上早起，一般都比较容易理解，但"夜眠迟"并不是一般人理解的让人熬夜，过丰富的夜生活。我们都知道，古人是"日落而息"，

所以，夜眠迟，是说不要天色一黑就睡觉，要稍微晚睡一些，利用这段时间读书、学习。而且，古代的子女大都非常孝敬，他们晚上要侍奉父母睡下，再检查门窗是否锁好，才去睡觉，所以，自然要睡得稍微迟一点。

在今天看来，我们一定要读懂这三个字真正的内涵。这实际上是说，我们不要太迟睡，一般晚上 10 点睡最好，最迟不要超过 11 点。当然，对于我们成年人而言，如果有父母需要照顾，应该安顿父母睡下，检查门窗、煤气、电器是否关闭后再睡。但对于正在长身体的、年龄较小的孩子来说，不用等父母睡下之后再睡，大概 9 点睡就可以了，最迟也不要超过 10 点。只有休息得好，才能保证第二天学习、工作的效率。

总之，"朝起早，夜眠迟"是让孩子学会珍惜时间，养成早睡早起的好习惯。做教师的我们应该教学生注意这一点，或与其父母沟通，请他们务必配合，帮孩子养成这样的好习惯。

为什么要教学生养成早睡早起的好习惯呢？

睡觉和起床，其实都是有时间点的。人为什么要在晚上 11 点之前睡觉、在早晨 7 点之前起床？这不是某个人规定的，而是人的作息要符合大自然以及自身身体运行的规律。

子时（23 点至凌晨 1 点）是胆经开始运行的时候，如果这个时段还没有睡着，就会大伤胆气，全身的免疫力就会下降，导致身体虚弱。而丑时（凌晨 1 点至 3 点）肝经最旺，丑时还不睡觉，肝脏的排毒功能就无法正常运行，时间一长，就容易得各类肝病。

早晨 5 点至 7 点是人体大肠经运动最旺的时候，此时，人体需要把代谢的浊物排出体外，如果这个阶段不起床，大肠便无法完成排浊工作，从而导致浊物停留在体内，形成毒素。而早晨 7 点到 9 点人体胃经运行最旺，应该是吃早点的时候，如果 7 点之后还不起床，胃酸便会严重腐蚀胃黏膜，长期下来会患脾胃疾病，造成营养不良。

这就是要教学生养成早睡早起好习惯的原因，教师要把这个道理告诉学生。当学生知道了这些道理后，就会正确理解这句教诲，并深信不疑，会明白人只有按照天地万物运行的规律生活，身体才能保持正常运转。无论是学生还是教师，都应该养成这样的作息习惯。

如何让学生把"朝起早，夜眠迟"落实在生活中呢？

《朱子治家格言》开篇就讲："黎明即起，洒扫庭除，要内外整洁；既昏便息，关锁门户，必亲自检点。"意思是，早上起来之后，要做好洒扫应对工作，即把个人卫生和家庭卫生都做好，保持内外整洁；而晚上睡觉前，要亲自检查门户是否关好。也就是说，"朝起早"之后不是无所事事地闲逛，也不是晚上无所事事地把时间熬到点再去睡觉，因为那是形式上的做到，绝不是实质上的落实。

要想让学生做到这一点，应该提醒他们的父母首先做到，我们是教师，但也是父母，所以自己在生活中也应该落实。比如，我们早晨早点儿起床，妻子负责准备早饭，丈夫和孩子一起读读《弟子规》，饭后，让孩子帮我们把碗筷收拾到厨房。这样一来，曾国藩先生所说的令家庭兴旺的三件事，孩子通过早起、读《弟子规》和收拾碗筷就一并做到了。如果是假期，还可以让孩子和我们一起扫地、擦桌子、整理房间。

而晚上，我们可以自己检查电器，让孩子检查门窗，当然，孩子检查之后，我们还要再次检查，重点是让他养成睡前检查的习惯。除此之外，我们还要提醒孩子检查学习用具是否准备好。关于学习方面的各种事项，在后面的"余力学文"部分详细阐述。

只要我们和孩子一同坚持这样做，不出一两个月，孩子就会感受到落实这句教诲的好处——对于一天的生活，因为做到了善始善终而倍感充实与愉悦。

在学校也可以如此。如果教师真的下决心力行《弟子规》的话，不妨早点到学校，做点力所能及的事，当然不用代替学生做值日，但可以在教室或办公室里读读《弟子规》，不过不要拿《弟子规》当尺子去"量"学生，更多的是"量"自己。再就是下午放学后，可以指导学生做好门窗锁闭与检查工作，当然也可以跟学生一起做这件事。总之，给学生做个好榜样，一切可能就会变得顺利很多。

除此之外，我们还应该教学生学会珍惜时间。

古今中外，有所成就的人往往都是会管理时间、能有效利用时间的人。比如美国著名的政治家、科学家本杰明·富兰克林，每天早晨

5 点起床，把工作、学习和生活安排得井然有序，直到晚上 9 点结束，他告诫朋友说："你热爱生命吗？那么，别浪费时间，因为时间是组成生命的材料。"

没错，如果学生学会珍惜时间、利用时间，那么不但能把生活事务打理得妥妥当当，还能在有限的时间内高效地完成学习任务，同时，每天还能有多余的时间休息和娱乐，生活状态反而是轻松而愉悦的。

所以，我们要教学生学会珍惜时间，做事不要拖拖拉拉、磨磨蹭蹭，肆意浪费大把的光阴；学习要专注，善于在课堂上追求效益，在家学习时也不要学一会儿，玩一会儿，不要没事和同学煲电话粥；等等。可以告诉学生，从少年到老年也就是"一转眼"的工夫，回首之前走过的人生历程，不知不觉也过了十几年时间，就像"一瞬间"，未来的岁月也是如此。所以还是从小就要珍惜时间，而不要留下"少壮不努力，老大徒伤悲"的遗憾。

晨必盥，兼漱口；便溺回，辄净手

"晨必盥，兼漱口；便溺回，辄净手"中，"盥"是指洗手、洗脸，溺同"尿"。整句意思是，早晨起床后一定要洗脸刷牙，每次大小便之后都要洗手，要养成良好的卫生习惯。

学生养成良好的卫生习惯，也是孝敬父母的表现。

早上洗漱，饭前便后洗手，这强调了个人卫生的重要性。为什么要这样做呢？一个简单和明确的理由就是为了身体健康。《论语·为政》里说："孟武伯问孝，子曰，'父母唯其疾之忧'。"孟武伯问什么是孝，孔子回答说，父母最担忧的就是孩子的身体是否健康。所以说，学生养成良好的卫生习惯，保证身体健康，也是孝敬父母的表现。

一个勤刷牙、勤洗手的孩子一定会比那些不爱干净的孩子容易保持身体健康，因为他最大限度地远离了细菌和病菌。如今，为什么很多孩子小小年纪会蛀牙？除了吃糖过多之外，就是不注意口腔卫生所致。孩子如果牙齿不好，胃口就不会好，身体健康自然会受影响。

不仅如此，保持良好的个人卫生，不但是对自己的尊重，也是对他人的礼貌。试想，谁愿意和有口腔异味、满头皮屑、一身臭味的孩子交往？

所以，我们可以把这个道理讲给学生听，让他知道，只有身体健康，他的生活才会愉快，他才能赢得别人的尊重，父母、老师也才能更放心。

教师怎样帮助孩子养成良好的卫生习惯呢？

早晨起来洗脸、刷牙对学生而言还不是太难的事，但晚上临睡前，学生不一定有这个习惯，那就需要父母督促了，如果学生上的是寄宿学校，那可能就需要教师来督促一下了。

另外，刷牙、洗手看似是一件很简单的事，但未必每个人都会。就以刷牙为例，刷牙的水温、牙刷的质地、刷牙的方法、一次刷多长时间、舌头有没有必要刷等问题，我们都有明确的答案吗？我们不懂，又该怎样给予学生正确的指导呢？而这些问题能否实际落实，就决定了学生牙齿的健康程度，所以不能轻视，更不能忽视。

关于洗手的问题，一定要让学生知道，在上完厕所后，放学回家或外出归家后，摸小动物、洗马桶、大扫除后都要用香皂或洗手液洗手。而且，要把正确的洗手方法教给学生，让细菌远离他。还要让学生知道，洗完手之后，手上的水不要到处乱甩，以免给别人带来不便。

当然，对于个人卫生习惯的养成问题，这句教诲只是起了一个抛砖引玉的作用，不是仅仅做到会刷牙、勤洗手就可以了。平时，还要引导学生勤洗澡、勤换衣、勤理发、勤剪指甲，让他保持良好的卫生习惯。

而学生的习惯是否能够养成，既与父母的卫生状况有关，也与跟他朝夕相处的教师的卫生习惯有关。只有父母、教师自己保持干净整洁，才会更有底气重视学生的个人卫生问题，我们的重视会引起学生的重视，所以，让孩子改变之前，还是我们自己先改变吧！

再延伸一下，其实个人卫生不仅是外在的，还有内在的，也就是保持内心的纯净，一定要懂得扫除内心的污垢，所谓"扫地"其实也是在"扫心地"；洗澡，更是"洗心"。所以，我们也应该告诫学生，每天在注意外在个人卫生的同时，也要注意"心灵环保"，努力从"心地"上下功夫，保护好自己善良的心地不受外在环境的污染。

穿衣戴帽、归置衣服的细节
会体现一个人的修养

从一个人的穿戴上，可以大体判断出他的职业类型和文化素养。一个有良好修养的人，不会歪戴着帽子、穿着睡衣，甚至光着膀子上街。其实，学生的修养在很大程度上也体现在穿衣戴帽、归置衣服的细节中。我们希望学生成为一个有素质、有气质的人，那就不要忽视这些细节，帮助学生成为名副其实的绅士或淑女，成为有修养、有学问、有能力的人。

冠必正，纽必结；袜与履，俱紧切

在"冠必正，纽必结；袜与履，俱紧切"中，"冠"是帽子，"纽"是纽扣，"履"是鞋子，意思是帽子要戴端正，衣服的纽扣要扣好，袜子和鞋子都要穿整齐，鞋带要系紧。

端庄的形象不但是对他人的尊重，也蕴含着机遇。

形象对任何人而言都是非常重要的。不同的形象会给人留下不同的印象，而印象的好坏又会影响接下来的交往。

一位老师谈到学生的穿戴时说："那些穿戴整齐、重视个人形象的孩子，综合素质不会太低。因为孩子的仪容体现着他的家教，一个重视家庭教育的父母不会允许孩子邋里邋遢地去上学，当然也不会教出太出格的孩子。"

在这位老师看来，学生的穿衣打扮"显示"着父母的德行！

从这位老师的话中可以听出，他对那些穿戴整齐的孩子印象不错。是啊，谁不对仪容端庄、形象较好的人有好印象？与其说印象好，不如说孩子的穿衣打扮反映出了对老师的尊重，这让老师心情愉悦。

再扩展开来，学生穿着得体往往是对他人的尊重和恭敬，而他人也会因受到尊敬而反过来尊重他。那么，让学生落实"冠必正，纽必结；袜与履，俱紧切"就显得非常重要了。

学生的衣着、配饰要穿戴得端正、整齐、合体，给人精神焕发、神采奕奕的感觉。千万别小看这种感觉，它往往会让学生获得机遇。比如，学生从上学到工作会经历大大小小的面试，若不注重个人形象，即使人品不错，才华横溢，也容易因形象不佳而在学业和事业的发展中错失良机；但如果学生学过这句教诲，并从小养成了良好的习惯，那么他一定会在实力相当的面试者中脱颖而出，因形象得体、大方而获得机会。

因此，我们应该提醒学生，每次出门前，都要检查一下衣服纽扣是否扣好，拉链是否拉上，衣领是否翻整齐，帽子和红领巾是否戴端正，鞋带是否系紧，等等，在我们的重视和提醒下，学生定会养成良好的穿衣习惯。

虽然说这样的工作可能更需要学生父母来做，但如果他们没有做好这一点，那么我们就不能再袖手旁观，而是应该帮学生父母上好这一课。

穿衣戴帽虽是外在形象的体现，但它会影响内心状态。

朱熹曾提出过"三紧"，就是帽带要紧、腰带要紧、鞋带要紧。三者都扎紧了，人的精神才会振作，才能表现出对人、对事的认真态度。可见，虽然扎紧的是帽带、腰带和鞋带，但其实是对内心的约束，让人的内心时时都保持对他人的尊重。

这个我们不难理解，就像穿着宽松肥大的睡衣时我们的身心是放松的，言语行为可能会过于慵懒和散漫，而穿西装或制服时，衣服对我们的身体约束使我们的内心不得不提起警觉，说话办事就会谨慎很多。

有一天早上，一位业绩非常好的销售员在家里睡觉，突然想起要给一位已经约好的客户打电话。于是，他赶快起来穿好西装，打好领带，开始端坐在椅子上给客户打电话。

和客户谈完后，他又马上解开领带，脱掉西装，钻进被窝里睡觉了。

太太看了，说："你疯了吗？打个电话用得着再精心打扮一番吗？人家又看不到！"

这位销售员却说："我虽然不是和客户面对面，但如果我穿着睡衣给他打电话，我的言谈难免会随便，而他也会感受到。如果我身穿西装，内心对客户就非常尊重，言语就会谨慎，态度也不会随意，说话也会得体，当然，客户也可以在电话中感受到我对他的恭敬心。"

可以说，这位销售员谨慎、认真的态度完全符合"冠必正，纽必结；袜与履，俱紧切"的标准。

这个故事也给我很大的启发。我经常会通过网络平台讲一些教育类的语音课程，听众当然看不到我的样子，但每次我都是穿戴整齐、端身正坐后才开始讲课，从来没有一次衣着随便的时候，就是为了表示我对课程的重视及对听众的恭敬态度。当然，这样讲下来，每次我自己都很心安、很踏实，而听众也会比较受益。

所以我想，一个能落实"冠必正，纽必结；袜与履，俱紧切"教诲的学生，与人相处时不会随意，做人做事不会随便，这份谨慎和认真往往会使他在学业、事业和人际交往中有更大的收获。

穿衣打扮谨慎，关键时刻还可以让学生化险为夷。

先来看一则历史故事：

赵盾是春秋时期晋国的卿大夫。当时，国君晋灵公因不满赵盾对自己的劝谏，派锄麑去行刺赵盾。

一天早晨，天还没亮，锄麑就到了赵盾家的后院，他看到赵盾已经整整齐齐地穿好朝服，端端正正地坐在椅子上，正在稍微闭目养神，准备到时间后上早朝。

锄麑看到这样的情境，心想：一个人对待平时的生活起居都这样毕恭毕敬，说明这个人对任何事物都心存恭敬，一定是为民办事的好官，假如我杀了他，就是对不起国家，对不起人民。想到这儿，锄麂放弃了刺杀赵盾的念头，但他又不想失信于君王，于是就一头撞在槐树上自杀了。

想想看，若不是赵盾平时养成了好习惯，这次恐怕在劫难逃。

其实，在任何时代，穿衣打扮都不应该是随心所欲的，而是以端庄、大方、得体为标准。教师在学校要给学生提个醒：无论学生年龄多小，他都应该选择得体、大方的衣服，从小就当小绅士或小淑女；或者给他们建立正确的价值观，使其从小就懂得"知耻近乎勇"的道理。作为教师，更应该注意这一点，衣着端庄一些、得体一些，给学生传递和谐大方之美。

置冠服，有定位；勿乱顿，致污秽

"置冠服，有定位；勿乱顿，致污秽"，就是教学生如何爱惜物品、管理物品。"冠服"虽然是指帽子和衣服，但可以引申为所有的物品。"定"是固定的、不变的，也就是说，在学生放置物品时，要将其放在固定的位置上，不要随处乱扔乱放，以免把物品弄脏弄坏。

学生只有学会爱惜物品，物品才会陪伴他很长时间。

有的学生可能会问："为什么要爱惜物品？随便乱放有什么不对呢？不是很省事吗？"可以试着这样回应学生的这个问题：

就拿一件衣服来说，这个小小的物品中不知含着多少劳动人民的汗水。从种植棉花开始，农民要付出很多心力耕种，直到棉花成熟后，又一个一个地采摘下来；之后，纺织厂的工人要把棉花织成布；从布变成衣服又需要很多制衣工人的付出；而从衣服变成可以出售的商品，其中免不了运输等程序，而每个程序都少不了劳动人民的共同努力……所以，不爱惜物品就是不珍惜他人的劳动成果。

一个无视他人辛勤付出的学生，怎么能称得上是品德高尚的人？

另外，如果物品被保存得好、不损坏、不弄脏的话，使用年限就会增加，就不会因频频更换而浪费钱财。所以，爱惜物品也是勤俭节约的体现，而节俭又是铸就学生高尚品德的另一个基石。就这一点来说，学生也应该做到"置冠服，有定位"。

当我们把这些道理告诉学生，并激励他成为道德高尚的人时，他就不会因不知道为什么要爱惜物品而对这句教诲心存疑虑了。

学生学会管理物品，就能提升他的管理能力。

当然，爱惜物品的好处还不仅限于此，学生的管理能力往往就是从学着管理物品开始的。

> 一个男孩不懂得物有定位的道理，总是随手放置东西，所以要使用的时候常常想不起来放在哪了，于是到处寻找。有时，找很长时间都找不到；有时，虽然找到了，但因被其他物品长期挤压，也不能使用了。
>
> 不仅如此，因为物品没有固定的位置，所以男孩从来不用脑子记"东西放在哪个位置"了，结果就养成了丢三落四的习惯，上学时不是红领巾没戴，就是作业本没带，要么就是教科书忘在了家里，因此总是被老师批评。

这个男孩并不是特例，考生因忘带准考证而无法进入考场的例子如今也屡见不鲜。仅仅因没有养成管理物品的好习惯，就错失了人生中如此重要的机会，真是太令人遗憾了。而有些成年人也因在关键时刻忘带重要文件而丢掉了工作。

这些例子足以说明，从小养成物有定位的习惯真是太重要了。

一个学生如果从小不会管理自己的文具、书本、衣服等物品，长大了要想管理好家庭，管理好一个部门、一家企业，一定是非常困难的。如果他想改变，就必须经历一个"改掉坏习惯—建立新习惯—养成好习惯"的痛苦过程，这个过程当然不如从小培养来得容易。

管理物品最基本的就是把用过的物品放回原处，保存妥当，以便下次使用。有这个习惯的学生，做事思路会特别清晰，思路清晰做事速度就快，效率也会更高。如果学生从小就具备很强的管理物品和高效做事的能力，再加上具备高尚的品德，他怎么会不出类拔萃呢？

因此，我们要帮学生养成物有定位的好习惯。

首先，告诉学生，他应该把自己的物品放到专门的抽屉、储物箱、储物盒或柜子里，这些硬件就是"有定位"中的"位"，有了固定的位置，学生就知道把东西往哪里放。

接着，要指导学生完成一个分类的工作，即把同一种类型的物品放在同一个地方，有必要的话，在箱体外边做个小标签，免得忘记。

当然，这仅仅是前提，后续还应该有我们的提醒，以及我们自身应该养成"物有定位"的好习惯。

按照这个方法坚持下去，学生一定会养成珍惜物品、管理物品的好习惯，他的综合素质在这个练习的过程中也会逐渐提升。

总之，必须尽早地让学生学会整理、收纳个人物品，保持生活环境的有序和洁净，否则，没有"扫一屋"的能力，怎么有能力"扫天下"？而说到扫天下，就需要有高效的做事能力，所以学生就要养成有条理、有计划的做事习惯。

引导学生戒除攀比心，依循自己的本分穿衣

衣服最基本的作用是保暖和遮羞，除此之外，衣服也是一个人的身份、地位、经济状况、家庭背景的象征。作为学生，在选择衣服时应该考虑到自己的学生身份以及家庭的经济状况，让衣着与自身的实际条件相匹配。长大后，穿衣打扮也要依循自己的本分。教师要引导学生戒除虚荣心，不与人攀比，不被物欲迷惑，不盲目追求品牌。即使家庭经济条件比较好，也应该建立正确的消费观念，花钱有节度，不奢靡，不浪费。

衣贵洁，不贵华；上循分，下称家

在"衣贵洁，不贵华；上循分，下称家"中，"贵"是可贵，"华"是华丽，"循"是遵循、依照，"分"是名位、职责、权力的限度，"家"是家境。整句意思是，在穿戴方面应该重视衣服的整洁大方，而不是华丽名贵，平时的穿着不但要符合自己的身份特征，也要与自己的家庭条件相吻合。

现在的学生是否偏爱名牌衣服？是否会考虑自己的家庭状况？

今天很多孩子都不了解自己家庭的实际经济状况，而很多父母也不愿意把真实的家庭状况告诉孩子，这就导致很多孩子偏爱名牌衣服，却根本不考虑父母的辛劳与自己的家庭经济条件。所以，孩子的种种作为还是跟他所受到的教育有关。

有这样一则令人痛心的新闻报道：

一位先生在妻子去世后，一直到处打各种零工、省吃俭用照

顾还在牙牙学语的女儿。因为手脚有轻微不便，打工收入比较低。即便这样，他也没有亏待女儿，有什么好吃的，自己从来不舍得吃，都留给女儿。在家里吃饭，都是先等女儿吃完了他再吃她剩下的。

女儿上学后，这位爸爸每天送她上下学，为了让女儿少累一点，他从未让女儿背过书包。

他节衣缩食，多少年来都没有买过一件新衣服，身上的衣服都是家里亲戚淘汰了他捡来穿的，有几件甚至是他在捡垃圾的时候捡的别人扔掉的衣服。女儿的很多衣服都是别人送的旧衣服，他很内疚，所以每年都会努力存钱给女儿买些新衣服。

日常生活，这位爸爸也都替女儿包办了，生怕女儿受委屈。早晨女儿醒来，牙膏已经挤好了，等女儿刷完牙他就递上暖和的热毛巾。饭也都是他做的，女儿的脏衣服也都由他来洗，家务事他全部包办，从不舍得让女儿动手。

临近春节，这位爸爸的两个姐姐看他身上的衣服实在太破旧了，于是凑钱给他买了一套新衣服。这下可不得了了，15岁的女儿见到父亲身上的新衣服十分愤怒，质问他衣服哪里来的，为什么不给她买，闹着让爸爸必须也给她买套新衣服。他说："爸爸这几天没有钱，等过几天有钱了我再去给你买好不好？"结果女儿听后很愤怒，竟然冲上去扒爸爸的衣服。爸爸猝不及防摔倒在地，然而这也没能阻止女儿的行为，女儿坐在他身上狠狠捶打了他几拳，嘴里还一直喊道："为什么不给我买新衣服，为什么不给我买新衣服？"最后还是闻声而来的邻居拉开了坐在爸爸身上的女儿。

女儿此举也让他伤透了心，他一直不明白，为什么他待女儿这么好，女儿却一点也不感恩？

是啊，为女儿付出了那么多，为什么女儿不领情，还如此对待他？究其原因，还是对女儿教育无方。这位爸爸以想当然的爱害了孩子，不当的付出越多，就越是容易培养出不懂感恩的"白眼狼"。所以，古语说的"惯子如杀子"是非常有道理的。试想，如果这个女儿明白"衣贵洁，不贵华；上循分，下称家"的道理，就断然不会做出这样的事。

一个上初中的女孩对穿衣打扮很"讲究"，除了某个知名品牌的衣服，其他衣服她都看不上眼。她常常缠着妈妈给她购买，妈妈对她说："那个牌子的衣服太贵了，等打折的时候再买，或者选择其他衣服，只要质地好，无所谓品牌。"

　　可是，女孩说："我们同学都穿品牌衣服，我要是穿没牌子的，多丢人啊！他们会看不起我的，您也不想让我失去朋友对不对？"

　　听了女孩的话，妈妈在心里不禁感叹道："如今的孩子都怎么了？非得穿名牌？怎么那么多家庭能为孩子买得起名牌衣服啊？我真是无奈啊！"

　　其实，不是很多家庭都能给孩子买得起名牌，而是攀比之风已在社会、学校和孩子之间蔓延。一个孩子穿名牌之后，他的炫耀激发了其他孩子的攀比心，而大部分孩子又不懂得"衣贵洁，不贵华；上循分，下称家"的道理，自然就会讲究起衣服的品牌来。

　　"衣贵洁，不贵华；上循分，下称家"就是应对虚荣心和攀比心的"良药"。如果一个家庭经济状况不太好的学生考虑家境后再选择衣服的话，无论别人穿什么名牌，他都不会动心，因为那不符合自己的家境；同时，如果他重视衣服的干净整洁，就不会因衣服污浊、邋邋遢遢而被人看不起。只要能够遵循这两点，学生不但不会失去尊严，还会扭转一定的攀比之风，岂不是利人又利己？

教学生根据自己的身份、年龄以及场合选择合适的衣服。

　　作为教师，要让学生知道，他是学生，学生就要穿出学生的样子，打扮得也要像学生。类似染发、烫发、穿耳洞、化妆等都不符合学生的身份，平时自然就不能这样做。

　　另外，学生的衣服要符合他的年龄，不能选过于成熟或过于幼稚的，否则穿在身上既不雅观，也不得体，很容易招致周围人的评头论足，时间一长，学生的心理也会发生变化，对身心健康成长没有好处。

　　除此之外，我们还要教学生根据不同的场合选择服饰，比如，出席一些正式场合或参加亲友的婚礼时，不要穿得过于休闲，应该穿得正式一些、体面一些，这是对别人的尊重，也是对自己的尊重，否则就会显得很失礼；如果要参加葬礼或者去医院看病人，衣着就不能太艳丽、太喜庆，而应穿得大方朴素。同理，如果参加户外运动，自然不能穿得太正式，最好穿运动装，以便让身体自由活动。当然，在学校，如果学校要求统一穿校服，那自然应该遵守校规校纪。

要让学生知道，穿衣打扮不是自己想穿什么就穿什么，往往要遵循一些"规矩"。只有符合规矩，学生自己和周围的人才会感到舒服和自在。因此，"上循分，下称家"的教诲不但不死板，还会带给人真正的"自由"。

而作为教师，自然也应该从这句教诲中得到启示，那就是我们的着装一定也要符合教师的身份特征，无论是在校内还是在校外，穿着都要得体大方、清清爽爽，给学生和自己的孩子做个好榜样。因为身教胜于言教，与其"说一丈"，不如"行一尺"。

这句教诲的含义远不止于此，还包含着正确的消费观。

虽然这句教诲特指对衣服的选择，但实际上，学生在选购任何物品时都应该"上循分，下称家"。能灵活而广泛地应用这句教诲的学生往往有着正确的消费观：不符合自己家庭条件和购买能力的物品，肯定不奢求。即使父母的经济收入不错，也不购买非必需品。在选购物品时先问自己："我真的需要吗？不买对生活影响大吗？"如果答案是肯定的，说明是生活必需品，那就买性价比较高的；如果答案是否定的，那就不必购买；如果自己特别喜欢，价格又不是很高，可以积攒零用钱来购买，就不去耗费父母多余的财力，这也是对"下称家"的落实……

所以，我们和学生都不要小看《弟子规》，只要不局限于它的字面意思，弄懂每句教诲背后的深刻思想，就会发现它不但很符合我们当前的时代需求、不过时，会把学生带上人生的正途，还可能会纠正我们自己的"三观"（在社会上待得久了，难免会受污染，"三观"可能比学生偏离正途更多），让自己受益良多，轻轻松松地做教师、做父母。

有时候我们可能会发现，自己多年来的经验总结，竟然只是《弟子规》上的三个字、六个字而已。因此，一定要用心学《弟子规》，用心落实《弟子规》，让《弟子规》成为自己和学生、孩子的指路明灯。

教学生合理、健康饮食，不饮酒、不吸烟

学生的身体健康状况是我们每一位教师都非常关心的问题。那么，到底是什么决定了学生的身体健康状况呢？其实，很大程度上是饮食。所以，我们应该及时把合理、科学、健康的饮食观念告诉学生，并引导他在生活中落实这些饮食观，不挑食偏食、不暴饮暴食，不吸烟饮酒，谨慎自控，从而让学生拥有健康的体魄。

对饮食，勿拣择；食适可，勿过则

"对饮食，勿拣择；食适可，勿过则"是说，在饮食方面，要做到不挑食，不偏食。"拣择"是挑拣、选择的意思，"适"是恰好，所以吃东西不应过量，要适可而止。

学生挑食吗？暴饮暴食吗？如果是，要帮他纠正过来。

合理的饮食是学生身体健康的最大保障。然而，有的学生从小就不好好吃饭，在家即使爸爸妈妈、爷爷奶奶轮番上阵给他喂饭，他也"不领情"；而有的学生特别喜欢吃某一类食品，导致营养不均衡，身体出了毛病；还有的学生饭量很好，每次吃得肚子圆鼓鼓的，有时饭后还会肚子疼，时间一长，脾胃就会出问题。

到底是什么原因使学生挑食、偏食、过度饮食？原因不在外面，而在家里。因为父母可能经常对孩子说："这个好吃吗？好吃就多吃点。"言外之意，不好吃就少吃点。"你最爱吃哪个菜？"言外之意，让孩子找出自己不爱吃的菜。"妈妈给你做好吃的。"言外之意，不好吃的咱不做，做了也别吃。"再吃一点儿，这个很好吃呀，吃得饱饱的，身体壮壮的。"言外之意，那个不好吃，吃不饱，身体不会壮。

还有的父母，尤其是幼儿父母，认为自己已经交了餐费，就鼓动孩子多吃，把交的钱都吃回来，最好还能"赚点"……就这样，在不知不觉中，孩子就对食物有了偏好，挑食、偏食的习惯就养成了；也知道只有吃得很饱才对身体好，才能"赚到"，所以就会暴饮暴食。

由此可知，孩子的错误意识是父母灌输的，也就是说，是父母亲自教孩子学会挑食、偏食、过度饮食的。可见，很多现象都是表面的，我们应该挖掘其背后的深层原因，这样才能得到纠正错误的机会。

而"对饮食，勿拣择；食适可，勿过则"给学生和我们自身的饮食指明了对的方向，不可以不认真对待这件事。

如果我们和学生都懂得这个道理，身体怎么会出状况呢？能落实这句教诲的学生，一定有自控能力和自我约束力，对自己的身体健康状况肯定抱着谨慎的态度，懂得小心翼翼地呵护自己的身体，这样，不但学生的身体健康得到了保障，我们和学生的父母也不用为此担心了。所以，如果学生有挑食、暴饮暴食的毛病，我们还是想办法帮他纠正过来，助他养成健康的饮食习惯。

怎样帮助学生养成良好的饮食习惯呢？

除了给学生宣讲健康饮食的益处之外，还需要叮嘱他们注意一些饮食细节。当然，有机会的话，也请他们的父母配合，因为学生在家吃饭的次数可能比在学校还多。

首先，告诫学生，尽量少吃零食，也请学生家长不要给他们买太多零食，零食除了对身体无益外，还会使味觉发生改变，一旦吃惯了零食，就会觉得饭菜味道太淡，于是就会排斥。零食占据了肠胃的空间，到了吃饭时间，自然就没有食欲。因此，杜绝零食是保障学生好好吃饭的前提。

其次，告诉学生父母，如果学生不想吃饭，不要强迫他，而是让他知道，"这顿不吃，一会儿饿了就没得吃，必须等到下顿饭才能吃"。一定要说到做到，学生尝到挨饿的滋味后，就不敢在吃饭时间拒绝吃饭了。

另外，如果学生在学校就餐，还要注意一点，就是杜绝浪费。因为允许学生剩饭，就为他挑食、偏食创造了条件，不喜欢吃的他就可以剩下，显然有违"对饮食，勿拣择"的教诲。要引导学生生出对饭菜的感恩之心，比如有的学校就组织学生在餐前朗诵这样一段感恩词：

> 饭食之德，一粥一饭，当思来之不易。自奉必须俭约，宴客切勿流连。饮食约而精，园蔬愈珍馐，勿贪口腹而恣杀牲禽，萝卜白菜保平安人生。厨中有剩饭，路上有饥人。或饮食，或坐走；长者先，幼者后。对饮食，勿拣择；食适可，勿过则。若衣服，若饮食；不如人，勿生戚。请端身正意，念诵感恩词：感恩天地滋养万物，感恩国家培养护佑，感恩父母养育之恩，感恩老师辛勤教导，感恩同学关心帮助，感恩农夫辛勤劳作，感恩大众信任支持。

上面这段感恩词把《弟子规》上的几句教诲也放了进去，还有《朱子治家格言》里的内容。网上有这段感恩词的视频，可以找来给学生看一下，还是很有震撼力的。

所以，在力行《弟子规》的路上，在力行圣贤君子教育的路上，我们并不孤单，已经有很多人走在了前面，而且成效显著，所以我们一定要有信心，跟学生一道去学习，努力去践行，努力去改变，在不远的将来，一定会受益良多。

另外值得注意的是，别让学生每餐饭吃得过饱。这句"食适可，勿过则"用现在的话说就是"吃饭七分饱"。据现代科学家分析，饱食会加重肠胃负担，未被消化的食物会产生毒素，影响肠胃健康。而且，饱食会导致大脑代谢紊乱，损伤脑细胞；而长期饱食又会导致身体肥胖，肥胖又会引发各种疾病。所以，孩子要想保持身体健康，就一定不能吃得过饱，更不能暴饮暴食，否则，疾病会找上门来。

除此之外，我们要让学生知道什么是"十大垃圾食品"。油炸食品，罐头类食品，腌制食品，加工的肉类食品，肥肉和动物内脏类食物，奶油制品，方便面，烧烤类食品，冷冻甜点，果脯、话梅等蜜饯类食物就属于"十大垃圾食品"。这些食品中含有过高的钠盐、糖类或致癌物质，长期食用会对身体造成巨大危害。懂得这些，学生在饮食时就会做出正确选择。

除了让学生养成良好的饮食习惯外，食物的营养搭配同样决定着他的身体健康。所以，一日三餐应该营养丰富，搭配合理。

早餐起着最重要的作用，而早餐中不可少的不是鸡蛋和牛奶，而是谷物类食品。谷类在《三字经》中就有介绍："稻粱菽，麦黍稷；此六谷，人所食。"意思就是，大米、小米、豆类、面食、玉米和高粱等谷物是人类所需的食物。所以，可以让学生以米粥、汤面、豆浆、馒头等当早餐。

而午饭和晚饭也同样很重要。在这两餐中，要注意营养搭配，比如，主食不能只以细粮为主，要粗细搭配，蔬菜的种类也不要太单一，要注意"红、黄、绿、紫、白、黑"的色彩搭配，等等。

另外，不要让学生吃太多肉食，如今的很多肉食都含有大量激素甚至是毒素，吃多了对身体并没有什么好处。而大豆蛋白是最优质的植物性蛋白，可以用豆制品代替肉类食品，从而保障学生的饮食健康。

年方少，勿饮酒；饮酒醉，最为丑

"年方少，勿饮酒；饮酒醉，最为丑"的字面意思是，孩子年纪还小，不要喝酒，醉酒后会丑态百出，极其不雅。

酒，成年人可以适量饮用，但学生适合饮用吗？

我们都知道，酒精会对人的神经中枢起到麻痹作用，导致醉酒后的人控制不了自己的言行举止，露出种种丑态，做出损人不利己的事情。

正在长身体的学生也不例外。酒精会严重损害学生的肝脏，导致各种疾病的产生。而且，饮酒后的学生很可能会做出出格的举动，小则伤身，大则伤命。类似的例子不胜枚举：

> 2011年6月30日晚，海南省万宁市的两伙青少年喝酒之后闲逛，因互相看对方不顺眼，便打起群架来，其中一名14岁的少年被打得不省人事。
>
> 2014年10月的一天，甘肃省天水市的几名中学生相约到会所KTV聚会喝酒，其中一名学生先后在同学的陪伴下到会所外小卖部购买两瓶白酒，结果饮酒后在同学家被发现气息微弱，送医院后抢救无效死亡。
>
> 2014年12月5日下午放学后，在云南某职业学院读书的小杨和其他11名同学结伴去学校后山山顶喝酒。晚上9点多，5名学

生因为醉酒被送到医院抢救，醉酒后不省人事的 14 岁女孩小杨经抢救无效不幸身亡。

　　河南省义马市一位学习优秀的少年冯某，15 岁就考上大学。在大三开学第一天（2015 年 8 月 30 日），冯某到校报到后，和同学去校外聚会喝酒失去意识，经抢救无效死亡。

　　此外，因醉酒后悔不已的事情也不在少数，而酒后驾车导致重大、特大事故的例子也屡见不鲜……当然，酒本身不会闯祸，但是有些喝了它的人不是身体受损，就是闯出大祸，甚至是命丧黄泉。出于这些原因，我们当然要让学生"勿饮酒"。同时，我们也要常常把那些酒后发生不幸事件的例子讲给学生听，让他知道饮酒的坏处，从而远离酒精。

关于饮酒这件事，教师、父母也应谨慎，不可过量。

　　无论是教师还是父母，其实都是学生学习的榜样，所以一言一行当谨慎。

　　一位父亲有酗酒的习惯，他常常清醒着出门，醉醺醺地回来。儿子见父亲经常这样，很奇怪父亲去了哪里。

　　一个下雪后的早晨，父亲又出门向他熟悉的小酒馆走去。一路上，他总觉得有人在后面跟着他，快到酒馆的时候，他回头一看，儿子正踩着他的脚印走过来。

　　此刻，他恍然大悟，明白自己正在给儿子"带路"，他带什么路，儿子就会走什么路。想到这儿，他不禁打了个寒战，他不希望儿子成为一个酒鬼。

　　于是，他回头牵着儿子的手，往家的方向走去。

　　是啊！很多孩子之所以喜好饮酒，就是因为常常看到成年人喝酒的样子，以为那是潇洒的表现，又不懂得"饮酒醉，最为丑"的道理，所以盲目效仿，最后导致大大小小的悲剧发生。因此，为了自己的身体健康，也为了学生的未来，我们做教师的、做父母的也要控制饮酒。试想，如果教师带着一身酒气到教室给学生上课，又会带来怎样的不良影响？

而学过《弟子规》的学生会有很强的是非判断能力，不会因为周围人的错误举动而盲目效仿。

> 还是一位父亲，特别爱喝酒。一次，醉酒后的他回到家就吐了，满屋子都是臭味，一副狼狈不堪的样子。他的妻子在旁边服侍着，小女儿走到跟前，对父亲说："饮酒醉，最为丑。"
>
> 好在这位父亲的神志还清醒，听了女儿的话，他惭愧极了，觉得自己的形象一落千丈，暗暗下决心不再喝酒。此后，他再也没有喝醉过，女儿对他的恭敬也没有减少。

看，学过《弟子规》的孩子真是不一样！真的不要小看这12个字的威力。

当然，"勿饮酒"不是指绝对不喝酒。

任何事都不要走极端。这里也不例外。很多人都会把"勿饮酒"的教诲理解为绝对不喝酒的意思，其实不然。我们成年人在社交场合、在逢年过节吃团圆饭时，很难做到完全不喝酒，如果执意不喝，也会显得失礼，可以在不开车的情况下适当喝一点，以示礼貌。

另外，老年人和一些病人可以喝一些药酒。此时，酒发挥的作用是舒筋活血、调理身体，当然也要适量。

所以，学习《弟子规》要懂得变通，在适宜的时候让酒成为调节气氛、调理身体的饮品。

正确的坐立行走姿势，利于长养学生的气质

孔子曾说："君子不重则不威。"一个人如果不稳重，就没有威严。学生也是一样，如果不稳重，就很难得到他人的尊敬与信任。一个学生是否稳重、有教养，会通过他的穿衣打扮和言行举止流露出来。而行走坐卧姿势无疑属于举止的范畴，正确的姿势不但会使学生远离各种脊椎疾病，也会在很大程度上体现出学生的稳重、端庄、得体、大方。所以，我们应该教学生学会正确的坐立行走姿势，使学生通过练习成为稳重而有修养的人！

步从容，立端正；揖深圆，拜恭敬

"步从容，立端正"，是说走路的时候要不急不慢、从容大方；站立时，身体要直，不要东倒西歪、弯腰驼背。"揖深圆，拜恭敬"字面意思是，向他人拱手作揖、下跪参拜时，要恭恭敬敬，不可敷衍。

为了身体健康，学生应该掌握正确的行走坐卧姿势。

有人可能会问，为什么行走站立要"步从容，立端正"？走路很快或很慢有什么不妥？一定要坐得很端正吗？

先以"步从容"为例：

一个男孩走路很快。有一次，他走路的时候听到后面有人叫他，他就一边走一边回头看，再回过头来的时候，"咣"的一声，头撞在了前面停放的面包车上，当时脑袋就起了一个大包。

还有一个男孩在商店里看文具，突然发现自己准备乘坐的公交车从商店门口驶过。于是他迅速跑向店门口，一声巨响之后，

商店的橱窗玻璃破了，男孩也倒在地上，满脸是血。原来，他把橱窗当成出口撞了上去，虽然身体没有大碍，但是两颗门牙撞掉了。

这就是走路不从容导致的结果。其实，这还是轻的，有的学生甚至因为"步不从容"而遭遇严重的交通事故，丢掉了性命。所以，"步从容"往往可以避免很多意外的发生。一个学生如果能从容地走路，说明他不急不慢，不会因急躁、慌张而招致祸患。

"立端正"也是同样的道理。

正在长身体的孩子，骨骼中的软骨组织较多，骨骼的可塑性很强，当然也容易弯曲变形。大约要到20岁时，脊柱等骨骼才能最后定型，在此期间，如果学生不注意坐姿、站姿，就很容易导致脊柱弯曲畸形，甚至影响内脏功能。

而我们仔细观察会发现，现今的学生大都不懂得用正确的姿势坐立行走，这样他们的骨骼发育就必然会受到影响，身体健康也就难以保障了。如果学生从小学过"步从容，立端正"这句教诲，并把它落实下来，就不会因无知而给身体健康埋下隐患。

学生应该如何正确地站立、行走呢？

常言道："立如松，卧如弓，行如风，坐如钟。"意思就是，站立的时候要像松树一样挺拔；躺卧的时候要像一张弓一样；走路的时候要像风一样利落，不拖泥带水；坐的时候要像钟一样端正、沉稳。

学生正确的站立姿势应该是：抬头，挺胸，收腹，两眼正视前方，两肩呈水平状，脚与肩同宽，脚尖微向外斜，使头、背、臀和脚跟在一条直线上。这样一站，就有顶天立地之感，不但脊柱不会变形，看上去也很稳重、有威严，也会因此赢得他人的好感与尊重。

正确的行走姿势是在正确站姿的基础上稳步前进，身体不要前后、左右摆动。走路时，两脚脚尖应该指向前方，不要向里勾或向外撇，脚掌不要蹭地，速度不急不慢，徐徐向前。

其实，这句教诲并不仅指站姿和走姿，还包括坐卧的姿势，比如，睡觉的时候不要斜躺横卧，而应尽量保持右侧卧，因为心脏在人体的左边，胃肠道的开口和肝脏都处于右侧，右侧卧睡觉，可以使心脏少受压迫，血液流通顺畅，肝脏供血较好，有利于新陈代谢，更有利于肠胃中食物的消化吸收。而坐姿也很重要，具体细节会在下面的"勿践阈，勿跛倚；勿箕踞，勿摇髀"中详细讲述。

教学生学会用恭敬的态度跟人打招呼。

"揖深圆，拜恭敬"中，"揖"是作揖，"深"是指拱手达到规定的高度，"圆"是两肘张开尽量呈圆形，也就是说，"深圆"强调姿势要到位，以表示内心的恭敬；"拜"是指跪地叩头行礼，同样需要恭敬心、虔诚心。

当然，作揖、叩首都是古礼，现在的见面礼大多是握手或点头微笑，所以，在社交场合，我们应该握手或点头微笑；而在祭祀活动中，大多行鞠躬礼或跪拜礼。无论哪种礼节，旨在表示对他人的恭敬，如果内心不真诚，即使动作做得到位，也只是流于形式。

古语说，"诚于中而形于外"，当内心充满真诚的时候，动作自然做得到位，对他人的尊敬之情也会随着动作的展示自然流露出来。而常常尊重别人的人，也必然会得到对方的尊重，因此，我们应该跟学生一起落实"揖深圆，拜恭敬"，做一个受人尊重的人。

勿践阈，勿跛倚；勿箕踞，勿摇髀

"勿践阈，勿跛倚；勿箕踞，勿摇髀"，强调的是坐立行走的细节，"践"是踩踏，"阈"是门槛，"跛倚"是用一只脚支撑身体斜站着，"箕踞"就是坐着时两腿叉开得像簸箕，"髀"指大腿。整句意思是，进出房门的时候，脚不要踩到门槛；站立的时候，要注意不以一只脚为支撑点斜着身子倚靠着墙站立；坐在椅子上时，不要把两腿叉开呈簸箕状，也不要摇晃大腿，否则，就会显得没有教养。

在坐立行走中，有一些细节需要学生务必注意。

对照前面说的，我们不难发现，很多学生的坐立姿势完全与其相反。虽然现在大多数门没有门槛，但是有的学生会站在门中间，或倚靠在门框上，完全不知道这样会影响后面人的通行。而坐着时跷二郎腿的、把两腿叉开的或者不断抖动腿的孩子也比比皆是，他们不知道这样对骨骼发育不好，更不知道这样会显得不够稳重，让人觉得轻浮。

因此，我们要让学生注意一些坐立行走的细节。比如，站立时不倚靠在类似墙、门框等支撑物上，也不要双手插兜站着，更不要站着抖动腿；与人站着交谈时，不要双手叉腰或双手交叉放在胸前，否则会显得不礼貌。

坐在椅子上时，应坐在椅面的前三分之一或二分之一处，双腿自然放下，尽量并拢，男生可以稍分开些，但不要交叉、跷腿、伸腿或抖动腿，上身保持挺拔，双手自然放在腹前或腿面。特别要注意，整个身体不要完全倚靠在椅背上，更不要半躺在椅子上。

另外，在公共场合，无论是站还是坐，都不能有诸如抠鼻子、挠痒痒、抠脚趾等不雅行为。

如果学生能注意这些细节，那么无论身处什么地方，不用与人交谈，都能给他人留下深刻印象，好机会和好运气都会自动找上门来！

引导学生做事有礼有度、有条不紊、不忙乱、不畏难

我们希望学生既会做人，又会做事。学会做人是对学生的道德要求，学会做事是对学生的能力要求。而学生是否有做事的能力，往往体现在一个"谨"字上。"谨"代表着对细节的重视，代表着从纷繁复杂的事务中理出头绪，代表着"不求快，只求稳；不忙乱，更从容；不畏难，不轻略"的做事态度。具备了这些品质，学生还有做不成的事吗？

缓揭帘，勿有声；宽转弯，勿触棱

"缓揭帘，勿有声；宽转弯，勿触棱"的意思是，进出房门时，要缓慢地揭开门帘，尽量不要发出声响；走路拐弯的时候，拐的角度要大一些，以防触碰到棱角上。

学生只有谨慎做事，成功的概率才会大。

当学生做事时，如果能够抱着谨慎的态度，把事情做得细致、稳妥，顺利完成的可能性就很大；相反，如果毛毛躁躁、粗枝大叶，就会屡遇不顺，很有可能半途而废，无功而返。所以，别小看做事的细致程度，它决定着做事的效率和结果。

一个学生是否能够稳妥而细致地做事，就看他平时是否养成了类似的习惯。这个习惯怎么养成？具体落实在哪些方面？"缓揭帘，勿有声；宽转弯，勿触棱"以及后面的"执虚器，如执盈；入虚室，如有人"都会起到一定的启示作用。

我们都知道，谨慎包含着小心翼翼的意思，与急躁、莽撞相反。

用谨慎的态度做事是需要练习的,就让学生从"揭帘""转弯""执器""入室"开始练起吧!

如果学生能做到"缓揭帘,勿有声;宽转弯,勿触棱",就说明他很谨慎,内心很平和、不着急、不慌张,也说明他揭门帘或转弯的时候,心都专注在这件小事上,并不着急做下一件事。有了这种谨慎、专注、安定,他经手的事就很难做不好。

平时如何训练学生"缓揭帘,勿有声"?

我们平时就要提醒学生缓慢地揭开门帘、窗帘、浴帘等,如果进出没有门帘的房门,那么关门、开门时动作也要尽量轻缓。除此之外,当孩子打开窗户、拉开抽屉、关闭柜门、拉出椅子、打开铅笔盒、摆放碗筷时,都要轻推轻拉,轻拿轻放。

如果学生的动静太大,所接触的物品往往会受损,使用时间也会缩短,而发出的噪声也会影响他人休息、工作和生活,这是学生不得不注意的问题。

说到这里,我想到一件事。

我们观察一下,每次有人进出的时候,楼下的单元门是不是总是发出"哐"的一声巨响?是。之所以这样,就是因为进出时,人们只管把门打开,进来或出去后径直放手,而不是把门再轻轻地关上。

因为我进出门时有轻开轻关的习惯,所以当看到别人如此对待门时,就感到很心疼。在我看来,没有生命的门也应该得到尊重。

于是有一天,我就在一张纸上打印了"我怕疼,请轻关"这几个字,贴在了单元门上。当时是晚上贴的,贴得很结实。结果第二天一早,我再出门,发现纸已经被人撕掉了。

我很无奈。被谁撕掉的?很可能是被随手放开门让门发出"哐"的一声巨响的人撕掉的,因为这可能让他反感。

管不了别人,就先管好自己吧!每次我进出楼门,都会用手阻止一下门,减小门回关的力度,使之轻关,不至于发出"哐"的巨响声,还能保证门自动锁上,以保护整栋楼居民的安全。

如果学生从小就注意这些细节，其实就是珍惜物品，就是培养一颗"感同身受"的心，那样的话，我们还担心学生做事不谨慎吗？当然不会。既然这样，我们为什么不教学生注意这些细节呢？我们自己为什么不去注意这些细节呢？

同样需要提醒学生注意"宽转弯，勿触棱"。

再说回来。学生路过墙角、桌角、床角、柜棱等突出的地方时，内心都应该提起警觉，稍微保持一些距离，免得碰上导致受伤。如果在户外活动，那么更要注意"宽转弯"，无论是走路、骑车还是以后开车，遇到路段的转弯处，一定不能急于转弯，否则很容易和另一个从弯角出来的车辆或行人相撞，后果不堪设想。所以，一定要慢行，还要竖起耳朵听听是否有车辆开过来，必要的时候要停下等待一下，在确定安全的情况下，再慢慢转弯。

可见，一句"宽转弯"的落实不但能培养学生谨慎的态度，还可以保障学生的生命安全，我们怎么能不重视呢？怎么能不教学生注意呢？

对于我们自己，又何尝不是如此呢？这句话也是在提醒我们，平时也应该时刻注意这些细节，让学生从我们的行动中感受到安定、祥和、不急不躁，并模仿学习。所以与其不断提醒学生落实这句教诲，不如给他们做出榜样。

另外，这句话也可以延伸到为人处世方面，要懂得圆融，不可以蛮干，不可以固执己见，要知道"山不转水转，水不转路转，路不转人转，人不转心转"。所以，要放下自己负面的言语、情绪、想法等，如此才能过上快乐自在的生活，并拥有和谐的人际关系与幸福美满的人生。这是我们应该知道的，也是要转述给学生的。

执虚器，如执盈；入虚室，如有人

在"执虚器，如执盈；入虚室，如有人"中，"执"是拿着，"虚"是空的，"盈"是满的。整句意思是，当手里拿着空的器具时，要像拿着装满东西的器具一样小心；进入没有人的房间时，要如同进到有人的房间一样谨慎。

借助"执器""入室"等事项，培养学生的谨慎态度。

"执虚器，如执盈；入虚室，如有人"的教诲是前面"缓揭帘，勿有声；宽转弯，勿触棱"的延伸，依然强调谨慎做事的重要性。

想想看，我们拿空杯子和装满水的杯子时有什么不同？手持装满水的杯子时，因担心水洒出来而会小心翼翼地拿，这样杯子就不会轻易掉在地上摔碎，也不会碰到硬物上而磕破。

学生可能会问，摔破一个杯子有什么大不了的？假如，在国宴上，礼仪小姐给异国嘉宾递茶杯，不小心把杯子摔碎了，那场面是不是很尴尬？总不是为国争光的举动吧？就是在普通的宴席上，摔碎了杯子也不会增添喜庆的气氛吧？

何况，"执虚器"中的"器"不是特指玻璃器皿，而是所有物品。想想看，如果学生急需把重要文件拷入移动硬盘，可是却不慎将硬盘摔坏了，那岂不是会耽误大事？所以，千万别小看"执虚器，如执盈"这个举动。至少，保护好物品一定不会给学生带来坏处，而因不谨慎总是弄坏物品不会给学生带来任何好处。

要让学生知道，手里拿着空碗、空杯、空盘等易碎容器时，不能因里面没有装东西就马虎大意，依然要小心谨慎地用双手拿稳；当移动或使用如移动存储设备、数码照相机、智能手机等小型电子产品时，要稳拿稳放，别因大意使物品受损。

如果学生有机会看到或接触到价格不菲的珠宝、玉器、瓷器、翡翠、古董等物件，不要让他去触碰，以防因损坏而造成不可估量的损失。

总之，当学生触碰、使用、搬运每一件或大或小的物品时，动作都要轻缓，要有爱惜物品的意识。这样，不但物品会完好无损地伴随学生更长的时间，学生也不会因损坏物品而耽误要紧事。

通过学这句"入虚室，如有人"，做表里如一的人。

大多数人进入有人的房间时，都会约束自己的行为，所表现出的状态也与自己独自在房间时的状态不太一样。为什么会这样呢？为什么人前人后不能保持一致呢？因为，大多数人都免不了走入"做样子给别人看"的误区。

而这句"入虚室，如有人"就是告诉学生，一个有修养、有德行的人，不会因为别人看不见，就干不该干的事，做任何事情都会遵循规矩、道义和正义，而不是以有没有人看见为准。如果学生知道这个道理，就不会趁父母不在家的时候进入父母的房间乱翻，也不会乱动老师讲桌、同学课桌上的东西。这样，即便别人丢了东西，他也不会被怀疑。

　　一家企业招聘员工，前来应聘的人很多。通过层层考试，10位应聘者一路"过五关，斩六将"，在众多的应聘者中脱颖而出，到了最后面试阶段。面试进行到一半时，负责人说有点急事要暂时离开一下，请大家等候一会儿。

　　过了10分钟，负责人还没来，原本坐在自己位子上的应聘者开始起身活动。有的看看办公桌上的照片，有的打开书柜看看里面的书籍，有的看看墙上的装饰，有的干脆用办公桌上的电话聊起天来，只有一位应聘者依然端坐在自己的位子上没有动。

　　又过了几分钟，负责人回来了，宣布那位没有到处乱翻乱动的人被录取了。

事后才了解到，原来这是最后一道面试题，就看应聘者在负责人不在的情况下能不能谨言慎行、约束自己。

《大学》中说："君子必慎其独也。"《中庸》也讲："故君子戒慎乎其所不睹，恐惧乎其所不闻。莫见乎隐，莫显乎微，故君子慎其独也。"意思是说，一个道德高尚的人即使独处，也会很谨慎，绝对不会因没有人看到而忘乎所以。这也告诉我们，在暗室屋漏中，要培养自己的慎独与诚敬之心，换句话说，做人要表里如一，绝不能说一套做一套。

所以，无论是教师还是父母，都应该教导学生、孩子，在没有人的地方，也要懂得尊重他人，不可以起恶的念头或萌发偷盗之心，努力做到"不欺暗室"。

　　有个老师常常告诫学生不能随地吐痰。但有一天，他看四下无人，往地上吐了一口痰。突然，远方传来一个声音："老师，您怎么可以随地吐痰？"这个老师立刻羞愧万分。

当老师不能"慎独"的时候，学生就很难听从他的教诲；当父母不懂得约束自己的行为时，孩子也很难信服父母。所以，我们务必要规范自己的行为。

除此之外，我们如何教学生落实这句教诲呢？

要常提醒学生，进入没有人的房间时，无论那个房间是父母的，还是爷爷奶奶抑或是兄弟姐妹的，只要不是自己的房间，就不能因屋内没人而乱动、乱翻、乱看屋里的东西。

如果到别人家做客，在没有主人特别邀请的情况下，应只在客厅活动，不要乱跑到卧室、书房、工作室等其他房间。

在学校，不能随意进入老师的办公室。在其他公共场所，只能在公共区域活动，不要乱闯工作人员的办公室，特别要遵守"闲人免进"的指示。否则，擅闯不但不礼貌，有时可能还会招来意想不到的危险。

当进入寺院、教堂等场所时，更要小心谨慎。不管里面有没有人，都不能乱动、乱碰任何物品。

当然，这里列举出的仅作简单的举例说明，旨在让学生知道，接触一切人、一切物、一切事的时候都要谨慎，即便一个人独处也要注意自己的言行举止。长期这样练习下去，学生不但能养成做事细致、稳妥的习惯，道德品质也会进一步提升。

事勿忙，忙多错；勿畏难，勿轻略

"事勿忙，忙多错；勿畏难，勿轻略"中，"轻略"即轻视、忽略，全句说的是做事不要匆忙，因为匆忙就容易出错；面对事情，既不要有畏难情绪，也不要轻视、掉以轻心。

学生遇到很多事务堆积在一起时，应如何处理呢？

俗话说，"忙中出错"，越忙越容易犯错误。"忙"意味着需要处理的事务很多，当一件事情尚没有处理完毕，其他事情又接踵而至的时候，心情难免会焦躁，心一焦躁，思路就容易混乱，那出错就是在所难免的了。可见，出错的原因不在于"忙"，而在于"躁"，如果心不焦躁、很安定，就能有条不紊地处理每一件事，这样出错的机会就会很少。

正如"事勿忙，忙多错；勿畏难，勿轻略"所说，做任何事情时都不能慌张匆忙，否则会忙中出错；遇到困难，不要害怕退缩，要想办法解决，而且做事一定要认真仔细，不可以有怠慢之心，也不要轻视和忽略任何细节。

然而，如今的学生会不会有条不紊地处理事务呢？

一个男孩每天晚上写完作业都不收拾书包。早上起来，又要洗脸刷牙，又要吃早饭，还要整理书包，搞得自己很忙。遇到起得晚一点或者哪件学习用品找不到的情况，那就是忙上加忙，一忙一急当然就容易出错，到了学校才发现，不是这个作业本没带，就是那个文具没拿，导致的结果不是挨老师的批评，就是给自己的学习带来不便。

这个男孩并不是特例，很多学生都和他一样，做事没有计划、没有安排，等到事情堆在一起不得不做的时候，才手忙脚乱、慌里慌张地去做，这样怎能不出错？

如果想不出错，要么在前一天晚上整理好，要么早晨早点起来，给整理书包留出足够的时间，这样就不会因心急而出错了。

其实这个男孩的忙不是不得已的，而是可以预防的。同理，如果将所有事务提前作好计划、作好安排、作好准备，就会在很大程度上避免忙碌的发生，也就不会忙中出错了。

如何教学生学会有条不紊地处理事务呢？

要教学生懂得遇事冷静，既不怕麻烦和困难，又重视麻烦和困难，面对各种事务，一定要保持沉着应对的心态。

有个小女孩每天在学校都会随时把老师布置的各科作业以及第二天需要带来的文具、书籍等事项记录在本子上，放学回家前检查一遍，有什么不明确的，就问同学或老师。晚上回到家，她会及时完成记录在册的作业，之后准备好第二天要用的课本和用具，临睡前还会检查一遍，做到万无一失。

第二天早上，她不会像上面那个男孩一样忙碌，而是轻松地洗漱、吃早饭，高高兴兴地上学，在学校的学习生活也很顺利，

每天都有好心情。

从这个小女孩对事务的安排上我们可以理出一个顺序：准备—实施—检查。如果没有完善的准备，实施起来自然没有头绪，更不知道从哪里开始检查，这样就容易出错，而忙中出错又会导致返工，最后，做事时间和质量都难以保证。

可见，做任何事情之前的准备工作都非常重要。而准备之前，一定要有正确的态度，那就是"勿畏难，勿轻略"。如果学生在做事之前觉得事情特别困难，就很容易退缩，处理事情的过程中也容易因过度紧张而出错；如果觉得"太简单了"，就不会重视，容易因疏忽而出错。因此，只有认真对待、谨慎处理，事情才能圆满地完成。

当然，无论学生是"畏难"还是"轻略"，我们都要教他学会列出待做事情的具体细节和顺序。比如，在写作业前要安排好顺序，要清楚地知道先完成哪个科目、后完成哪个科目，为什么要这样安排，每项内容需要多长时间，总共需要多长时间等，做好计划之后再开始实施。

这样一来，有"畏难"心态的学生因清晰地看到事务的安排，并且明白只要按列出的条目一步一步地做就能完成，便会打消疑虑，积极投入其中；而有"轻略"心态的学生，会发现事情不像他想象的那么简单，要一步步地落实才能做好，也就不会怠慢和松懈了。

因此，事前作准备、作计划，能在最大限度上避免因思维混乱而产生事务堆积的情况，减少忙碌的概率，出错的概率自然会下降，而且，这也是纠正学生"畏难"和"轻略"心态的好办法。

当然，还可以鼓励学生不怕困难，如果肯用心，肯努力学习，给自己更多尝试的机会，相信"有志者事竟成"，那各种困难的事情也就会迎刃而解。即使天资并不聪颖，只要秉承《中庸》说的"人一能之，己百之；人十能之，己千之。果能此道矣，虽愚必明，虽柔必强"的教诲，坚持下去，经过长期努力，就必定会有所成就，正所谓"天生我材必有用"，要相信自己。

借用日常事务，培养学生的做事能力。

借助学生每天频繁接触的日常事务，就可以培养他的做事能力。

比如，在学校做卫生之前，要让他计划好扫地、擦桌子、拖地、收放工具等事务的顺序。提醒他在这个过程中不要心急，要平心静气、按部就班地一点点完成，这样既不会浪费时间，又保证了效率。在家做家务，也是一样的道理。

如果学生在学习、做事的过程中遇到困难，鼓励他不要退缩，而是想办法突破。比如，遇到不会做的题目时，可以暂时放在一边，等其他作业都做好后，回头再来思考；如果凭自己的力量无法解决，则向父母、老师或同学求助。

另外，在生活和学习中，要引导他用认真的态度对待每一件小事，比如削铅笔、包书皮、整理房间，或读课文、查字典、听录音等，不要因为太容易就不认真做。要让他知道，任何一件大事都是由无数个细节组成的，因为"天下大事必作于细"，所以要认认真真地去完成。

这样，时间一长，学生做任何事情都会胸有成竹、有条不紊，即使遇到突发情况，也懂得如何处理。学生的做事能力一旦增强，方方面面的、大大小小的成功就离他不远了。

到这里，我们是不是已经对《弟子规》肃然起敬了？它不是教条地教学生死读书，而是做人、做事无所不教，只是以前没有真正理解它内在的深刻含义。它的每一句教诲都有很深、很广、很细的义理在其中，我们只有真正明白了，才会建立起对《弟子规》的信心，从而进一步引导学生去落实。相信在不久的将来，我们自己和学生都会收获幸福、成功的人生。

一句话六个字，能救学生的命，要时时记心中

当今社会，诸如网吧、酒吧、歌厅等娱乐休闲场所特别多，这些场所很多都是"斗闹场"，出现打架斗殴等恶性事件的概率会比其他地方更大一些。如果学生在没有建立正确的是非观念时就进出这些场所，他的身心就会受到严重污染，甚至有可能遭遇横祸。因此，我们要让学生远离斗闹场所，时刻记得"斗闹场，绝勿近"这六个字，保护学生的身心健康，使其生命安全不受威胁。

斗闹场，绝勿近

"斗闹场，绝勿近"中，"斗"就是争斗，"闹"即热闹、繁华，整句话的意思是，那些容易产生争斗或非常热闹，甚至是容易闹事的地方，都不要接近。

站在斗闹场附近，学生会不会主动选择远离？

在学生的成长过程中，环境的影响是很大的。学生接触良好的环境，常常与有良好行为习惯的人相处，时间长了，自己的言行举止也不会太差。相反，如果他总是接触不良的人、事、物，迟早也会染上不良的习气。

这也就是2000多年前孟母三迁的原因。

一开始，孟子和母亲住在离墓地比较近的地方，孟子就常常学大人们号哭送葬的样子，玩一些办理丧事的游戏。母亲见状，就举家搬到了集市附近。没过几天，孟子又学起商人做生意和屠

宰猪羊的事。母亲紧锁眉头，决定再次搬家。这一次，他们搬到了学校附近，孟子学起学生读书的样子。母亲一看，感叹道："这里才是适合我们居住的地方。"

这个流传已久的故事，说明孩子的模仿能力很强，在他没有建立是非观念的时候，只会一味地模仿，模仿的次数多了，就会内化成自己的行为。因此，学生常常身处什么样的环境，决定着他有什么样的未来。

所以，让学生远离对他身心成长没有好处的环境是非常必要的，正如这句教诲所说，"斗闹场，绝勿近"。然而，现在很多学生不懂得这个道理，也不知道拒绝他人的邀请，会出入酒吧、网吧、歌厅等地方，不出事则罢，一出事就后悔终身。

有一次，某地发生一起"15岁少年网吧被同学殴打致死"的恶性事件，引发关注。不少网友感叹，本是被赋予"花季""雨季""青春"等字眼的"纯真"少年，在当下社会为何会变成"心狠手辣""残忍无比"的杀人恶魔？

而该地一家省级报社也就这件事对我进行了采访。在我看来，残忍冷漠并不是这一阶段少年群体的性格特征，但某种程度上也是一小部分"问题少年"的共性。这类少年普遍存在温暖缺失、心灵受伤害、情绪难以发泄的情感"困境"。这小部分少年之所以会变得"残忍冷漠"，与其成长、生活环境有很大关系。所以，作为父母，应该努力给孩子营造一个良好的成长环境，要学习孟母的精神。物以类聚，人以群分，"问题少年"容易聚集在一起，而聚的地点往往是"斗闹场"。这应该引起教育者的极大注意。所以，与其抱怨，不如改变。作为教师，应该正视各种"斗闹场"对我们自己、对学生的负面影响，告诫学生和自己，要远离这些地方。

现在，有的学生就爱凑热闹，特别喜欢到人多处看热闹，殊不知，这热闹场所中暗含着太多的危险！一旦发生意外状况，就很可能会给自己带来身体或心灵的伤害。

如果学生从小学过《弟子规》，他就会知道，那些场所都不该接近，只有远离这些场所才能保护自己的身心健康，保证自己的生命安全。

我们要把接近"斗闹场"的坏处告诉学生。

前几年，某地一所高校在圣诞节期间锁闭学校大门，不允许学生外出过节，组织全校师生观看中华传统文化的宣传片。此事引发了激烈争论，褒贬不一。没几天，某市一景点举办跨年夜活动，结果因为拥挤导致踩踏事件发生，造成36人死亡，49人受伤。死者平均年龄22岁，很多是来自该市重点大学的学生。两件事一对比，人们才发现，原来那所高校的做法还是有一定道理的，在一定程度上避免了隐患的发生。

不可否认，人多拥挤的地方如果安全保障不力，就容易暗藏各种安全隐患，在某种意义上可以说是"斗闹场"，所以还是少去或不去为好。

如果我们搜集一些类似的例子，常常讲给学生听，他就知道斗闹场里"危机四伏"，不能随便进出，要是运气不好，说不定哪天就把自己的命搭上了。即便生命没有受到威胁，在网吧、酒吧出入久了，哪能不染上一些恶习？等到染上了再改，就很难了。因此，这句教诲就是让学生做好预防工作，远离污染自己身心的地方，保持人性本有的纯净。

"斗闹场，绝勿近"，一句话六个字，应该让学生时刻记在心中，关键时刻可能真的能救命。我们也应该记住。

嘱咐学生提起警觉心，不打探他人的"邪僻事"

　　作为学生，应该时刻提起警觉心，不去打探他人的邪僻事，这样，他的身心就不会受到污染。要知道，邪僻事知道多了，就容易导致心性散乱，甚至因为"知道太多"而遭遇横祸。因此，我们不要让学生打听、窥探他人的隐私，这样才能保护学生的身心健康。

邪僻事，绝勿问

　　在这句"邪僻事，绝勿问"中，"邪"即不正，"僻"指怪僻、不常见，就是说，对于不正经的、怪僻的、怪异的事，不去询问、打听。

　　学生有警觉心，就不会因好奇心而打探"邪僻事"。

　　这句"邪僻事，绝勿问"的教诲依然起着保护学生身心健康的作用，因为"邪僻事"一般会牵涉一些关于怪力乱神和比较偏激的言论，往往会污染心灵，给身心健康造成损害。

　　我们应该怎样教学生学会判断"邪僻事"呢？

　　与邪僻事相反的，是正义的、正当的事。如果我们把正义的告诉学生，那么与正义不相符的，自然就是邪僻的。因此，我们要尽可能地把正面的、高尚的东西传授给学生，时间长了，他自己接触人、事、物的时候，就会有判断力。他知道只要是与平时所学的不一致的，都不能轻易接触，因为其中很有可能暗含"邪僻"的东西。

　　另外，我们要告诉学生：如果无意中听到一些事情，让你的心感到七上八下或极度恐惧、忧虑、烦躁,就不要继续听下去,赶快起身远离。

　　一个小女孩晚上做噩梦,在梦中大哭大叫。妈妈叫醒她之后,她告诉妈妈,前几天听同学讲了很可怕的鬼故事,梦中就梦到那个鬼在抓她。这几天,只要天一黑,她就害怕,睡觉之后也不敢上厕所,总是会想:厕所里会不会有鬼?

　　一个鬼故事让孩子的心灵受到如此煎熬,真是不应该。所以,我们一定要让学生懂得主动回避那些邪僻事,以保持心情的轻松与愉悦。

　　因为网络和有线电视,学生足不出户就身处斗闹场中了。

　　当今社会,不是只有酒吧、网吧、歌舞厅才是斗闹场,如果父母常常把朋友约到家中喝酒、唱歌、娱乐,这与酒吧、歌厅就没有什么区别;而随着网络通信的发达,几乎每个家庭都能上网,学生虽然可以通过网络了解世界,查找需要的资料,但是,黄色和暴力的画面、视频、文字充斥在网络上,如果学生常常浏览这些东西,那岂不是足不出户就听闻“邪僻事”了吗?还有,如今一些电视节目都无益于学生的身心健康发展,一些争斗、暴力、情爱甚至是色情的场面常常被学生看到,那与在斗闹场中也没有什么不同。

　　因此,我们也应该告诫学生父母,不能任由孩子随便上网浏览网页、看电视节目,一定要进行适当监管,给他讲清道理,让他有选择、有节制地上网、看电视。还有,父母一定要注意自己的言行举止。《论语·颜渊》中说道:“非礼勿视,非礼勿听,非礼勿言,非礼勿动。”也就是不合乎礼的,不要看、不要听、不要说,也不要接触。这里的“礼”就是与道义、正义、规律相符合的事物。如果学生不懂得回避那些“非礼”的人事环境,就会污染身心,走上不正之路。所以,在学生的身心尚未受到污染之前,我们就要做好预防工作,以免使他误入歧途。

告诉学生，登门拜访他人时，务必遵守礼节

前面提过的"不学礼，无以立"其实是孔子告诫他儿子孔鲤的，不懂得礼仪、礼貌，就无法立身处世，这句话在今天仍极具意义。就说简单的拜访他人吧，如果学生在准备进入他人的房间时，不懂得如何应对，那就会给人留下不好的印象。而如果学生能落实登门拜访的礼节，能进退应对自如，他的道德修养便会逐渐提升，人生之路也会变得越来越顺畅。

将入门，问孰存；将上堂，声必扬

"将入门，问孰存；将上堂，声必扬"说的是，将要进门时，要问一声谁在里面；将要入厅堂时，要刻意发出高声，让室内的人知道有人来了。

学生总会登门拜访亲友、老师，关于入门的礼节，他知道吗？

在古代，人们居住的房子不是一开门就是客厅，而是在一个大院落中按顺序有门厅、客厅、后院等，卧室坐落在两侧，即使小户人家没有那么多厅堂、走廊，进大门之后，也要走过院子，才能到达厅堂。

所以，"将入门，问孰存；将上堂，声必扬"说的就是准备进大门的时候，要"问孰存"，就是问"有人在吗？""某某在不在？"；当准备进入客厅、堂屋的时候，要"声必扬"，就是把声音提高一些，以便让里面的人知道。我们从古装片中也能看到，一些大户人家接待客人时，都是管家或丫鬟先请客人在厅堂等候，然后禀报主人有人来访，主人可能会换件衣服，然后才到厅堂会客。由此可以看出，"问孰存"和"声必扬"不仅是为了让屋内的人知道有人来访，也是为了留给主

人一些准备时间。

其实这句话就来自《礼记·曲礼》，里面说道："将上堂，声必扬。户外有二屦，言闻则入，言不闻则不入。将入户，视必下。"意思是，门外如果放了两双鞋，能听到他们说话的声音就进去，听不到声音就不要进。将要进到门内时，目光要看着地面。

这句教诲放在今天使用，也是非常必要的。不过，人们大都用敲门的方式代替了"问孰存"，如果主人的家门、房门是开着的，那就直接落实"声必扬"，提高音量问："请问，某某在吗？"

说到此，我建议学生在拜访他人之前，提前打电话或通过现代通信工具预约，古代的通信不像今天这样发达，互相拜访无法预知，自然不能提前做准备。今天就不同了，为了不让主人感到突然，提前预约是很有必要的。

此外值得注意的是，不要已经在人家楼下了，才打电话问："你有空吗？我就在楼下，方便的话，我上来坐坐。"那对方怎么能说"没空"？这种做法会让对方为难。所以，要提前至少半天或一天预约，这样万一对方不在，也不会白跑一趟。

当然，无论是否预约，到了人家家门口，都要敲门或摁门铃。关于如何敲门，如何询问，现今的学生未必懂得。

一个小男孩放学回家，站在家门口就"咚咚咚"地使劲敲门，敲得又响又急。屋内的妈妈还没走到门口，就开始胡思乱想了，心想：现在正是放学的时间，是不是孩子在外面出什么事了？

妈妈一开门，看见是自己的儿子，稍松了口气，但还是急切地问："怎么了？没出什么事吧？"儿子一边进屋，一边说："没什么事啊，渴死我了。"原来，男孩是太口渴了才这样敲门的，真是让妈妈虚惊一场。

瞧！不懂得如何敲门，让家人无缘无故地担心了一场。这是敲自家门，如果是拜访别人，这样敲门恐怕不会给人留下什么好印象吧！

另外，如果别人家的房门没锁，恰好学生去拜访，会怎样呢？他会不会不声不响地进去吓主人一跳，或者让主人误以为他有什么鬼鬼祟祟的行为，再或者碰到主人衣冠不整等尴尬场面？所以，为了避免类似情况发生，做到"问孰存"和"声必扬"是非常必要的。

要教学生通过落实这句教诲成为一个有礼貌的人。

要让学生知道，去别人家，进门之前要摁门铃或敲门，但是，门铃不能持续不断地摁，敲门也要讲究方法，如果摁门铃或敲门太急促，会让屋里的人误以为发生了什么急事或大事而不安。

敲门一般敲三下之后等待回应，没人回应时，可以再敲三下，如果第三个"当"敲完后还没人回应，就基本可以确定屋内没人。

另外，如果学生个子矮，无法摁到门铃的话，那么就敲门，不要跳着脚去摁门铃。

> 有一个小女孩提着小提琴去老师家学习，自己摁不到门铃就跳着摁。结果，跳一下，手没摸到门铃，但琴盒却撞了一下门，她跳了三次，琴盒也撞了三次。门打开之后，老师说："可以敲门啊！为什么要踢门？"

如果女孩能够大大方方地敲门，可能就不会引起老师的误会了。

所以，类似的问题是学生不得不注意的。

而在学校里，学生进老师的办公室时，应该以喊"报告"代替敲门。在家里，在准备进入关闭的书房、父母的卧室等不属于自己的房间之前，也要敲门，得到允许后才能进入，以免给屋内的人造成不便。

另外，当学生准备进入门打开的房间时，无论里面有没有人，都要敲门。倘若里面有人，敲门就能引起对方的注意，免得人家不知道有人进来。如果看不到里面的人，就要问一声："请问，有人在吗？"可以问两三遍，没人应，就不要随便进去，除非有人喊"请进"，方可进入。如果对方说"等一下"，就要老老实实地等着，不能因彼此很熟悉就往里走，说不定对方在上卫生间或整理衣服，特别是夏天，一定要注意这一点。

如果学生被允许进到厅内后，还是不见人影，就要高声说："我进来了啊！"并站在固定的位置等候回应，不要到处乱看、乱动、乱摸，以防人家因东西丢失而怀疑他，这就需要落实我们之前学过的"入虚室，如有人"的教诲了。

当然，对这句教诲的解读，也应该引起我们自身的注意，如果以前有些地方没有注意到或做得不到位，那就应该修正一下。

人问谁，对以名；吾与我，不分明

"人问谁，对以名；吾与我，不分明"说的是，屋内的人问是谁来访，要直接报上自己的全名，而不能只说"我"，不然人家如果听不出是谁的声音，可能还会再问"你是谁"，就显得很尴尬了。

当对方问"谁啊？"，学生一般都是怎么回应的？

学生敲门后，可能会听到屋内的人问："谁啊？"大多数学生都习惯说："我！"这样妥当吗？"我"是谁呢？对方很可能还是不知道他是谁。所以，回答"吾""我"都不合适，"吾"跟"我"意思一样。

正确的应答方式是有礼貌地报上姓名。比如，可以回应："您好，我是某某。"这样，人家就知道了。但是，如果对方不认识他，他就要报出相应的身份，比如"我是您家楼上的住户某某""我是某某的同学"等，让对方清楚来访者是谁。

如果学生能这样做，就不愧是一个大方、得体、有修养的好孩子。

让学生学会广泛而灵活地应用这句教诲。

"人问谁，对以名；吾与我，不分明"的思想精髓是，让学生学会在必要时主动介绍自己，而不是让对方无端猜测。但在此之前，要确定拜访的对象准确无误。

比如，学生第一次去某位老师的办公室，敲过门，被允许进入之后，如果没有见到要寻找的老师，就要主动问其他老师："老师您好，请问，某某老师是在这间办公室吗？"

再如，如果拜访亲友时是不认识的人开门，就要大方地询问，自己要找的人是不是住在这里，而不是从门外往里看或者转身离开。

再以打电话为例，对方接通电话后，学生首先要问："您好，请问，您是某某吗？"以确定电话没有打错。在没打错的情况下，再主动自报家门说："我是某某。"之后再说事情。千万不可以等对方一接通电话，就直接说事，显得很不礼貌。

另外，如果学生换了通信地址或联系方式，当以新的联络方式通知别人的时候，一定要说明自己是谁。

最后，如果学生敲错房门或打错电话，就要赶快道歉说："对不起，是我弄错了，打扰您了。"千万不可以转身就跑或者立刻挂断电话。倘若学生能落实好"人问谁，对以名；吾与我，不分明"，无论他走到哪里，人们都会对他刮目相看。

教学生懂得正确借用他人的物品，并做到及时归还

在人与人的交往中，彼此借用物品是很常见的。然而，借用也不是随随便便的，应该体现一定的规矩和礼节。比如，借用物品要征得主人的同意，懂得爱惜物品并能及时归还，让对方安心、放心，如果学生懂得遵循类似的规矩和礼节，就不会在借用的过程中给对方带来不便，也不会使自己的人格有所降低，可能还会因此与对方建立良好的关系。

用人物，须明求；倘不问，即为偷

"用人物，须明求；倘不问，即为偷"是说，如果想使用别人的东西，必须当面向对方提出请求，在对方同意的情况下才能使用，如果不问一声就擅自拿来使用，就如同偷盗一样。

在借用他人物品时，为什么要征得对方同意？

同一个班级的学生相互之间都比较熟悉，他们会不会在不打招呼的情况下使用别人的物品呢？还有必要打招呼吗？

一个男孩看到同学的尺子很好看，就在同学不知道的情况下拿过来使用，用完也忘记还给同学了。

过了一会儿，同学开始四处寻找自己的尺子，越找越着急，越着急就越生气。突然，他在男孩的桌子上发现了自己的尺子，冲过去就说："你怎么偷我的东西！"

男孩觉得很冤枉，大喊道："我没有偷。"

这种情形在学生之间很容易出现，很多老师尤其是小学老师经常会碰到类似的"案件"需要处理。那不打招呼就拿别人东西使用的行为到底是不是"偷"呢？"偷"在《现代汉语词典》里的解释是：私下里拿走别人的东西，据为己有。

这样说来，从行为上看，那个男孩是不是就是偷东西了？其实不然，很多学生不是有意瞒着对方，而是不懂得向对方打招呼，最后落了个"小偷"的骂名，真是冤枉。可见，用别人的物品不打招呼是不行的。

所以，我们要告诫学生：为了不让自己被人称为"小偷"，就要懂得一些借用他人物品时的礼貌和规矩。

"用人物，须明求；倘不问，即为偷"中，"须"就是必须，强调询问的无可争辩性，如果不问就取用，就跟偷东西没有区别了。

那么，落实在生活中就是，在准备借用他人物品之前，要问一下物品的主人："请问，我是否可以用一下你的铅笔？""请问，我能不能看一看你的书？""你的玩具借我玩一下，好吗？"在征得他人的同意后，用得正大光明，怎么都不可能被误认为是小偷了。

告诉孩子一些借用他人物品的注意事项。

借用他人物品之前，征求主人同意是非常必要的。除此之外，教师还要让学生知道，不是自己想用，就可以随便提出借用请求，比如，较贵重的物品、别人新买的物品、别人心爱的物品等，都不要因自己想用就借用。

因为，学生在使用较贵重的物品时，万一不慎损坏，那岂不是给他人添了麻烦，也使自己陷入窘境？而对方新买的那些书籍、玩具等物品，学生借用也会影响对方使用，将心比心，一般人谁愿意把自己还没看的新书、没有玩过的新玩具借给别人？而心爱的物品就更不必说了。如果学生贸然提出借用请求，在某种程度上就是在为难对方。

为了避免让对方为难，学生最好不要指定某一个物品，比如，不要拿起人家的某一支铅笔，说："让我用用。"而是问："能不能借我一支铅笔？"这样，对方会找出他愿意借出的那支。或者，在询问的时候，可以加上"暂时不用（看）的"这个定语，比如："有没有暂时不看的课外书？借我看看吧！""你有暂时不用的钢笔吗？借我用用吧，谢谢！"特别是对方正在频繁使用该物品的时候，更要考虑到主人使用时是否方便。

如果对方不方便借，也不要死缠烂打地非借用不可，更不要指责对方小气，要尊重对方的意愿。当然，如果人家愿意出借，则要心存感恩，用过之后尽快归还。

此外，还要让学生知道，要使用父母、爷爷奶奶、哥哥姐姐等人的私人物品时，也要提出请求，不可以随便翻动亲人的包或抽屉，拿出就用。如果遇到紧急事件，来不及向对方请求，但又必须借用，使用之后要主动向对方说明情况，不可以装作没借用过。

如果学生能注意以上这些借用细节，就会给别人和自己少添很多麻烦。

借人物，及时还；后有急，借不难

"借人物，及时还；后有急，借不难"的意思简单易解，即俗话说的"好借好还，再借不难；你若不还，再借免谈"。有的版本作"人借物，有勿悭"，意思是，别人来借东西，如果自己有就不要吝惜。

想把"互通有无"的好状态保持下去，就要做到"及时还"。

在《童蒙须知》里有这样两句，"父兄长上坐起处，文字纸札之属，或有散乱，当加意整齐，不可辄自取用。凡借人文字，皆置簿抄录主名，及时取还"，意思是，父兄尊长居住的地方，如果他们的书籍纸笔散乱了，应该用心替他们收拾整理好，不可以擅自拿去使用。凡是借了别人的书籍，都要用本子详细登记好，及时归还。这也是"用人物，须明求"和"借人物，及时还"的典籍依据。

没有人愿意把东西借给那些不及时归还或者根本不准备归还的人。而这样的人也只能借用一次他人的物品，第二次将没有人愿意把东西借给他。

一个男孩常常向同学借文具，有时还向同学借钱，借完从来不还。渐渐地，很多同学都对他有了看法。

竞选班干部时，虽然这个男生是候选人，但几乎没人投他的票。老师对此很奇怪，因为老师一直认为他人缘不错，应该有很多支持者。

后来，有同学陆续向老师告状，说他借东西不还。老师问他，他还没有回应，就有很多同学七嘴八舌地说："他还借过我的东西，现在还没还。"老师这才知道问题的严重性，也明白了他落选班干部的原因。

一个常常失信于他人的人，根本建立不了基本的威信，而学生借东西不及时还就是失信的表现。如果这个男孩知道"借人物，及时还；后有急，借不难"的道理，可能就不会那样做了。

所以，我们一定要告诫学生，借了别人的物品后，一定要在约定的时间内归还，这种诚信的态度会使下次的借用变得容易。

通过故事，教学生了解诚信做人的好处。

这是一则爱书的读书人的故事：

明朝有个名叫宋濂的人，自幼聪明好学，但因为家境贫寒买不起书。当时，有一些富贵人家有很多好书，宋濂为了学习，就常常向富贵人家借书看。每次，他都和对方讲好期限，按时还书，从不拖欠。于是，很多大户人家都愿意借给他。

一次，宋濂借到一本书，爱不释手，决定把它抄写下来。眼看着还书的时间就要到了，他只好连夜抄书。那时候，正值寒冬腊月，天气非常寒冷，宋濂的手冻得通红，但仍然坚持抄书。母亲见状，非常心疼，说："孩子，天这么冷，而且天也黑了，等明天天亮了再抄吧！"

宋濂听了，说："请娘放心，孩儿不冷，我已经答应人家在十天之内将书归还，不管别人看不看，我都要如期还给人家。如果我这次失信了，恐怕下次就没有人再愿意借书给我了。"

第十天早晨，天空下起了大雪，书的主人以为宋濂不会来还书了，但宋濂却冒雪把书还回来了。主人很感动，于是告诉他，以后可以随时来借书，而且不对他限定还书的期限。

宋濂长大后，在政坛和文学上都取得了很大的成就，曾被明太祖朱元璋誉为"开国文臣之首"。

当学生听到这样的故事时，就会真正理解"及时还""借不难"

的道理，也会因受到感染而期许自己成为守信的人。关于信用和诚信的更多内容，会在下一章详细介绍。

另外，我们要嘱咐学生，使用他人的物品时要爱护，不要弄脏、弄坏，否则，即使及时归还了，恐怕下次也不容易再借了。对个人物品如此，对公家的物品亦如此。比如，借阅图书馆的书籍后，不仅要及时归还，阅读的时候也要爱惜。关于应该如何爱惜书本的具体内容，在后面的"余力学文"部分会详细讲述。

学生力行《弟子规》细节指导（四）

朝起早 夜眠迟 老易至 惜此时
晨必盥 兼漱口 便溺回 辄净手

每天的作息要有规律，晚上应该在9点左右睡觉，最晚不要超过晚上10点，早上要按时起床，不要赖床，以免上学迟到。

即使在周末，也要早睡早起，不要熬夜和睡懒觉，否则对身体不好。

放学回家之后，应抓紧时间写家庭作业，写作业时要专心致志，不要东玩玩、西摸摸，要懂得高效利用时间。

做任何事情都不要磨蹭拖拉，应在有限的时间内做好每一件事。

要珍惜年少的时光，多学文化知识，把握每一个成长机会，等到年龄大了，精力衰退了，再想学习就不容易了。

早上起床后，我们可以先把被子摊开，让一夜睡眠的浊气"溜走"，之后去刷牙洗脸，洗漱后再回来叠好被子。

每天早上刷牙后，应该喝一杯白开水，以促进身体的新陈代谢。

每次吃饭之前都要认真用香皂或洗手液洗手，如果外出游玩，就要带上湿纸巾，以备擦手之用。

在大小便之后，先要把排泄物冲干净，再用香皂或洗手液洗手。

每天放学回家后，或外出归来，都要先洗手，保持清洁。

在摸小动物、数钱、洗马桶、大扫除之后都要洗手，以免有细菌残留在手上。

洗完手后，要立刻擦干净，不要把手上的水珠到处乱甩。

晚上睡觉前，要养成洗漱的习惯，刷牙、漱口、洗脸、洗脚是必须要做的。平时，要勤洗澡、勤换衣、勤理发、勤剪指甲，良好的卫生习惯不但是健康的保障，也是对他人的尊重。

冠必正 纽必结 袜与履 俱紧切
置冠服 有定位 勿乱顿 致污秽

无论是在家还是外出，都要将衣服穿整齐，将纽扣扣紧，将拉链拉上，不随便把衣扣和拉链解开，要保持庄重。

夏天即使天气炎热，女孩也不能随便撩裙子，男孩不把衣服上卷露出肚皮，更不能"赤膊上阵"，这都是不文雅的行为。

不要穿着睡衣、睡裙和拖鞋上街，这对自己不尊重，也对他人不礼貌。

穿的鞋袜尺寸要合适，鞋带一定要系紧，以免我们因踩到松开的鞋带而摔倒。

在选择衣服时，不要选择奇装异服，特别是女孩不要穿超短裙和过透过短的衣服。我们不能小看自己的穿着，若穿着很暴露，会带动社会的不良风气。

脱下来的衣服要先叠好放在固定的位置，或者挂好放在衣架上，不可以随处乱扔。

如果是准备要洗的衣服，就要放进脏衣篮或洗衣机里，要和干净衣服分开放。

洗衣服的时候，要注意区分质地和颜色，以免在洗涤的过程中互相污染。而内衣、内裤要分开洗，这样更卫生。

洗漱用品、学习用品、生活用品、劳动工具等物品，在使用后都要立刻放回原处，以便下次使用。

任何时候都不能养成随手乱扔果皮纸屑，随地吐痰的坏习惯，要做爱干净、讲文明的好孩子。

衣贵洁 不贵华 上循分 下称家
对饮食 勿拣择 食适可 勿过则
年方少 勿饮酒 饮酒醉 最为丑

在穿衣方面，不要追求名牌，而是要穿着合身，干净整洁。

在选择衣服的款式时，要注意符合自己的年龄和身份，尽量选择适合学生穿的衣服。

应尽量穿棉质的衣服，因为棉质的衣服不但穿起来舒适，而且便于我们排汗。

要适当了解自己家庭的经济情况，绝不因自己喜欢某一件物品，而让父母节衣缩食地满足自己。

如果同学穿了新衣服、新鞋子，换了新书包和新铅笔盒，那么不要因为羡慕嫉妒也要求更换，要想想自己的家庭条件是否允许。

即使家庭条件不错，也不要让父母频繁地为自己购买新衣服或新饰物，要以自己的需求为标准，而不是想要什么就买什么。要以勤俭节约为荣，以奢侈浪费为耻。

在饮食方面，一日三餐要按时吃，特别要把早饭吃好，不能养成不吃早饭的习惯，而晚饭要少吃，每顿饭都不要吃得太撑，七八分饱为最好。

吃饭时要注意荤素搭配，多吃蔬菜少吃肉；要懂得主副搭配，不能只吃蔬菜，不吃主食；懂得精粗搭配，不能只吃白米、白面，要适当地吃一些如玉米、小米、糙米、黑米等粗粮。

平时要多吃水果，多喝白开水，少喝可乐、汽水等饮料。

要注意饮食卫生，不吃过期变质的食物，也不要吃直接从冰箱里拿出的食物。

虽然零食很有诱惑力，但是对身体不好，所以要少吃薯片、汉堡、话梅、罐头等食品，因为这些食品中含有过高的钠盐、糖类或致癌物质，长期食用会给我们的身体造成巨大危害。

平时在生活中，我们要注意鉴别垃圾食品，诸如油炸食品，罐头类食品，腌制食品，加工的肉类食品，肥肉和动物内脏类食物，奶油制品，方便面，烧烤类食品，冷冻甜点，果脯、话梅等蜜饯类食物就属于"十大垃圾食品"。

少年时期，正是我们长身体、长智力的时候，而过量的酒精会影响身体和智力的发育，所以不能养成饮酒的坏习惯。

不要和同学、朋友聚众喝酒。因为，酒精会麻醉我们的神经，容易让我们做出不符合言行规范的事情。所以，在酒精面前，我们要有克制力，要对劝酒的人坚决地说"不"。

步从容　立端正　揖深圆　拜恭敬
勿践阈　勿跛倚　勿箕踞　勿摇髀

平时要注意自己的坐姿、站姿和走路姿势，这些时时刻刻体现着我们的素养。

走路时，不要慌慌张张、蹦蹦跳跳、横冲直撞，而是一步一步地走稳，走得落落大方。

在教室和教学楼，不要和同学追逐打闹，操场才是我们跑跳的场所。

站立时，要站得如同一棵挺拔的松树，不东倒西歪，不随便倚靠墙壁，不以一条腿为支撑点斜立着。

无论是站立还是走路，都要抬头、挺胸、收腹，两眼平视前方，不要左顾右盼，要精神抖擞，不要萎靡不振。

对父母、亲戚朋友问候行礼时，无论是微笑、点头、鞠躬还是叩拜，都要用恭敬真诚的心去完成，不可以动作做得很到位，内心却没有恭敬感。

在进出房门的时候，如果门有门槛儿，我们的脚要抬高，不要踩在门槛儿上。如果没有门槛儿，要快步从门中间穿过，不可站在门中间或倚靠在门框上不动，这既不礼貌，又会阻碍其他人进出。

坐在椅子上时，上身应直立，不要懒散地靠在椅背上。女生两腿应该并拢（男生可以稍微分开），不可把两腿叉开呈簸箕状，也不要跷二郎腿，更不要抖动大腿，这种坐姿会显得轻浮而不稳重。

在公共场合不要做诸如抠鼻子、挖耳屎、挠痒痒、抠脚趾等不雅行为。

睡觉时，应该保持右侧卧的姿势，这样对身体健康有好处。

良好的行、站、坐、卧姿势，不仅是对他人的礼貌，也是自己保持健康身体的前提，如弯腰驼背、脊椎侧弯、腰酸背痛、生骨刺等病症大都是因长期姿势不正确引起的，所以，保持正确的姿势，对我们有利无弊。

缓揭帘　勿有声　宽转弯　勿触棱
执虚器　如执盈　入虚室　如有人
事勿忙　忙多错　勿畏难　勿轻略
斗闹场　绝勿近　邪僻事　绝勿问

在进出房门的时候，如果有门帘，要轻缓地揭开，不要发出太大声响而影响了他人休息。

即使进出的是没有门帘的房间，关门、开门时，动作也要尽量轻缓。

打开窗子，拉开抽屉，关闭柜门，拉出椅子，摆放碗筷，打开铅笔盒时，都要轻推轻拉，轻拿轻放。

如果我们手里拿着空碗、空杯、空盘等空的玻璃易碎容器时，不能因里面没有装东西就马虎大意，依然要小心谨慎地用双手拿稳，以防磕碰致碎。

去移动或使用照相机、手机、录音笔等小型电子产品时，也要稳拿稳放，别因大意使物品受损。

总之，当我们触碰、使用、搬运每一件或大或小的物品时，动作都要柔缓，要有爱惜物品的意识，这样，物品才会完好无损地伴随我们更长时间。

另外，如果有机会看到或接触到价格不菲的珠宝、玉器、瓷器、翡翠、古董等物件，不要去触碰，以防损坏而造成不可估量的经济损失。

进入没有人的房间时，不能因屋内没人就乱动、乱翻、乱看屋里的东西。比如，老师让我们去办公室等他，如发现办公室没有人，我们要么在办公室内安静等待，要么在办公室门外等候。

即使进到父母、兄弟姐妹的房间，也不能随便打开抽屉和衣柜，更不能乱动里面的东西。

如果到别人家做客，在没有主人特别邀请的情况下，我们就在客厅活动，千万不要乱跑到其他如卧室、书房、工作室等房间。

在公共场所，只能在公共区域活动，不要乱闯工作人员的办公室，特别是要遵守"闲人免进"的指示。否则，我们的擅闯不但不礼貌，有时也会招来意想不到的危险。

当进入寺院、教堂等场所时，更要小心谨慎。不管里面有没有人，我们都不能乱动、乱碰任何物品。

走路时如果遇到弯角处，一定要慢，而且拐弯的弧度要大一些，以避免碰撞到棱角处，使自己受伤，也避免与他人发生碰撞。

在教室里走路时，注意不要碰到桌角、椅背等地方，也不要从教室门里迅速拐弯至门外，以减少与他人碰撞的概率。

在马路上拐弯，更要缓慢谨慎，以防与自行车、机动车相撞。

在做任何事情时，都要按计划、按顺序、有条不紊地执行，而不是图一时之快，匆忙行事。否则，很容易忙中出错，导致返工，最后时间和质量都难以保证。

在写作业前要安排好顺序，要清楚地知道先完成哪个科目，后完成哪个，为什么要这样安排，每项需要多长时间，总共需要多长时间等，做好计划之后再开始实施。

在做清洁前也要计划好扫地、擦桌子、拖地、收拾房间等事务的顺序。只有排好合理的顺序，才不会东一榔头、西一棒子地匆忙行动，也会减少出错的概率。

在做事情的过程中，不要心急，要平心静气、按部就班地一点点完成，这样既节省了时间，又保证了效率。

如果在学习、做事的过程中遇到了困难，千万不要因害怕而退缩，而是想办法突破。比如，遇到不会做的题目，可以暂时放在一边，等其他作业都做好后，回头再来思考，如果凭自己的力量无法解决，就可以向父母、老师或同学求助。

在生活和学习中，要以认真的态度对待每一件小事，比如削铅笔、包书皮、整理房间，或读课文、查字典、听录音等，不要以为太容易，没有必要花时间去做就不做。任何一件大事都是由无数个细节组成的，所以，要认认真真地去完成。

如果他人需要我们的帮助，无论事情有多小，我们都要重视，并全力以赴，千万不要因"善小"而不为。

作为未成年人和学生，不要出入网吧、酒吧、KTV等娱乐场所，如果在路上遇到有人围观打架或吵架等事情，也不要靠近，以减少自己受到伤害的概率。

对于一些诸如偷盗、杀人、抢劫、打架、赌博等不正当的事情，不要因好奇心的驱使而去打听过问，以免惹祸上身。

不因好奇而在笔记本电脑、平板电脑或手机上浏览各种不雅图片、视频等，以免身心受到污染而走上歧途。

将入门　问孰存　将上堂　声必扬
人问谁　对以名　吾与我　不分明
用人物　须明求　倘不问　即为偷
借人物　及时还　后有急　借不难

去别人家，进门之前要摁门铃或敲门，但是门铃不能持续不断地摁，敲门也要讲究方法，如果摁门铃或敲门太急促，会让屋里的人误以为发生了什么急事或大事而不安。

敲门一般敲三下，比如敲"当、当、当"之后等待回应，没人回应时，可以再敲三下，如果敲完后还没人回应，屋内可能没人。

如果个子矮无法摁到门铃的话，就敲门，不要跳着摁门铃。

在学校里，无论是进教室还是进办公室，都以喊"报告"代替敲门。

在家里，当我们准备进入爸爸的书房、妈妈的卧室或姐姐的房间时，都要先敲门，得到允许后才能进入。

如果房门开着，我们又无法确定里面是否有人时，就要敲敲门，并问一声："请问，有人在吗？"当听到屋内人询问："谁？"我们要以对方听得见的声音回答："您好，我是某某。"即向对方报出我们的姓名。如果对方不认识我们，我们就要报出相应的身份，比如"我是您家楼上的住户某某""我是某某的同学"等，让对方清楚我们是谁。

如果我们打电话给别人，首先要问："您好，请问，您是某某吗？"

以确定电话没有打错。在确定电话没打错的情况下，要主动自报家门说："我是某某。"然后再说事情。千万不可以等对方一接通电话就直接说事，这样很不礼貌。

如果我们敲错了房门或打错了电话，就要赶快道歉说："对不起，是我弄错了，打扰了。"不可以转身就跑，或立刻挂断电话。

在学校，当我们想借用同学的铅笔、尺子、橡皮等学习用品时，一定要询问对方："请问，我可以借用一下你的尺子吗？"不能不打招呼，拿来就用，而且用完之后要立刻还给同学。

如果我们借同学的课堂笔记本或课外书籍的话，要约定归还的时间，并在约定时间内归还，不可以一推再推，迟迟不还。

借他人的任何物品，在使用时都要格外爱护，以防损坏。

另外，不要向同学借用他很心爱的东西或比较贵重的东西。即使他心爱的东西仅仅是一块橡皮，我们也要尽量避免借用。

当同学新买了一本课外书，在他还没有阅读完时，我们不要提出借阅的请求，以免对方为难。

在家里，即使我们要使用父母的私人物品，也要向父母提出请求，不可以随便翻动父母的包或抽屉，拿出就用。

在来不及向对方请求但又必须借用的情况下，使用之后要向对方说明情况，不可以装作没借用过。

归还任何物品都别忘记说："谢谢。"

第五章

信——言而有信，
乃立业处世之基本道德要求

信，是儒家的道德规范，主要含义是诚信，言而有信。《论语·述而》中讲道："子以四教：文、行、忠、信。"孔子以文、行、忠、信四项内容教导学生，认为信是做人的基本要求。子曰："人而无信，不知其可也。"一个人言而无信，怎么能行呢？这足以说明，对于一个人的成长而言，信非常重要，是安身立命之本，是立业处世之基，也是一张行走于社会的超级"通行证"。

诚信是中华民族的传统美德，也是每个人都应该具备的基本素质之一。孟子曾说，"车无辕而不行，人无信而不立"。一个人没有信用，是无法在这个社会中立足的，诚信关乎一个人的未来。对于学生而言，在他小时候，我们就要帮助他建立诚信意识。言语行动，都要讲信用，说出来的话要放在心上，答应他人的事，一定要信守承诺。

学生当在言语上做到诚实守信，不欺诈他人

　　"信"本身就是一个智慧的符号，左边是"人"，右边是"言"，即"人言为信"。《说文解字》中解释："信，诚也，从人言。"也就是说，一个人说出的话，就一定要兑现，不可以说一些欺骗他人的话。因此，我们要教学生在言语上做到诚信，不说谎。

凡出言，信为先

　　"凡出言，信为先"是说，凡是开口说话，首先就要讲究信用。言出必行，说到做到，无信不足以立身，更难以处世。

诚信是一种美德，是每个人都应该具备的最基本的素质。

　　中国自古就很重视"信"，把"信"当成衡量一个人基本素质的重要标准之一。人之所贵者，心也；言者，心之声也。而人言为信，所以人与人之间讲话一定要诚实不欺，以信为本。而信，也是儒家五常（仁义礼智信）之一。《论语·学而》说，"与朋友交，言而有信"，《论语·宪问》又说，"君子耻其言而过其行"，其实都是在勉励我们言行一致，说到做到。

　　古时候，因为科技、交通不发达，朋友之间居住的地方相距较远，都是提前说好下次见面的时间和地点，短则一年，长则几年甚至几十年，但是无论时间有多长，他们都会如期而至。即便是相约的某一方已经不在人世，他也会在临终前把此事托付给亲人，嘱咐亲人代自己赴约。这里所流露出的诚信的精髓，是多么值得今天的人学习啊！

　　另外，古人的诚信不只建立在言语上，甚至连一个念头都不会违背。

在春秋时期，吴国的季札是一个有信义的人。

有一次，吴国的国君派季札出使鲁国。当季札一行途经徐国时，徐国的国君宴请了他。徐君看到季札身上佩带的一把宝剑时，掩饰不住地流露出了对宝剑的喜爱。季札心里清楚，徐君非常喜欢自己的这把宝剑。但是，出使国外，如果没有佩剑便是失礼。所以，当时季札的心里有了这样一个念头：我现在不能把宝剑送给徐君，等从鲁国回来再送给他。

一年过后，季札出使结束返回吴国，途中又经过徐国。他想把这把宝剑送给徐君。不巧的是，徐君已经去世了。季札便找到了徐君的儿子，将事情的原委告诉了他，然后请他收下这把剑。徐君的儿子很是感动，但他对季札说："我父亲并没有和我提过这件事，所以，这把剑我不能收。"季札见他坚决推辞，便不再勉强，而是来到了徐君的墓地前祭拜他。祭拜完后，季札把宝剑挂在了墓旁的树上。

季札的随从感到非常奇怪，就问他为什么要这样做。当时，季札回答道："始吾心已许之，岂以死背吾心哉？"意思是说，我的心早就已经答应把宝剑送给徐君了，怎么可以因为他去世了而违背我的心呢？

其实，即使季札不把宝剑送给徐君，也不会有人说他什么。因为，季札没有在口头上给徐君任何承诺，而且徐君也已经不在人世了。但是，季札却兑现了自己念头上的承诺。这种诚信品质着实难能可贵！

然而，在当今社会，有些人说话不讲诚信，有些企业也不讲诚信，出尔反尔，害人又害己，从而引发了严重的诚信危机。口头承诺的事情，可能会因为某些原因而无法履行。即便是白纸黑字定下的合同，也可能会故意违约。试想一下，如果人们都不讲诚信，都以欺诈为荣的话，这个社会还如何前进呢？

"人无信而不立"，同样，一个家庭、一个团体、一个民族、一个国家失去了信用，也将无法在这个世界上立足。所以，我们应该和学生一起落实"凡出言，信为先"，共同勉励，做一个诚实、守信的人。

在生活中，我们首先要在言语上做到诚信。

人与人之间的交往，使用最频繁的、最容易表达的就是言语。如果言语不能建立在诚信的基础上，人与人之间的交往就会变得非常虚伪，也就失去了交往的真正意义。而且，更可怕的是，教师、父母的一言一行将在无形中影响学生。

所以，我们为人老师也好，为人父母也罢，都一定要言而有信，答应他人的事情就一定要去做，不能找任何借口。尤其对学生、自己孩子的承诺，一定要履行，如果因为特殊情况而无法履行承诺的话，一定要说明原因，争取得到他的理解，并找机会弥补这次缺憾。只有这样，我们才能获得学生、孩子最大限度的信任和敬佩。更重要的是，我们给他做了一个诚信的好榜样，他也会学着我们的样子，信守对他人的承诺。

我们要帮助学生建立诚信的意识。

对于每个人而言，诚信都是立足于社会的基石。在竞争日益激烈的当今社会，要使学生立于不败之地，就必须让他具备诚信的品质。在本书的前面已经讲过了，学生讲诚信不但不会受人欺负、受人骗，反而会赢得更多人的喜爱和帮助。

然而对于年龄较小的学生而言，他的脑海中可能还没有诚信的概念，可能很容易就答应他人要做某件事，然后又找很多理由推托。所以，我们要帮助学生在大脑中建立起诚信的意识。

可以有意识地引导学生思考关于诚信的问题，让他知道什么是诚信；可以给他讲一些关于诚信的故事，将道理深入浅出地渗透给他，使他得到诚信品质的滋养；也可以一起分析故事中人物的对错，从而帮助他建立正确的诚信观。

另外，也可以请学生的父母在生活中帮助他建立诚信意识，对于孩子答应父母的事情，比如回家先写作业、出去玩多长时间、看多长时间电视、几点起床、去超市买什么东西等，父母都要监督他做到，不能放任他的行为，更不能迁就他。当学生这样去做的时候，说到做到的诚信意识就慢慢在他心中建立起来了。

"凡事三思而后行"，说话也一样，也需要三思。

孔子曾说："古者言之不出，耻躬之不逮也。"就是说，古人不轻易说话，更不会随心所欲地说话，因为他们害怕自己说出的话不能做到。而且，他们认为，说到做不到就会失信于人，是一件非常令人羞耻的事情。可见，古人说话非常谨慎，不轻易说话，不轻易承诺。

所以，我们不仅要重视自己的言语，还要教导学生重视言语，每次讲话之前，一定要反复考虑，看看这句话可不可以讲，该不该讲；讲了之后，能不能做到；讲了之后，会不会给他人带来伤害。

也许有人会认为，想说什么就说什么，那才叫真实。一个人能把自己想说的话说出来，的确表明他很真实，但是他能对自己的话负责吗？他能做到诚信吗？他能保证自己的话不会伤害到他人吗？

事实上，"凡事三思而后言"是一种慎重、负责的表现。说出来的，就要努力去做；做不到的话，就不能随便说，更不能随便答应别人，对别人承诺自己能力范围之外的事。当学生养成了说话之前多思考的好习惯后，就不会随意说话，也就不会出现说了做不到的情况，更不会伤害到他人。慢慢地，他就能在言语上做到诚信了。

诈与妄，奚可焉

在"诈与妄，奚可焉"中，"诈"即欺骗，"妄"即不真实，"奚"是文言疑问代词，即怎么。大意是说，怎么可以说欺骗他人的话和不真实的话呢？

不说欺骗、不真实的话，是修养德行的开始。

欺骗的话、虚假的话，都不应该出自我们的口中。因为，"出言不当，反自伤也"。"诈与妄，奚可焉"的反问，加深了所要表达的意思，就是不可以说欺骗他人的话，不可以说不真实的话！总之，不可以花言巧语欺骗他人。

一位母亲曾经讲过这样一件事：

有一天，我在家里接到一个找我家先生的电话，由于先生不愿意接听，我就说先生不在家，等我挂掉电话后，儿子就好奇地问我："妈妈，爸爸明明在家，您为什么说不在家呢？"我解释道："你爸爸不想接外人的电话，我就只好骗人家了。等你长大了，你自然就会明白的。"

请问，这位母亲的言行给孩子种下了什么种子呢？种下了不诚实的种子，种下了说谎的种子。孩子会认为，说谎是正常的事情，所以他就会理所当然地说谎。他经常说谎话，就没有人会相信他了，又怎么能跟别人交往呢？又怎么能立身处世呢？

还有一位朋友给我讲过一件事：

有一位父亲在家接到电话，跟电话那边的人说："今天还有应酬，就不过去了。"儿子听到后，就问："爸爸，什么是应酬？"这位父亲回答说："应酬就是你不想去做事时的借口。"儿子若有所思地点点头。第二天一早，父亲催儿子赶紧吃饭，一会儿要去上学。儿子说了一句让父亲羞愧的话："我不去上学了，今天有应酬。"

所以，在学生面前，在孩子面前，我们一定要注意自己的言行举止，处处小心谨慎，一定不可以说欺骗、不真实的话。如此，学生才会受到良好的熏陶，才会种下诚实守信的种子，自然也不会说欺骗、不真实的话了。即使受到社会不良习气的影响，他也有自己的判断力，不会随波逐流说无信之言。

北宋政治家司马光曾经说过，他的一生没有一事不可告人，没有愧对自己，也没有辜负过任何人。

一天，司马光的学生刘安世请教他："人一生要从哪里开始修养自己的德行呢？"

司马光说："其诚乎！吾平生力行之，未尝须臾离也。"

刘安世想了三天也没想明白，于是向老师请教具体的内容。

司马光说："自不妄语始。"

司马光认为，人一生要从"不妄语"开始修养自己的德行。所谓"不妄语"，就是不说虚妄不实的话，说白了，就是不说谎。所以，我们在勉励自己的同时，也应该勉励学生，从不说欺骗、不真实的话开始修养自己的德行。

在学生打下不说谎的根基后，还要教他学会变通。

听到"谎言"这两个字，我们首先想到的就是它是不真实的、骗人的话语。其实，还有一种"谎言"，被称为善意的谎言，在谎言的前面加上这个限定词之后，谎言的本质就发生了根本的变化。

当我们为了他人的幸福而适度地说谎的时候，谎言就变成了善意的话语，具有神奇的力量，可以给他人带来希望。如果我们一直坚持所谓的"真实"，可能就会把事情弄糟。所以，在学生打下了不说谎的根基之后，我们还需要教他学会变通，不要死板教条。

善意的谎言虽然属于谎言的一种，但是也不能说它一定会有碍于诚信，因为具体问题还需要具体分析。比如，面对一个身患绝症的亲人，我们怎么忍心告诉他真实的病情呢？一般来说，这时候为了让他对自己有信心，为了让他安心配合医生的治疗，我们可能会编一个善意的谎言。那么，谁又能说这有碍于诚信呢？

要让学生明白，善意的谎言是以维护他人的利益为出发点的，是出于替人着想的动机，是建立在内心真诚的基础上的。如果是为了自己的利益而说谎，就变成了恶意的谎言，就真的有碍于诚信了。学生只有能够活学活用这些智慧的时候，才能让自己和身边人受益。

另外，对于坏人也可以不讲诚信。比如，面对犯罪分子甚至穷凶极恶的恐怖分子时，要善于跟他们斗智，而可以"言不必信，行不必果"，这句话出自《孟子·离娄章句下》，意思是通达的人说话不一定句句守信，做事不一定非有结果不可，只要合乎道义就行。这也足见，古圣先贤的教育是灵活的、变通的，而不是死板的、教条的。

教学生说话懂得掌握分寸、看时机，少说多做

说话是一门很高深的学问，如果想说什么就说什么，往往会因为一句话而招来不必要的麻烦，甚至是祸害。所以，要教学生学会说话，让他懂得把握说话的分寸、说话的场合和时机，知道哪些话可以说，哪些话不可以说，让他成为一个受欢迎的人。

话说多，不如少；惟其是，勿佞巧

在"话说多，不如少；惟其是，勿佞巧"中，"惟"同"唯"，即只、只有，"是"即正确、适合，"佞"即不真实、花言巧语，"巧"即巧辩。意思是，话说得多不如说得少，因为言多必失。讲话应恰到好处，该说的说，不该说的不说。说话内容一定要实事求是，不说不切实际的花言巧语。

"口为祸福之门"，话说太多可能会招致祸殃。

《常礼举要》里说，"口为祸福之门，话要经一番考虑再说"。可见，说话前一定要先考虑一下后果，否则可能就会导致灾祸。

《朱子治家格言》里说，"处世戒多言，言多必失"。这是讲为人处世必须慎言，不要多说话，因为话说得多就很容易说错话。俗话说，"说者无心，听者有意"，的确是这样，有时候我们说了某一句话，自己觉得没什么，但是却发现对方的脸色突然变得不好看了，这就表明，我们说的话已经伤害到了对方，可能会招致不必要的麻烦，甚至可能会因此而结下怨恨。

《菜根谭》中有这样一句话，"十语九中，未必称奇，一语不中，

则愈尤骈集"。意思是说，十句话中即使说对了九句话，也未必有人说你好，但是如果说错了一句话，就会招来指责和抱怨。说对九句话都抵不过说错一句话，可见，说错一句话后患无穷！

对于我们和学生而言，谁又能保证自己所说的每一句话都是正确的呢？所以，我们要告诫学生，在与他人交谈的过程中，言语要特别谨慎，最好不要多说话。

有句话说"沉默是金"，这是不无道理的。

自古以来就有这样一句谚语，"沉默是金"，虽然是一句很简单的话，但是却蕴含着耐人寻味的道理。其实，沉默并不等于不说话，而是一种酝酿、积蓄的过程，在经过深思熟虑之后，再来发表自己的言论。

为什么要这样做呢？因为在生活中，有的人说话前缺乏思考，很容易出现言不达意的情况，反而影响交流；有的人喜欢夸夸其谈，过早地说出一些并不成熟的思想见解，很容易让对方产生随便一听的心理，从而忽略谈话的内容。

可见，没有经过思考而过早地发表自己的言论，对己对人都没有益处。所以，要告诫学生，在发表言论之前，可以先保持沉默，组织一下语言，思考一下自己的言论是否恰当、准确、到位，甚至是否符合道义，是否会伤害他人。这样一来，学生就会根据情况说出自己的言论，一般情况下就不会因为说错话而造成不必要的麻烦。

告诉学生，说话要选择恰当的时机。

《墨子》中有这样一段记载：

> 子禽问曰："多言有益乎？"墨子曰："虾蟆蛙蝇，日夜恒鸣，口干舌擗，然而不听。今观晨鸡，时夜而鸣，天下振动。多言何益？唯其言之时也。"

大概意思是说，子禽向老师请教："多说话有益处吗？"墨子答道："蛤蟆、青蛙和苍蝇，一天到晚叫个不停，叫得口干舌燥，也没有人去听它们的叫声。你看那早晨的雄鸡，在黎明时分按时啼叫，人们就跟着起床了。多说话有什么益处呢？最重要的是，说话一定要说得切合时机。"

从这段记载中可以得到这样的启示：要判断一个人说的话有没有益处，不在于言语的多少，而在于说话的时机。在恰当的时机说恰当的话，就能收到良好的效果。相反，在不恰当的时机说不恰当的话，可能就会招来意想不到的祸殃。

所以，我们应该让学生明白，说话的时候要注意选对时机。比如，当身边亲近的人言行不当时，应尽力去劝导他，但是要注意时机，如果时机还不成熟，就不要多讲；如果在与他人交谈的过程中发现他人眼神游离，有些不耐烦，就应该停下来，先不要讲，以后再寻找恰当的时机去规劝。不然，"不识趣"地讲很多话，不仅对方听不进去，还会引起对方厌烦。

引导学生遵循一条准则：少说多做。

如今，有很多人特别"会"说话，说起来"头头是道"。之所以加引号，是因为这些人喜欢说好听的话，而这些话几乎都是冠冕堂皇而不切实际的话。

无论在哪个集体中，总会有这样一类人，他们说得特别多，制订的计划也特别完美，但是让他们付诸行动，他们可能做得一塌糊涂。这些只会说不会做的人，不仅无法得到周围人的欢迎和喜爱，更无法得到领导的信任和青睐。

那么，我们应该教导学生如何去做呢？

《易经·系辞下》有言，"吉人之辞寡，躁人之辞多"。就是说，贤明的人言语少，急躁的人话语多。孔子也曾说，"君子讷于言而敏于行"。这就是告诉我们，君子应该在言语上谨慎，在做事上勤劳一些。这句话也可以简单地理解为"少说多做"。我们都希望学生成为一个能立身处世的堂堂正正的君子，就要教导他做一个少说多做的人。无论在哪里，说话都要谨慎，不要乱讲话，不要说一些空话、大话，而是要积极主动地多做实事。

有利于他人的话，该说时一定要说。

有的人学习了"话说多，不如少"之后，就什么都不敢说了。这也是不对的。话不必说得漂亮，关键是要说得有意义。"惟其是，勿佞巧"

就给我们一个启示：凡是没有意义的话，都不要说。相反，凡是有意义的话，该说时一定要说。何谓"有意义"的话呢？我想，有利于他人的话，都应该算是有意义的话吧！

所以，对于有利于他人的话，我们还是要引导学生去说，比如一些鼓励的话、祝福的话、能给他人启示的话、给人正能量的话，再就是能互相勉励、劝人行善、修身养性的话，等等。学生多说这些有利于他人的话，不仅让对方听着舒服，自己也可以受益。因为多说这些话，心情自然会受到好的影响，自然会少说一些废话、空话，也自然会受到他人的喜欢。总之，立身处世，自当谨言慎行，话多不如话少，话少不如话好。

告诫学生，不说奸巧污秽之言，远离市井之气

对于学生来说，一些不真实的奸巧的话，或者是无礼强辩的话，或是恶意伤人的话，或是尖酸刻薄、低俗污秽、不雅粗鄙的字句、言辞等，一定不可以说；各种流俗的、不文明的习气及做法等要自觉抵制，避免沾染。因为这些不仅会伤害到他人，还会玷污自己的心灵，更会给自己的人生道路设置诸多难以逾越的障碍。

奸巧语，秽污词；市井气，切戒之

这句教诲中，"奸"即奸诈，"巧"即虚伪却动听，"秽污"即粗鲁、肮脏，"切"即一定要，"戒"即戒除。整句话的意思是，凡是奸诈虚伪、粗俗肮脏的话以及街头无赖、阿谀奉承等低俗习气，一定要彻底戒除。

为什么要戒除这些不好的言语呢？

原本，我们的心都是纯净纯善的，正如《三字经》开篇所讲的"人之初，性本善"，但是，如果我们沾染上"奸巧语、秽污词、市井气"这些不好的言语、坏习气，慢慢地，我们纯净纯善的心就会变得肮脏、虚伪。而且，如果经常说这些不好的言语，有一些市井的低俗习气，不仅会让人感觉不舒服，也会让人认为我们没有涵养，从而有损我们的教师形象。当然，这也会伤害我们的德行，让父母蒙羞。

怎样让学生免受社会上不良说话习气的影响？

前面提到，孟子的母亲之所以三次搬家，是因为环境对孩子有很大的影响。如今的社会风气如何，大家有目共睹，所以很多父母非常

担忧，在现在这样一个大环境中，孩子会不会受到不好的影响？当然会。

　　一位朋友曾经说，他的孩子有一段时间经常会说其他同学是"蛋白质"，起初他没在意，因为不知道说的是什么意思，以为无关紧要。

　　后来，当孩子经常这样说的时候，他就产生了好奇心："蛋白质"是不是有其他的含义呢？到底是什么意思？后来才知道，"蛋白质"是一种网络语言，是笨蛋、白痴、神经质的意思。这时候他才意识到，孩子经常说的原来是脏话，而根源是网络。

其实，根源不仅在于网络，还在于学生自身，如果他有判断是非善恶的能力，有抵制不良习气的能力，他就不会受到社会上不良习气的影响了。

虽然父母可能无法效仿孟母的做法，为了让孩子拥有一个好的环境而数次搬家，远离不好的环境，但是我们做教师的和学生父母却可以通过培养和提升学生判断是非善恶、抵制不良习气的能力，让他自觉远离社会上的不良环境。

当然，这些能力的培养和提升不是一时半会儿就能做到的，需要长期的熏陶，比如，可以借助经典的力量。如果学生时常诵读《弟子规》，落实《弟子规》，他自然就会以《弟子规》为评判的标准去判断是非善恶。

学生有了判断是非善恶的能力后，他就会懂得取舍，自然就会避免社会上的一些污染。而且，不好的朋友就会远离孩子，而善良的朋友就会亲近他，那么他就不会受到不好的影响，正所谓"近朱者赤，近墨者黑""物以类聚，人以群分"。

如何引导学生戒除这些不好的言语呢？

首先，亲师配合，给学生营造良好的语言氛围。在家靠父母，在学校靠我们。比如，在家庭中，请父母多说一些好听的话、鼓励的话、赞美的话、支持的话、肯定的话等。如果遇到矛盾和摩擦，也要心平气和地解决，绝不可以图一时之快，说一些粗俗的话、脏话等。在学校，如果不能全校统一做，我们可以严格要求自己，从自己做起，戒掉这些不良习气，再扩展到整个班级。我们营造出这样一种良好的说话氛围后，学生在潜移默化中自然就会戒除不良言语，做到言谈文雅。

其次，要及时纠正学生不良的言行。有的学生为了耍酷，可能会学一些街头无赖的言语，骂一些脏话；为了好玩，可能会随便给他人取绰号，以此来取笑他人……对于学生的这些不良言行，一定要及时纠正。比如，可以制定班级规范，严禁学生这么做。

当然，在此之前我们可以语重心长地对学生说："你肯定不喜欢他人骂你或给你取绰号，同样的道理，别人也不喜欢这样，所以你不应该用这样的言语对待他人。而且，经常骂脏话、给他人取绰号，别人不喜欢你，自然就不愿意接近你，那你到时候可能就会很孤独了。"从而让学生有所反思。

另外，可能很多人都有这样的体会：在小时候，他人对我们说了不好的言语，我们会怀恨在心，正所谓"恶语伤人恨难消"。所以，请告诫学生，用恶语刺伤他人，会让他人很难堪，他人可能会怀恨在心，而这种恨可能一生都难以消除，即使过后道歉，也无法弥补给他人心灵上造成的伤害。就像在木头上钉钉子，钉子拔去后，钉子眼还是存在的。

在我们把这些道理告诉学生，学生明白了其中的利害关系之后，再出现不良言行的可能性就会降低。不过，改掉坏习惯是需要一个过程的，我们也不要操之过急，要耐心地帮助他、提醒他。

言语务必要谨慎，不轻言、轻传不确定的事

言语一定要谨慎，这是我们一定要知道的，也是一定要对学生强调的。我们应该利用各种机会提醒学生，对于自己的所见所闻，不要妄加评论、下结论，更不要人云亦云，把不确定的事情传播出去。否则，不仅会破坏自己的形象，而且还会影响到他人的名誉或集体的荣誉。

见未真，勿轻言；知未的，勿轻传

在"见未真，勿轻言；知未的，勿轻传"中，"真"即真实，"轻"即轻易，"的"即真实、实在，"传"即传播、到处说。整句话的意思是：对于任何事情，在没有看到真相之前，不可以轻易发表意见或下结论；对事情了解得不够清楚之前，不可以任意地传播出去，以免造成不良后果。

"见未真，勿轻言；知未的，勿轻传"体现的是谨慎态度。

《论语·阳货》中说道："道听而涂说，德之弃也。"意思是，在道路上听到人们传说的事，又立即在道路上传播给别人，这是道德所不容、所摒弃的坏习气。这与"见未真，勿轻言；知未的，勿轻传"所说的道理是一样的。

眼中看到而没有经过核实的事，不要随便乱说；心里知道而不清楚真假的事，不要轻易宣扬、传播。事实上，无论是在家庭、学校还是在团体中，"见未真，勿轻言；知未的，勿轻传"都体现了一个人谨慎的态度。只有秉持这份谨慎的态度，才能经营好家庭，管理好班级学校，才能管理好一个团体。

在教育学生的过程中，如果我们的见解不是很清楚，对很多道理没有了解透彻，一定不能轻易地传授给学生。否则，这些不准确、不到位、不恰当的见解很可能就会误导学生。

当学生向我们提出"为什么"时，如果我们真的不知道，就不要因为碍于面子而随便解答，而是要如实地告诉他，并与他一起去寻找答案。我们不必担心学生会瞧不起我们，相反，当我们表现出真实的自我，学生会更容易接受、信任、尊重我们。而且，这也是一种谨慎、负责任的做法。这样，当学生遇到他人向自己请教的时候，他就知道如何去处理了。

即使我们看到的是事情的真相，对事情也了解得非常清楚明了，也不可以轻易讲出来，更不可以轻易地传播出去，而是要想一想，这样做会不会破坏他人的名誉？会不会破坏集体的和谐？如果答案是肯定的，那么就不要去传播。

为什么不要轻言、轻传不确定的事情呢？

我们的所见所闻不一定全是对的，即便是亲眼看到，也未必是全部的过程，即便是全部的过程，也可能没有那么全面地了解事情的真相。因为，事情有来龙去脉，有前因，有过程，还有结果。

> 当年，孔子一行被困于陈蔡，没有饭吃，子贡逃出去，带回来一袋米，由颜回和子路负责做饭。
>
> 一天，粥煮好了，子贡正好看到颜回在"偷"喝粥，就向孔子禀告了这件事。孔子相信颜回的德行，就告诫子贡不可以把这件事传播出去。
>
> 之后，孔子向颜回了解了情况。原来是灰尘落入了锅中，而做好的饭菜要先祭祀先祖，但是，有灰尘的粥是不能祭祖的，颜回又舍不得倒掉，于是就把那些有灰尘的粥喝掉了。

所以，在我们没有全面了解事情的来龙去脉之前，是不可以妄下结论的。否则，可能会产生误会和矛盾。

另外，对于他人所做的每一件事情，因为我们不是当事人，往往没有办法理解当事人是抱着怎样的心态去做的，又为什么要这样做所以，我们不能轻言、轻传。否则，就可能在不经意间充当了流言蜚语的传声筒，成了谣言制造者，从而伤害到他人。

千万不要凭借学生的三言两语就提前下结论。

我们成人有一套自己的思维模式，和学生沟通时，经常是听到学生说了一个开头，我们就已经在脑子里想出了结尾，于是会不等他说完就打断他，并凭他的只言片语而发表意见或下结论。事实上，很多时候，我们最初的结论总是和最后的事实不符。如果按照最初的结论教育学生，难免会误解他，甚至会冤枉他。

如果我们经常这样提前下结论的话，不仅会让学生对我们失去信任，还会让他认为自己也可以随便发表意见或者是随便下结论。所以，我们一定要避免这样做，要耐心地把学生的话听完，然后根据他所叙述的具体事实情况进行最为合理的教育。

引导学生落实"见未真，勿轻言；知未的，勿轻传"的教诲。

在《论语·季氏》中，孔子提出了君子要九思，排在第一位的就是"视思明"。虽然是简单的三个字，却说明了一个深刻的道理：无论是对人，还是对事，都要看清楚、看明白，要深入地看整个状况，不要只看表面现象，不要还没看清楚就加以评论，还没确定事情的前因后果就大肆宣扬。因此，我们要努力引导学生，成为一个"视思明"的人，对任何事情的观察，都要注意看清楚、看透彻。当然，自己也要做到。

平时多注意跟学生传递这样的观念：如果看到或听说了某件事情，在自己不知道真实状况之前，一定不可以轻易去评论、下结论，更不要到处去宣扬。对于尚未发生的事情，也不要去乱加猜测。如果遇到有人打听你并不确定的事，一定不可以凭自己的一知半解随便乱讲，而是要告诉对方你也不太清楚，他如果还是好奇心很重，就会自己去了解事实的真相。

当听到学生说一些诸如"我看到某某同学……""我听其他同学说……"之类的话语时，要听他把话说完，如果他是在轻言、轻传一些不确定的事情，我们就需要把不能轻言、轻传不确定的事的道理告诉他。他明白了其中的道理后，就会有意识地去改正。

总之，凡事一定要谨慎，不能为所欲为；不能不分青红皂白，看到什么就说什么，听到什么就传播什么；谣言止于智者，千万不要轻易被谣言所利用；不要因为自己的不谨慎而失信于人，或者是得罪他人，或者是破坏集体的和谐，又或者是误导他人；等等。这是我们应该知道的，也是应该让学生明白的。

不要轻易许诺，否则将陷入进退两难之境

　　无论是我们自己还是学生，都会遇到向别人作出承诺的情况，这时是义不容辞地许诺，还是慎重考虑清楚再作决定？自然是后者，因为如果轻易许下诺言，很可能会使自己进退两难。因此，我们要教学生学会有智慧地处理这件事：无论何时何地，遇到他人求助，都要考虑这件事是否符合道义，衡量自己有没有能力去帮助他人。如果回答是肯定的，那就尽力而为；如果这件事不符合道义，就应婉转拒绝；如果符合道义但自己没有能力做就再想其他办法。

事非宜，勿轻诺；苟轻诺，进退错

　　在这句教诲中，"宜"即合宜、合理，"诺"即答应、许诺，"苟"即如果、假如。全句意思是，对于不合宜、不妥当的事，千万不要轻易地答应他人。如果轻易许诺，到时候就会使自己陷入进退两难的境地，做与不做都是不妥当的。

　　许诺前要慎重考虑这件事会有什么结果，合不合道义。

　　每个人都有一颗善良的心，当他人向我们寻求帮助时，我们如果能办到，大都会伸出援助之手，努力去帮助他，这是人的本性。

　　但是要注意，就是在答应或许诺帮助别人之前，应该慎重考虑这件事能不能做，做了会产生怎样的结果，做这件事是否符合道义，是否合乎法律。如果没有考虑这些就轻易答应了他人，很有可能会出现做也不是、不做也不是的局面。因为，答应了他人，理应信守承诺，否则可能就会得罪人，但这件事又不符合道义，甚至违背法律，怎么办？

所以，为了避免这种情形的出现，在许诺前要考虑这件事是否符合道义。

所以，我们要告诉学生，哪些事是属于不合宜、不妥当、违反纪律、违背道德、违反法律的事，比如，同学在考试的时候让你递答案，让你帮忙写作业，让你帮忙撒谎，让你帮忙打架，向你借钱去上网，让你做一些有违道德的事，等等。对于这些事，一定不可以答应。

还应该让学生知道，如果遇到他人的求助，而自己不确定这件事是否符合道义，这时候就需要找老师、父母或其他长辈来商量，千万不可以一意孤行，否则很容易好心办坏事，甚至还会给自己惹上麻烦，给他人和社会带来不良影响。

许诺之前要衡量自己有没有能力做到。

有个成语叫"一诺千金"，就是说许下的诺言有千金的价值，也就是说，说话要算数，要讲信用。其实，一个诺言何止千金的价值，它更关乎一个人的名誉。

所以，在许诺之前，除了要考虑这件事合不合道义及法律之外，还需要衡量自己有没有能力做到。如果他人请我们做的事情超出了我们的能力范围，就不能因好面子或逞能而轻易地答应他人。因为在实施的过程中，由于自己的能力不足，最后可能还是会失信于人，也可能会越帮越忙。

比如，有人掉河里了，他向我们求助，希望我们拉他一把，而我们不会游泳，况且他又太胖，我们没有那么大的劲把他拉上岸，如果我们伸出手去救助他，可能也会被他拉下水。所以，自己没有能力就不能轻举妄动。那么，我们就这样坐视不管吗？当然不是，我们虽然没有能力帮助他人，但却可以立即去喊其他人，或打电话寻求他人的帮助。

让学生明白，面对他人的求助，如果没有能力做到，可以想其他办法。比如，在路上遇到了一个外地人问路，而学生又不知道，就可以代他问一问当地的人。这样一来，学生就尽了一份微薄之力，相信他的内心是非常快乐的。不过，还要告诫学生：不要轻易给陌生人带路，更不要上陌生人的车，以免发生本可以避免的危险或意外。

不要轻易向人许诺，尤其是在自己高兴的时候。

有这样一句古话，"盛喜勿许人物"。意思是说，人在心情非常好的时候，千万不要轻易许诺。因为一个人心情好时遇到他人的求助，可能没有仔细考虑事情合不合道义，没有衡量自己的能力，就会承诺帮助他人，结果很容易陷入"进退错"的境地。

我们可能也有这样的经历：当我们心情好的时候，学生可能会借机赶紧向我们提出一些要求，而我们可能没多考虑就答应了，但当学生要求我们兑现承诺时，可能就比较麻烦。为什么？

如果我们兑现了对学生的承诺，他下次可能还会趁我们高兴的时候提出要求，这会让他的欲望不断膨胀，助长他的贪心；如果我们不兑现对他的承诺，就是失信于他，不仅会失去他的信任，还不利于引导他做到言而有信。

所以，无论是在自己高兴的时候还是平常的时候，当学生向我们提出要求时：对于合理的要求，我们应该答应，并尽力去做好；对于不合理的要求，一定不可以答应，并坚持到底，不可以给学生留有"钻空子"、讨价还价的余地。

对于学生来说，也是如此，要做到"盛喜勿许人物"。

一味地答应并非好事，所以要教学生学会拒绝。

当有人向学生求助时，无论是求助的事情不符合道义还是他没有能力帮助，我们都要让他懂得拒绝，同时还要教他掌握拒绝他人的艺术。

告诉学生，如果他人求助你的事不符合道义，即使你有能力帮助，也要婉转地说"不"，而且还要尽可能地劝导对方不要做这种不符合道义的事。如果他人求助你的事符合道义，但你没有能力帮助，就更要坦率地说"不"，并说出拒绝的理由，当然你也可以和对方一起向有能力做到的人求助。无论属于哪种情况，在拒绝的时候，态度要平和，说话要婉转，口气不要强硬，否则会让对方下不了台，甚至激怒对方，引起不必要的麻烦。

还有一种情况，学生原本答了他人的请求，却因为某种客观原因无法兑现自己的承诺。这时候，要提前向对方解释，并真诚地道歉，寻求对方的原谅和理解。如果事后还可以弥补，那么一定要让学生去兑现自己的承诺。

古人说："轻诺者必寡信，与其寡信，不如勿诺。"个中的道理值得我们和学生细细品味，并落实在行动中。

教学生学会正确说话，吐字要注意轻重缓急

一个人是否有修养，从他的说话细节中可以体现出来。所以，我们要提醒学生，与人沟通时，一定要把自己想要表达的意思清楚、完整、简洁地表达出来，不要说得字句模糊不清，也不要说得太快太急，要让人听得清楚、听得舒服。即言语当谨慎，吐字当清晰，轻重缓急要适度。

凡道字，重且舒；勿急疾，勿模糊

在"凡道字，重且舒；勿急疾，勿模糊"中，"道"即说，"重"即吐字清楚、讲重点，"舒"即舒缓、缓慢，"疾"即迅速。全句意思是，说话时发音吐字要清楚，声音要洪亮，节奏要舒缓，要把重点讲出来，也不要太快、太急，更不要口齿模糊不清让人听起来很费力。

为什么要注重这些说话细节？它们有什么特殊意义呢？

在今天这个追求更快、更高、更强的时代，很多人希望自己口齿伶俐，反应敏捷，能说会道，以为这样就会容易成功，甚至希望孩子也是如此。但这样就真的能成功吗？未必，因为还有很多细节需要注意。在说话过程中，细节往往起着非常重要的作用。

有的人说话非常啰唆，没有重点，东拉西扯地说了一大堆，导致对方没听清楚他想表达什么意思，这就很容易让对方心烦意乱。请问，谁愿意和这样的人交流呢？说话确实需要做到"重且舒"，既要把重点讲出来，又要流畅、舒缓，这样不仅能让他人明白要表达的意思，而且还会让他人听起来非常舒心顺耳。

还有的人说话又快又急，像连珠炮一样，这样不仅让他人觉得不

耐烦，而且还容易导致误听、误解，可能会造成一连串不必要的麻烦，正如前面讲到的"事勿忙，忙多错"。

说话的速度应该怎样才算合适呢？其实，语速的快慢因人而异，但是需要遵循一个标准，即让对方跟得上你说话的节奏，让对方听得清楚明了。另外，如果发现我们的语速太慢，已经慢得让人听得无精打采或者想要睡觉，就要灵活一些，语速稍快一些，注意抑扬顿挫，通过这种变化来吸引对方的注意力。

总之，无论是我们自己说话还是教学生说话，都应该注意一些细节，在与人沟通交流的过程中，注意把握一个原则，"凡道字，重且舒；勿急疾，勿模糊"，既要清楚、流畅地表达自己的意思，又要让人听得舒服。

如果遇到对方说话又急又快的情况，怎么办？首先，自己的心一定要平缓下来，不要跟着对方的节奏跑；其次，可以礼貌地请求对方说话慢一点、清楚一点。这样，一方面可以让自己听清楚对方的言辞，另一方面还可以提醒对方学会正确地说话。

教师以身作则，做最好的示范。

有的教师在跟学生沟通时经常会唠唠叨叨，直到学生按照教师说的去做为止。尤其是学生犯错的时候，教师总会连珠炮似的对其进行长篇大论的说教，直到他认错为止。事实上，即使学生认错了，按照教师说的去做了，也不见得是他自愿的行为。

可以换位思考一下：如果有人希望我们做某件事，说了一大堆必须去做的理由，我们会怎么想？可能他理由越多，我们的反抗意识就越强。如果在工作中犯了错误，领导对我们长篇大论地说教，我们又会怎么想？可能他说得越多，我们就越听不进去。

对学生的说教也是一样的道理。越是对他说教个没完没了，啰啰唆唆，没有重点，说话又急又快，他就越不愿意听。这对他落实"凡道字，重且舒；勿急疾，勿模糊"没有任何积极的作用，还会产生负面的影响。相反，如果我们就事论事、简单明了、重舒有度、不疾不徐地表明自己的立场和对他的期望，他就会愿意按照我们说的去做，也会明白"凡道字，重且舒；勿急疾，勿模糊"的道理。这就是教师以身作则的示范作用。

注重培养学生正确说话的能力。

学生无论与谁交往，都免不了进行言语的沟通。但今天很多学生一遇到陌生人或者上台说话，就会非常紧张，眼神游移不定，手脚不听使唤，身体不由自主地晃动，说话结结巴巴，以至于最后竟忘了自己想说什么。虽然说他们长大后在这方面会有一定程度的进步，但是现在他们也应该具备一定的正确说话的能力，从而在学习、生活中更好地与人沟通。说话是一种综合能力，不仅要注意仪态，比如神态自然、面带微笑、目光炯炯等，还要注意说话的细节，比如吐字清楚、语速平缓、说出重点等。

在培养学生的讲话能力前，要引导他培养尊重他人的意识。当学生懂得尊重他人时，就会考虑他人的感受，说话就会非常谨慎，自然就会主动落实"凡道字，重且舒；勿急疾，勿模糊"了。学生有了这种意识之后，我们就可以轻松地训练他学会正确地说话。

首先，要训练学生的仪态，做到"步从容，立端正"，神态要自然、落落大方、面带微笑、目光炯炯。在训练的过程中，要及时给予鼓励和肯定，耐心调整学生的心态。经过一次次的训练，慢慢地他就会形成从容的心态和良好的仪态。

其次，训练学生说话注重细节，注意以下三个方面：第一，吐字要清楚，不急不慢；第二，言语要流畅，娓娓道来；第三，要把重点讲出来，让人明白。与此同时，还应该做到"尊长前，声要低；低不闻，却非宜"，声音高低适宜；"问起对，视勿移"，眼睛要看着对方；等等。

最后，要给学生创造一些说话的机会。比如，当学校来了客人时，如果需要学生进行接待，那就请学生参与其中；也可以让学生代我们去跟某位教师传个话，拿点东西，说点事情；还可以带他们参加一些社会活动，鼓励他们主动跟人说话、交流；等等。在这个过程中，都可以训练学生学会正确地说话。

相信经过一段时间的训练，学生一定能学会正确地说话。这样，无论他与什么人沟通，我们都不用再担心了，因为他完全有能力自如地应对。

告诫学生和自己，不去议论别人的长短，管好嘴巴

从一个人与他人交谈的内容、所论述的观点，就可以判断出这个人是否有内涵。因为一个有内涵的人不会把时间浪费在谈论他人的是非上。因此，我们告诫学生，当他遇到谈论是非、说长道短的事情时，要远离而不要进一步参与其中，如果有能力的话，可以转移话题，让周围人慢慢改掉论人是非长短的坏习惯。另外，不要让学生把时间浪费在闲聊当中，引导他管好自己，注重提升自己的德行和学问，不要花心思、时间与精力去想与别人是非有关的事。

彼说长，此说短；不关己，莫闲管

"彼说长，此说短；不关己，莫闲管"说的是，那个人说东家长，这个人说西家短，这些说别人是非长短的闲事都跟自己没关系，所以就不要浪费时间精力去多参与了。

遇到有人谈论他人是非时，我们和学生应如何处理？

在这个复杂的社会环境中，是非天天都在发生着。俗话说，"来说是非者，便是是非人"。可以说，说是非的人都是有一定的目的的，要么是诋毁他人，要么是拉拢我们。凡是是非，都会对他人或集体造成不必要的麻烦，甚至是伤害。

古语也说，"莫说他人短与长，说来说去自招殃，若能闭口深藏舌，便是修行第一方"，而《六祖坛经》也说，"若真修道人，不见世间过；若见他人非，自非却是左"，说的跟"彼说长，此说短；不关己，莫闲管"

是一个道理。所以，要常常提醒自己和学生：常见自己过，不说他人非。这样才能提升自己的修养境界。

在学习和生活中，我们和学生遇到有人谈论他人的是非长短时，如果与自己没有什么关系，听一听就算了，不要去过问、干预，更不要参与其中。不说别人的是非长短，就是在随时随地保护自己清净的内心，这是经营人生的重要一步。

即使谈论的是非与自己有关，也要有判断是非的能力，要用智慧去处理。

> 我曾经听到一位长者说，如果有人在他面前谈论他人的是非，他就会温和地说："这个我不想听，你就不用说了，还是说点别的吧！"

面对有人谈论是非，这位长者不仅制止了来说是非的人，还表明了自己的立场。我想，来说是非的人以后肯定不会到这位长者面前谈论是非了，而且可能也会反思自己的行为。

我们也可以将这位长者的处理方式告诉学生。这样，如果有人专门在他面前谈论别人的是非，他就懂得如何去应对了。几次之后，那些喜欢谈论是非的人就不会当着他的面乱谈他人的是非了。当然，学生也可以以沉默应对，不作回应，这样次数多了，来说是非的人也就懂了。如果学生有能力的话，就可以劝导（即后面要讲的"善相劝"）来说是非的人别再谈论，因为谈论他人是非是有损德行的行为。

另外，对于经常谈论是非的一些人，学生应该尽量少与他们接触。因为接触多了，他就会受到不好的影响，很容易就会卷入是非之中。我们要告诉学生，不要三五成群地聚在一起说一些是非，遇到别人这么做时，要迅速离开，千万不要因为好奇而凑上去一起说。

谣言止于智者，希望每一个人都可以成为智者。

在当今这个信息时代，传播是非常迅速的，谣言也是非常可怕的。对于一些谣言，如果我们也跟着以讹传讹，可能很多麻烦就会爆发开来，原本简单的事情就会变得复杂。

古代有一首《听谗诗》这样写道：

> 谗言谨莫听，听之祸殃结。君听臣当诛，父听子当决，夫妻听之离，兄弟听之别，朋友听之疏，骨肉听之绝。堂堂八尺躯，莫听三寸舌，舌上有龙泉，杀人不见血。

意思是说，听信谗言，就容易导致祸殃。如果国君听了谗言，臣子可能就要遭殃了；如果父亲听了谗言，儿子可能就要诀别了；如果夫妻听了谗言，可能就会分开了；如果兄弟听了谗言，可能就会分离了；如果朋友听了谗言，可能就会疏远了；如果骨肉听了谗言，可能就会断绝关系了。堂堂一个人，不应该听三寸之舌的谗言，因为这对人的危害就好像是杀人不见血的毒剑。

所以，对于谗言、谣言，我们都要特别谨慎，还要提醒学生，听到任何谈论他人是非的谣言，都应该用智慧来判断其真实性，一定要懂得明辨是非。总之，凡是谈论他人是非的谣言，都要到自己这里停止，不要继续传播下去。

学生如果听到他人毁谤自己，又应该如何去处理呢？

在谈论是非的过程中，学生难免会遇到他人毁谤自己的情况，面对这种情况学生又该怎么做呢？可以教他注意几点：

首先，人与人之间的生活背景、思维方式、涵养、素质等都不一样，也许会有人对你的行为举止不理解甚至是毁谤你，都是很正常的事。而且他人要说什么，谁也没有办法去堵住他的嘴。

其次，要学会忍耐，因为面对他人的毁谤，如果去争执、辩解，不见得能解决问题，反而可能会把事情弄得越来越复杂，正所谓"小不忍则乱大谋"。因此，在这个时候，不要去辩解，也不要去理会，只要忍耐下来就行了。忍耐并不是软弱，而是一种有智慧的处理问题的方式，正所谓"忍一时风平浪静，退一步海阔天空"。

最后，教学生宽容他人，中国有句古话叫作"得饶人处且饶人"。他人毁谤自己，不要与毁谤自己的人结怨，而是要懂得包容、宽恕。儒家也特别主张"恕"，即待人宽，责己严；己所不欲，勿施于人；对他人的不足要宽容、谅解、同情。其实，宽容他人不但不会吃亏，还会为自己带来人生的福分。

引导学生把心思用在有意义的地方，莫论人非。

古语说："静坐常思己过，闲谈莫论人非。"也就是要经常沉静下来反省自己的过失，进而以是克非、为善去恶；闲谈的时候不要议论别人的是非与得失。这是每个人都应该有的一种修为和态度。

对学生来说也是如此，我们应该引导他把心思用在有意义的地方，而不是三五成群地聚在一起讲他人的是非。既不主动制造谈论他人是非的机会，也不加入别人的谈论，当别人跑来跟学生谈论时，应该赶紧想办法远离是非之人、是非之地，这样就不会受到闲言碎语的困扰，就可以让自己的心灵得到安宁。

如果听到学生说同学或朋友这里不好、那里不好，我们应该及时制止、引导，而不是纵容他养成不良习惯。否则，习惯一旦养成，他就会变成一个随意制造是非的人，心灵就会受到不良信息的污染，甚至会因为传播是非而引来灾祸。

除了正常的学习之外，我们可以引导学生多做一些有意义的事，让他没有心思去谈论他人的是非。比如，可以多读一些经典，多做点自己喜欢的事或帮助他人的事。一位哲人曾说，"经书涵养心如镜，福德熏陶语似兰"。可见多读经典就能把心镜磨出光亮，多做好事，常反省自己的人，说出来的话就不会伤人，就像幽谷的兰花一样散发扑鼻的芬芳，既美化了自己的生活，也让周围人的心地得以纯净。如此，就会成为一个能给周围的人带来正能量的人，哪里还会再把宝贵的时光浪费在无意义的闲谈中呢？

培养学生"见善思齐、见恶内省"的好品质

在成长的过程中，学生会遇到各种各样的人，无论是善人还是恶人，都是"老师"。看到善，要随时提醒自己，多做善事；看到恶，要随时反省自己，以此作为警示，不做恶事。孔子也曾说，"见贤思齐焉，见不贤而内自省也"。学生应该认识到任何人身上都有值得学习和借鉴的地方，不仅要善于学习他人成功的经验，也要善于吸取他人失败的教训。只有"取其所长，弃其所短"，才能使德行日益增进，过失日益减少。

见人善，即思齐；纵去远，以渐跻
见人恶，即内省；有则改，无加警

"齐"即看齐，"纵"即纵然、即使，"去"即距离，"渐"即慢慢地、一点一点地，"跻"即达到，"省"即反省，"警"即提醒，警惕。全句意思是：看到他人的优点和善行，应该向他学习，心存见贤思齐的念头，即使与他人的距离相差很大，只要有信心，只要肯努力，就能慢慢地追赶上；看到他人的缺点和不好的行为，要立刻反省自己，如果也存在同样的问题，就要立刻改正；如果没有，就要随时提醒自己不要犯同样的过错。

什么是善、什么是恶？教学生具备对善恶的明辨能力。

见贤思齐、见恶内省，对每个人来说都非常重要，我们要做到，也要教学生做到。但在此之前，需要先让学生明白什么是善、什么是恶，让他有一个评判善恶的标准。

如果真的把《弟子规》读懂了，读透了，就会发现《弟子规》就

是一把衡量善恶的尺子，符合《弟子规》的就是善，不符合《弟子规》的就是恶。当学生真正去诵读、落实《弟子规》的教诲时，他也就慢慢具备了对善恶的分辨能力。

另外，有一部经典叫《了凡四训》，是明朝著名思想家、教育家袁黄（号了凡）先生在69岁所作的家训，以此教育他的两个儿子认识命运的真相，了解明辨善恶的标准，改过迁善，谦逊谨慎。这部书是立命、修身、治世的教育经典，凝聚了了凡先生一生的道德学问和涵养。

在这部书里，了凡先生提到了这样一个观点：如果对"善"辨别得不清楚，有时候以为自己是在做善事，其实是在造恶。这部经典对"善"讲解得非常透彻，里面提到，善有真、有假，有端、有曲，有阴、有阳，有是、有非，有偏、有正，有半、有满，有大、有小，有难、有易。具体明辨如下：

如果想法、念头、言语都有利于他人，那么这个善是"真"；如果想法、念头、言语都是为了自己，那么这个善是"假"。

处处为他人、为家庭、为社会着想，不夹杂一丝一毫的个人私利，这是"端"；内心不端正，处处为自己着想，这是"曲"。

做了好事不为人所知，这个善是"阴"善；做了好事被他人知道，这个善是"阳"善。

如果行善的影响面很广，影响的时间很长，那么这个善是"是"；如果行善的影响面很小，影响的时间很短，那么这个善是"非"。

做好事、善事，就是"正"；做坏事、恶事，就是"偏"。如果好心做了坏事，称为"正中偏"；如果恶心做了好事，称为"偏中正"。

一心为善，而内心没有任何杂念，这个善是"满"；内心有杂念，即使做再多的善事，也是"半"。

一心为天下国家，这个善是"大"；一心只为自己，这个善是"小"。

哪怕遇到再多的困难，也能坚持去行善，这个善是"难"；具备行善的条件，做善事容易，这个善是"易"。

了凡先生在这部书"积善之方"篇中也列举了"十大善行"：

随缘济众，其类至繁，约言其纲，大约有十：第一，与人为善；第二，爱敬存心；第三，成人之美；第四，劝人为善；第五，救人危急；第六，兴建大利；第七，舍财作福；第八，护持正法；第九，敬重尊长；第十，爱惜物命。

这些善行可供我们进一步明辨善恶。如果我们想要详细了解其中的内容，可以抽时间好好看看这部经典。只有我们为人师者具备了对善恶的分辨能力，才能引导学生分辨善恶。

平日里，我们可以根据发生在身边的事情或报纸、电视等媒体上报道的案例，与学生一起探讨这些事情是善还是恶，以什么样的标准去判断，如果这些事情发生在自己身上，又该如何去做。这样的探讨会给学生留下深刻的印象，让他更深刻地了解善恶。

告诉学生，"三人行，必有我师焉"。

孔子说："三人行，必有我师焉。""三人"，并不是特指三个具体的人，而是指自己、善人和恶人。所以，要告诉学生，身边的所有人都是自己的老师，都有值得学习的地方。可能学生会问：恶人也可以成为学习的对象吗？不错。

无论是善还是恶，都可以带给学生很好的启发和教育。善，对学生来说是一种正面的教育；恶，对学生来说是一种反面的教育。从这两种不同的教育中，学生可以勉励自己，警醒自己，从中吸取经验和教训，从而使自己各方面的能力得到培养和提升。

所以，不管他人的所作所为是善还是恶，都可以把它们当成一面镜子，以此来照见自己的行为举止。当学生懂得并学会"择其善者而从之，其不善者而改之"时，相信他的德行和学问会得到一个质的飞跃，他的人生境界会得到提升。

引导学生真正落实"见善思齐""见恶内省"。

孔子曾经这样称赞颜回："得一善，则拳拳服膺而弗失之矣。"颜回只要看到他人的善，就总想着自己学到这个善，而不会放弃对善的追求。我想，这可能就是颜回能成为孔子最得意的学生的原因之一吧！

面对他人的善、恶，我们要引导学生保持积极、健康的心态，要善于从他人的善、恶中学习，从而提升自己。

当学生看到他人的优点，或是看到他人取得好成绩，抑或是看到他人做善事的时候，都要向他人学习，不要嫉妒、诋毁他人。即使学生与他人的差距很大，只要有信心，并坚持不懈地努力，就会逐渐缩短差距，然后一点一点地追赶上来。如果学生没有做到"见善思齐"，而是嫉妒、诋毁他人，那么他与别人的差距就会越来越大。所以，要引导学生向他人学习，奋力赶上他人的脚步。

一般来说，人很难看到自己的过失，却很容易看到他人的过失。所以，学生面对他人的过失，应该反躬自省，检讨自己是否也有类似的过失，正所谓"以人为镜，可以明得失"。就如同前面提到的，如果学生也经常犯类似的过失，就要努力改正；如果学生没有这样的过失，就要把他人的过失当成一种警示，时刻提醒自己不要犯同样的过失。

教育学生"勿以恶小而为之，勿以善小而不为"。

在教学生行善时，可以参考《菜根谭》所说的"教人以善，毋过高，当使其可从"。也就是说，要从日常可以做到的小善开始，不要盲目去攀大善，切忌轻忽小善不做。

前面讲到过，刘备曾告诫刘禅"勿以恶小而为之，勿以善小而不为"。其实，每个人都应该从中受到启示，不要认为坏事小就去做，也不要认为好事小就不去做。也就是说，即使是小恶也不要去做，即使是小善也要去做。

有的人总是忽视生活中的一些小事，认为小事没什么大不了的，是不会影响大局的。但是，从一些小事中更可以看出一个人的德行和素养。因此，我们要教育学生，不要小看身边的小事，哪怕是乱丢垃圾这样的小事，也不要去做，哪怕是捡垃圾这样的小事，也要去做。

有的学生可能会想：我行善了，会不会吃亏呢？这种想法是不对的。老子曾说："天道无亲，常与善人。"上天很公正，不偏袒亲私，却又常常帮助那些心地善良的人。《尚书》也说："作善，降之百祥；作不善，降之百殃。"可见，行善不仅不吃亏，还会获得很多福。所以才有"为善最乐""助人为乐""施比受更有福"等说法。事实也是如此，当学生做了好事，尽自己的最大力量帮助他人走出了困境时，他的内心是无比快乐的。而且，以后他要是遇到了什么困难，别人也一定会热情伸出援手的。

无论做什么事情，都要重视根本，本末一定不能颠倒。因此，我们教育学生要多行善，也要回归到根本，那就是一定要先从孝敬父母开始，因为孝是善的根本，是真正的善，正所谓"百善孝为先"。

引导学生注重道德学问的提升，
看淡对物质的追求

当今社会的物质生活极其丰富，学生在物质方面的攀比现象
屡见不鲜。但这样的攀比却是有害的，应该引导学生把"攀比"
从穿戴、饮食转移到品德、学问、才能、技艺上。真正的君子所
追求的不是物质方面的享受，而是自己的德学才艺，正所谓"君
子谋道不谋食""君子忧道不忧贫"。因此，我们要教学生看淡
物质追求，看重道德学问的提升。

惟德学，惟才艺；不如人，当自砺

这句教诲中，"惟"即只有，"德"即品德，"学"即学问，"才"
即才能、才华，"艺"即技艺，"砺"即勉励、砥砺。全句意思是，
每个人都应该注重品德、学问、才能和技艺的培养与提升，如果这些
方面不如他人的话，就应当不断自我砥砺、奋发图强。

如何引导学生提升自己的品德、学问、才能和技艺呢？

一个人一生是否能够有所成就，取决于他的品德、学问、才能和
技艺。如果这几方面不如他人的话，就应该通过自己的努力去赶上并
超越他人。那么，我们应该如何引导学生学会"攀比"，通过自己的
努力去提升自己的品德、学问、才能和技艺呢？

如今，很多孩子都有一颗好高骛远的心，希望能快速掌握学问、
技能，结果无论学习什么都心浮气躁，不能踏实静心。所以，要让学
生明白，想要掌握一项才艺或技能，需要长时间认真、深入地学习，
不断、反复地练习，只有这样，才能奠定良好的根基，正所谓"台上

一分钟，台下十年功"。

《中庸》说，"好学近乎知"，意思是说，好学的人跟智者接近。如果不好学，看到他人各方面都比自己强，还不肯自我勉励，不肯砥砺、提升自己，那就是自甘堕落，将会一事无成。只有拥有好学的精神和态度，才有可能学得好。

古人说，"天下无难事，只怕有心人"。也许学生目前的品德、学问、才能和技艺都不如他人，但是只要有心学好，肯付出比他人更多的努力和汗水去刻苦训练，就可以超越他人，取得属于自己的成功，有道是"勤能补拙"。

《论语·雍也》中有这样一句话，"知之者不如好之者，好之者不如乐之者"。这就表明，兴趣其实是最好的老师。当一个人对某一事物感兴趣的时候，就会带着极大的积极性和热情全身心地投入到学习中。当学生对培养和提升自己的品德、学问、才能和技艺感兴趣时，他也一样会满怀热情地投入到学习中，就会感受到学习的乐趣，自然也能学得更好。

学生就像一匹"千里马"，有待我们这些"伯乐"去努力发掘。因此，我们应该尽可能地为他提供一些展现自己的机会，深入发掘他表现出来的特质和天赋，尊重和支持他的兴趣，并帮助他在兴趣之路上有所作为。

德行是一切的根本，让学生做一个德才兼备的人。

在一个人成才的道路上，德行和才能是缺一不可的。那么，德和才孰轻孰重呢？"德才兼备"这个成语给了我们答案：德比才更重要，因为德在前，才在后。有句话说得好，"有德有才会爱才，无德有才会嫉才，有德无才会用才，无德无才会毁才"。民间还有一句很粗的话，叫"流氓不可怕，就怕流氓有文化"，这话不中听，但话糙理不糙，只有高学历却没有好德行做支撑，那么高学历可能就会变成犯罪的帮凶。而这也应了司马光在《资治通鉴》里提到的那句话，"才胜德谓之小人"。这都表明，德行修养比才能更重要。一个人的德行不仅由才能所体现，而且为才能所升华；一个人的才能不仅由德行所引导，而且为德行所提升。

试想一下，如果一个人缺失德行，他能拥有学问、才能和技艺吗？

也许，他会因为自己的天赋而获得这些。但是，即使他的学问、才能和技艺达到非常高深的境界，也会因为德行的缺失而遇到瓶颈，甚至会给他人及自己带来麻烦或祸害。比如，一个人的武功几乎达到了炉火纯青的境界，但是他没有武德，那么他就可能会凭借着自己高超的武艺去达到自己不良的目的，可能会作奸犯科，给他人和自己带来灾难。

所以今天一些企业单位在招聘人才时，宁用"德高才小"的宽宏大量的君子，也不用"有才无德"的度量狭小之人。

要想在这个社会上立足，要想获得幸福的人生，学问、才能和技艺都起着至关重要的作用。但是，这一切必须以德行做先导，必须先要奠定德行的根基。因为，德就好比一棵大树的树根，如果根没有扎好，即使树干长得再高，也只是无本之木，经受不住狂风暴雨的洗礼。

其实，对学生的教育也是一样，学生需要全面发展，而根本是德行教育。因此，我们要着重培养他的德行，一定要让他扎好德行的根基。而德行教育最终还是要回归到孝亲尊师上来。学生奠定了德行的根基之后，再去培养和提升学问、才能和技艺，就变得非常容易了。

若衣服，若饮食；不如人，勿生戚

"若衣服，若饮食；不如人，勿生戚"中，"戚"即忧愁、悲伤。整句意思是说，如果在穿着、饮食方面不如他人，不要因此而忧愁和悲伤，也不要感到自卑。

告诉学生，快乐不是建立在物质享受上的。

从表面上看，虽然"若衣服，若饮食；不如人，勿生戚"只提到了衣服和饮食，但其实所指的是物质生活。

由于今天的一些父母小时候生活相对比较艰苦，而如今的物质生活水平有了很大的提升，因此他们就尽可能为孩子提供最好的物质生活，让他吃好、穿好、用好，无条件地满足他的任何需求。结果，却助长了孩子的贪欲，让他认为快乐就是建立在物质享受上的。

正所谓"欲是深渊"，一个人的贪欲就像无底洞一样，是无止境的，如果孩子认为快乐就是物质的享受，那么一旦他得不到物质的享受，就会非常痛苦，根本没有快乐可言。一个人唯有克制贪欲，懂得知足，懂得提升自己的精神生活，才能享受到平淡中的快乐。

那么，在这个问题上，我们做教师的应该如何去做呢？

当学生的物质生活不如他人时，我们要引导他以平常心面对，让他看淡物质的享受，看重精神的享受。物质可以欠缺贫乏，但精神一定要丰盈富足。人的快乐并不是建立在物质享受上的，而是建立在富足精神上的。读点好书，与圣贤同行，心灵自然纯净安宁，精神自会充盈怡然。

培养孩子的勤俭意识，让他养成勤俭的好习惯。

唐代著名诗人李商隐在《咏史》中写道："历览前贤国与家，成由勤俭破由奢。"这是李商隐在总结唐朝由盛转衰时写下的警世名言，目的是告诉人们勤俭的重要性。其实，大到一个国家，小到一个人，要想获得更好的发展，都离不开"勤俭"二字。

然而，在物质生活日益丰富的今天，有的人竟然认为勤俭是一件非常可耻的事，凡事喜欢讲排场，宁可打肿脸充胖子，也不愿意丢面子。当人这样做时，学得最快的莫过于他们的孩子，孩子很快就会养成奢侈的习惯。但是，要想让孩子由奢侈变勤俭就非常困难了。正所谓"由俭入奢易，由奢入俭难"。因此，勤俭意识要从小就培养。

首先，告诉学生父母，要勤俭治家，在生活起居上，所穿的衣服、所用的物品都应该俭朴，用自己的勤俭行为影响、感染孩子。其次，我们可以用勤俭的事例或故事教育学生，让他知道勤俭是美德。最后，在生活中培养学生养成勤俭的好习惯，比如：穿衣朴素大方，不追求华丽，做到"衣贵洁，不贵华"；对饮食不挑三拣四，做到"对饮食，勿拣择"；等等。事实上，只要学生按照《弟子规》去落实，就会养成勤俭的好习惯。

帮学生去除盲目攀比心理，使其学会"积极攀比"。

当学生把快乐建立在物质享受上时，自然就会学会盲目攀比。当他把心思都花在物质的攀比上时，自然就不会把时间和精力用在提升自己的德行、学问、才能和技艺上。所以，我们要及时纠正学生的盲目攀比心理。

从另外一个角度来说，学生有攀比心理，说明他有比较的意识，想要通过自己的努力追上或超过他人。可以抓住这一心理，通过改变学生攀比物质的倾向，巧妙地使攀比变得积极正面，从而产生向上的动力。比如，在消费方面，谁的零花钱花得更有意义；在穿衣方面，谁穿的衣服整洁、大方；在学习方面，谁最努力，谁的进步最大；在劳动方面，谁最勤劳，谁最愿意付出；在人际关系方面，谁的人缘最好；等等。说到底，就是用"攀比"来修德。

孔子在《论语·里仁》里说，"士志于道，而耻恶衣恶食者，未足与议也"。这也是在强调一个读书修身的人，不应该以衣食不美为耻。而应该像颜回那样"一箪食，一瓢饮，在陋巷，人不堪其忧，回也不改其乐"，知足方可常乐。

《弟子规》是圣贤教育，就是要使每个人都能以德才兼备为人生目标。换句话说，就是让每一个人从凡夫成长为君子，最终达到圣贤的境界。

把正确对待批评与赞誉的态度传递给学生

　　一般人听到批评的声音，心里难免会有些不舒服；而听到赞誉的声音，心里可能会非常高兴。对于一个心智并不成熟的学生而言，更是如此。但是，这种对待批评与赞誉的态度，并不利于学生的成长和发展。因此，我们需要把正确对待批评与赞誉的态度教给他。

闻过怒，闻誉乐；损友来，益友却

　　这句教诲中，"闻"即听到，"过"即过失，"誉"即赞誉，"损"即损害，"却"即退却、离开。全句意思是，如果听到他人批评就生气，听到他人赞誉就高兴，那么有损德行的"朋友"就会来接近，而真正的良朋益友就会逐渐退却疏远。

"闻过怒，闻誉乐"时，为什么会"损友来，益友却"？

　　一旦我们只听得进赞誉的话，听不进一点批评的话，损友就会悄悄来到我们的身边，而益友就会渐渐远离我们。

　　为什么"损友来"呢？因为这些人很清楚，我们喜欢听好听的话，只要不说批评我们的话、多说我们的好话，我们就会被他的美言迷惑，他们就可以趁机达到自己的目的。

　　为什么"益友却"呢？因为这些真正的良朋益友清楚做朋友的本分，当我们有过失的时候，他们一定会直言不讳，帮我们把过失指出来。当我们不能接受时，他们为了不让我们生气，为了不被我们误解，甚至是侮辱，就会选择暂时远离我们。一旦我们愿意接受这些朋友的批评，他们就还会立即回到我们的身边。

如果我们一直"闻过怒，闻誉乐"的话，那"损友来，益友却"的状况可能就会一直持续下去，所以不可以不"回头"啊！

注重培养学生正确对待批评的态度。

如今的学生集万千宠爱于一身，从小听惯了顺耳话，不知道应该如何对待批评。尤其是现在提倡表扬教育、赏识教育，父母和老师都对孩子多表扬、多赏识，尽量不批评。

当然，适当的表扬和赏识是必要的，也是必需的，可以起到激励孩子的作用，但是批评也是必要的，如果缺少了批评，教育就是不完整的。而且，如果学生接受了太多的表扬和赏识，他就会像温室里的花朵，将经受不住任何风吹雨打。因为太多的表扬和赏识会使学生变得虚荣心强、傲慢无礼，使他对批评极为敏感，甚至不能接受。因此，我们要想让学生经受得住批评，就需要培养他正确对待批评的态度。

首先，要教育学生欣然接受他人的批评。要让他认识到，每个人都会犯各种各样的错误，而自己有时候很难看到自己的错误，只有通过他人坦诚地说出来，自己才能认识到，进而去改正，取得进步。如果不能接受他人的批评，错误就会一而再、再而三地重复，最终受害的还是自己。因此，应该欣然接受批评，用"有则改，无加警"的态度去面对批评。

其次，要引导学生感谢批评自己的人。可以这样说：正是由于别人的批评，你才有了改正错误的机会。如果你的脸上有一个脏东西，你希不希望别人及时告诉你？当别人提醒你去除了脏东西时，你应不应该感谢他呢？别人批评你，就好比提醒你脸上有脏东西一样，你应该感到高兴才对，更应该及时感谢人家。

最后，要提醒学生反省自己并改正过失。当他人批评了学生，而他也高兴地接受后，还要自我反省，找到过失的根源并下决心去改正，这样才不会一次又一次地犯同样的过错，还会不断认识自我、提升自我、完善自我。

闻誉恐，闻过欣；直谅士，渐相亲

这句教诲中，"恐"即畏惧，"欣"即喜悦，"直"即正直，"谅"即诚信，"亲"即亲近。意思是说，如果听到他人的赞誉就恐慌不安，听到他人的批评就高兴地接受，那么正直诚信的朋友就会渐渐亲近我们。

注重培养学生对待赞誉的正确态度。

当学生听到他人的赞誉时，一般都会非常高兴，有的学生可能会把这份赞誉变成前进的动力，从而勉励自己；有的学生可能会因此而沾沾自喜，甚至是得意忘形，从而产生骄傲心理。我们当然希望学生把赞誉变成动力，那么，就要培养他对待赞誉的正确态度。

当他人称赞学生时，要请学生思考一下，自己的德行、学问是否真的能够承受起这样的赞誉？当他这样去思考的时候，内心就会有所警觉，可能就会抱着战战兢兢、如履薄冰的态度去面对他人的赞誉。

另外，学生能获得各种赞誉，绝不是仅靠他自己的能力达到的，所以，要给予引导。比如，可以就"当你因为取得好成绩而得到周围人的赞誉时，仅跟自己的努力有关吗"这个话题请全班同学讨论。这时，各式各样的答案就从学生口中说出：如与自己的努力付出有关，也离不开老师的辛勤教导和同学的无私帮助，还有父母的陪伴、关怀、照顾，等等。而接下来，他就知道要感恩，正因为这么多人的付出他才取得了好成绩。学生有了这样一份感恩他人付出的心之后，就会"闻誉恐"了，就会把这份赞誉变成前进的动力，尽心尽力做好自己的事，以回报他人的付出。

关于择友问题，帮助学生分辨"损友"和"益友"。

在人与人之间的关系中，朋友是五伦关系（父子有亲、长幼有序、夫妇有别、君臣有义、朋友有信）之一，扮演着非常重要的角色。我们都有这样的体会：有时候自己遇到了挫折、困难，想要倾诉的对象不是父母，不是其他长辈，而往往是自己最亲近的朋友。既然朋友对我们如此重要，那么对于学生的择友问题，我们就更需要慎重对待了。

可以告诉学生，朋友可以分为简单的两类，就是"损友"和"益友"。

损友，就是对自己有害的朋友；益友，就是对自己有益的朋友。那么，哪些朋友是对自己有害的？哪些朋友又是对自己有益的？在《论语·季氏》中，孔子作出了详细的解释，他说："益者三友，损者三友：友直，友谅，友多闻，益矣；友便辟，友善柔，友便佞，损矣。"

"友直"即正直的朋友，"友谅"即诚实、不欺骗人的朋友，"友多闻"即见闻广博、知识面广的朋友。这三类朋友都是有益的，应该让学生多与这三类朋友相处，多向他们学习，从而提升德行，加强修养，丰富学识。

"友便辟"即喜欢奉承讨好的朋友，"友善柔"即两面三刀、巧言令色的朋友，"友便佞"即言过其实、夸夸其谈、只会耍嘴皮子的朋友。这三类朋友都是有害的，应该教育学生尽量避免与这样的朋友接触，更不要向他们学习。

> 有一个在监狱服刑的人，因为绑架杀人而犯了死罪。在被执行死刑前，他写了一本自传，里面有写给年轻人的一封信，呼吁年轻人不要步他的后尘，不要像他那么可恶，要以他为戒。在交朋友方面，他以自己的经验写了一些"提醒"：
>
> 好朋友绝不会邀请你玩通宵；好朋友绝不会教你学抽烟、喝酒或打麻将之类的事；好朋友绝不会邀你逃学、游荡；好朋友绝不会教你吸安非他命（一种毒品）、大麻来麻醉自己，那是他们想要害你；好朋友绝不会在该读书时，仍在校外游玩，还邀你做伴；好朋友绝不会邀你去飙车比速度；好朋友绝不会向你要钱，或是找各种借口要你去找钱；好朋友更不会要你带棍棒去与人谈判……
>
> 他说：走到今天这个地步，真是欲哭无泪、追悔莫及。

这个人的一生就是跟坏朋友一起游荡、一起做坏事的一生，最终把自己送上了不归路，这跟他交了损友有很大关系。他写的这个关于朋友的提醒，列举的其实都是损友而非益友的作为。而他的人生经历也是"一失足成千古恨"的真实写照，特别值得今天的学生引以为戒。

教学生不去掩饰错误，
懂得"过而能改，善莫大焉"

古训言："人非圣贤，孰能无过？"的确是这样，每个人都难免会犯错误。但是，当面对错误的时候，有的人勇于承认，并为自己的错误承担后果；有的人会为了逃避责任极力掩饰自己的错误。哪种做法是对的？我们自有明断。所以，还是要教学生不去掩饰自己的错误，让他们勇于承认，并知过改过，所谓"过而能改，善莫大焉"。

无心非，名为错；有心非，名为恶

在"无心非，名为错；有心非，名为恶"中，"非"即错误、过失，"名"即称为、属于，"错"即过错，"恶"即罪恶。全句意思是，如果不是有心、故意犯错，就称为"过错"；如果是明知故犯，就称为"罪恶"。

怎样的过失称为"错"？怎样的过失称为"恶"？

"错"和"恶"两者存在着很大的差别。首先要明确怎样的过失称为"过错"，怎样的过失称为"罪恶"。事实上，"错"和"恶"的区别在于我们心中的念头。也就是说，如果不是故意做的，错事就只是"错"；如果是有意做的，错事就是"恶"了。

谁也不敢说自己从小到大从没做过错事。如果不是故意犯错，不是存心刻意去作恶，去伤害别人，让别人生各种烦恼，就都算是无心之过。正如古语说的，"有心为善，虽善不赏；无心为恶，虽恶不罚"，就是这个道理。

有心非，就是明知故犯，比如公共场合禁止吸烟，这是大家都知道的，但还是有人在吸，那就不对了，就是"恶"；还有的人随意丢垃圾，破坏生态环境，甚至处心积虑地去害人，做坏事，这都是罪恶。如果一错再错，那就等于堕入罪恶的深渊，自有法律来惩处。

可见，一个人的所有作为都要看他的存心和做事的动机。从"无心非"到"有心非"这样的演变，取决于一念之差，取决于存心和动机。

即便如此，一个有仁爱之心的人仍旧应该时时避免犯错，以免给他人造成困扰。有仁爱心的人，所到之处，都能给周围的人带来和乐，带来正能量。所以，我们自当随时提高警觉，少犯无心的过错。

面对学生的过失，我们应该如何去做呢？

对于学生犯下的过失，我们先不要马上火冒三丈，指责他、批评他，而是要静下心来了解一下他的存心和做事的动机。如果他是无意中犯下的过失，应该包容、原谅他，但也要让他承担过失的后果。

如果他是有意犯下过失，就应该采取适当的方法给予引导和帮助。也许，他还没有认识到自己做的事情是错误的，这时我们要通过讲道理或者是让他接受自然惩罚等方法让他认识到自己的过失。也许，他明明知道自己所做的事是错误的，还是执意去做，那么我们就要采取适度的惩戒措施，让他改正过失。

没有惩戒的教育是不完整的教育，在古代几千年的教育中，都有惩戒一说，而且教师还有"教鞭""戒尺"。《学记》中就写道："夏楚二物，收其威也。""夏楚"就是教鞭，是用来警惕鞭策学生的，可以收到整肃威仪的效果。

我们正确对待学生的过失，学生也理解我们为什么这样做时，他就不会感到委屈、不公平，而是会有一种被尊重、被信任的感受，会更加尊重我们，会更加愿意与我们合作，进而接受我们的教导。而且，学生也在无形中学会了正确对待他人的过失。

引导学生宽恕他人的过失，并帮他人改过。

在与他人的交往中，学生也难免会遇到对方犯下过失的情况，他该怎样对待呢？当然也有两种情况，应分别对待。

如果他人的过失是不小心造成的，就应该引导学生理解、宽恕、包容他人。比如，别的同学不小心弄坏了他的东西，他生气地向我们诉说，我们首先应该理解他的心情，认同他的感受，使他的不快心情得到舒缓，然后再给予正确的引导，引导他原谅他人。可以这样说："我知道你肯定很难过，换作我，我也会跟你一样难过。不过，他不小心把你的东西弄坏了，也已经非常伤心了，如果你还不原谅他的话，他就会更伤心，你也会因此而失去一个朋友，这值得吗？"但凡一个明理的、接受过《弟子规》熏陶的学生，都会选择原谅他人。

如果他人是明知故犯的话，那我们除了引导学生宽恕他人的过失之外，还要引导他帮助他人改过。比如，他有一个爱骂人的朋友，我们要引导他去帮助朋友改过。可以告诉学生："你试着心平气和地劝导他，把骂人的利害关系告诉他。如果你没有能力去帮助他，可以请他去寻求老师、父母的帮助，从而帮助他改掉骂人的坏习惯。"

过能改，归于无；倘掩饰，增一辜

在"过能改，归于无；倘掩饰，增一辜"中，"辜"即罪、过失。整句意思是，不要害怕犯错误，而是要能认识到错误并及时改正错误，这样一来，以后也不会再犯类似的错误了。但如果故意掩饰自己的错误，那就是错上加错了。

改过是提升人生境界的必经之路。

古人非常重视改过，认为改过是提升人生境界的必经之路。一个人只有勇于改正自己的过失，才能取得进步，才能提升自己的道德、学问，才能提升自己的人生境界，才能获得真正的幸福人生。

前面提到的一部经典《了凡四训》中有这样一句话："今欲获福而远祸，未论行善，先须改过。"意思是说，一个人要想获得福分、远离灾祸，不要先想着如何行善，而是先要改正自己的过失。还说："务要日日知非，日日改过；一日不知非，即一日安于自是；一日无过可改，即一日无步可进。天下聪明俊秀不少，所以德不加修、业不加广者，只为因循二字，耽搁一生。"所以，有过错就要立即改正，不可拖延，以免空过一生。事实上，改过就是最大的善。正如《左传·宣公二年》中所记载的："人谁无过？过而能改，善莫大焉。"

过失并不可怕，可怕的是不承认过失、不改正过失。

作为成年人，我们面对自己的过失，有时候因为碍于面子或者害怕让他人知道，会刻意去掩饰，甚至找很多理由来搪塞；作为学生，面对自己的过失，有时候因为害怕受到责备或惩罚，也会故意掩饰。结果，这样一来，不但没有改正过失，反而更加重了过失，就等于是错上加错了。久而久之，他离"本善"就会越来越远。

英国有这样一句谚语："永远不要因承认错误而感到羞耻，因为承认错误也可以解释为你今天更聪明。"而朱熹在《论语集注》中也指出："过而能改，则复于无过。惟不改，则其过遂成，而将不及改矣。"改过非常重要，没有天生的圣人，也没有永远不犯错误的人，只有发现错误并不断改正，才能一步步达到君子圣贤的境界。

可见，做错事并不可怕，可怕的是不能勇于承认过失并改正过失。如果我们能够承认自己的过失，并尽心尽力去改正，就一定能把过失改正过来，以后也不会再犯类似的过失了。其实，这就是人生的进步。

一般来说，学生都会因为害怕受到教师、父母的责备或惩罚而不敢承认过失。所以，当他犯下错误时，我们不要一上来就责备他，更不要在没有弄清事情真相之前就惩罚他，而是要心平气和地引导他。

首先，要让学生明白，无论出于什么原因，掩饰自己的过失比自己犯下的过失本身更严重；其次，要引导学生彻底反省自己的行为，从而让他认识到自己的过失；最后，要提醒和帮助学生改正过失。这样一来，他就懂得如何处理自己的过失了。

引导学生做到"知过—悔过—改过"。

世上没有完美无缺的人，所谓"金无足赤，人无完人"，很多人都是在"知过—悔过—改过"的过程中得到进步和提升的。《菜根谭》中有这样一句话："弥天的罪过，当不得一个悔字。"一个人即使犯了滔天大罪，只要懂得忏悔，就能补救。因此，我们要让学生懂得忏悔。但要想悔过，必须先知过。这就需要有一个判断的标准，而最好的标准就是《弟子规》。当学生做了某件事而不知是对是错时，可以引导他对照《弟子规》，看看是否符合《弟子规》的教诲。当学生发现自己所做的事违背了其中的某一条时，他就会追悔自己的过失，然后再根据这一条教诲所蕴含的智慧来帮助自己改正过失。

比如，学生总是挑食，我们可以引导他对照《弟子规》检查自己，他就会发现自己没有做到"对饮食，勿拣择"，他就能真正改掉挑食的坏习惯。

只要肯改过，就如《了凡四训》里所讲的"千年幽谷，一灯才照，则千年之暗俱除；故过不论久近，惟以改为贵"，即千年黑暗的山谷，只要有一盏灯照进去，灯光所到之处，就可以一下把千年以来的黑暗完全驱除。所以，过失不论是以前久远的，还是现在新犯的，只要肯改，就非常了不起，就非常可贵。

改过需要发三种心：知耻心、畏惧心、勇猛心。

在《了凡四训》中，其中的一训专门讲"改过之法"，重点讲到了改过需要发三心：耻心、畏心、勇心。"具是三心，则有过斯改，如春冰遇日，何患不消乎。"意思是说，一个人只要具备了这三种心，便能改正过失，就像寒冰遇到了春日一样，必定能融化成水。

知耻心，就是当学生做了错事后，他会感到良心不安，也会感受到这样做令父母蒙羞，正如《弟子规》前面讲的"德有伤，贻亲羞"。当学生常怀知耻心时，他就会采取行动去改正过失。而知耻的人，就已经接近勇敢了，正所谓"知耻近乎勇"。

畏惧心，就是在学生想要做错事时或者是做了错事后，他会感到非常害怕。这样，他在做事之前，就会谨慎、认真地思考：可不可以这样做？这样做的后果是什么？当他常怀畏惧心时，就有了自控力，从而使自己不敢犯这样或那样的错误。因为，在他的内心深处有一条道德的准则在时刻警示着他。

勇猛心，就是学生在改过的时候需要有坚定的毅力，需要有持之以恒的信念。一般来说，在事情过去之后，他很容易就会忘记自己的过失，那么他的坏毛病就会慢慢地显现出来。只有常怀勇猛心，才能勇敢、果断地尽力改正自己的过失，才能真正实现"归于无"。

当学生犯下这样或那样的过失时，首先要引导他认识到自己的过失，让他知道过失会给自己或他人带来怎样的负面影响，从而激发起他的知耻心和畏惧心。然后，要提醒、帮助他改正过失，不让他放过任何一个小过失，督促他成为一个有过即改的好学生。当然，对错误最好是"后不再犯"，就像孔子的得意门生颜回那样"不贰过"。

学生力行《弟子规》细节指导（五）

凡出言 信为先 诈与妄 奚可焉
话说多 不如少 惟其是 勿佞巧
奸巧语 秽污词 市井气 切戒之

在生活中要做一个诚实的人，不管犯了什么错误，都要勇敢地向父母或老师承认，绝不因害怕受惩罚而撒谎，诚实是我们必须具备的品质。

如果身边发生了事情，父母或老师来向我们了解情况时，我们要如实相告，知道多少，说多少，不知道则不说，不可以胡编乱造、添油加醋地乱说。

当我们和同学共同做了一件好事，被长辈问起时，我们不能为了邀功而说："好事都是我自己做的。"

如果我们和朋友一起闯了祸，不可以对父母、老师说："都是他干的，跟我没关系。"我们把责任推得一干二净是没有道德的表现。

倘若我们想购买一个心爱的玩具，不能以"学校要交学费"等根本不存在的理由向家人要钱。

当我们新认识一位伙伴，并想和他玩玩具时，不能违背事实地说"你是我最好的朋友，我只和你交朋友"等花言巧语，而是光明磊落地说："我能和你一起玩玩具吗？"如果遭到拒绝，我们也不要继续纠缠人家。

平时说话要注意态度语气，不要说讥讽、挖苦别人的话，而是要说理解鼓励的话。比如，不要对同学说："这道题目这么简单，你都不会做？真笨！"而是说："别着急，慢慢想，多想想就能想出解题思路。"

　　与同学合作时，不要用命令的语气说话，比如："去，把拖把给我拿来。"而是用商量的语气说："某某同学，请你帮我拿一下拖把好吗？谢谢。"这样，同学听上去会舒服很多，也乐于跟我们合作。

　　平时与同学、朋友交谈时，说话要恰到好处，如果发现对方不愿意听，就适可而止；如果发现对方对话题很感兴趣，我们也不要欲言又止。总之，我们说话时，不要只顾自己的喜好而说，要考虑对方的感受。

　　一切肮脏污秽的语言都不应该出自我们的口中，更不要学地痞流氓的样子说话做事。

见未真　勿轻言　知未的　勿轻传

事非宜　勿轻诺　苟轻诺　进退错

凡道字　重且舒　勿急疾　勿模糊

彼说长　此说短　不关己　莫闲管

　　看到或听说任何事，在不知道其中的真实原委时，不要轻易去评价当事人的行为好坏，更不要到处宣扬。比如，两位同学因打架被老师叫到办公室，如果我们不知详情，就不要说"肯定是某位同学的错"等话。

　　如果他人向我们打听我们并不清楚、不能确定的事情，我们就说"不太清楚"，而不是凭自己的略知一二，就夸大其词地随便乱讲。

　　对于尚未发生的事情，我们不要凭想象乱加猜测，比如，不要说："我看，某某同学可能要被学校开除了。"如果被对方听到，难免会生气。

　　说话的时候，要以对方听清楚为标准，咬字要清晰，音量和语速都要适中。如果讲得太快太急，难免出现舌头打结的情况。即使我们口齿伶俐，但语速过快的话，对方也很难有时间对我们的讲话内容进行思考和消化。所以，有急事，要慢慢地说，有大事，要清楚地说。

　　如果我们遇到委屈的事，在告诉父母和老师的过程中，千万不要边哭边说，这会使长辈听不清楚，也无法判断我们到底受了什么委屈。

而是要擦干眼泪，平复一下情绪，然后慢慢地如实道来。

当我们听到几个同学聚在一起说一些是非言语的时候，千万不要凑上去一起说，而是迅速离开。

如果有同学专门来给我们说是非，我们要么劝导对方不要说类似的话，要么以沉默应对。这样次数一多，同学就不会当着我们的面说别人的是非了。

当同学让我们做一些不合理、不妥当、不合法的事情时，我们要断然拒绝。比如，同学让我们帮他写作业，让我们帮他打架，让我们替他做一些破坏集体荣誉、破坏团结、有损于道德的事情时，我们一定不要答应。

另外，如果朋友请我们做的事情，超出了我们的能力范围，我们也不能因要面子或逞能而轻易答应，最后实施的时候，自己可能就会进退两难。

作出任何许诺之前，我们都要考量自己的履行能力。比如，同学邀请我们周末去图书馆，我们就要考虑周末是否已经安排了其他事务，父母是否有可能周末带我们回爷爷奶奶家，等等。考虑周到之后，才可以作出或肯定或否定或模棱两可的回复，不可以随意满口答应，否则最后很可能履行不了。

任何合理的许诺，我们只要答应，就要兑现。如果遇到不可抗力，比如自己生病、家中突发重大事件等情况，我们要提前向对方作出解释，并为自己的爽约致以真诚的歉意。

见人善 即思齐 纵去远 以渐跻
见人恶 即内省 有则改 无加警

多向"美德少年""最美孝心少年"等好榜样学习。

去同学家做客，看到同学对父母很恭敬、很关心时，想想自己有没有做得跟同学一样好，如果有就继续保持，没有就要向同学学习；如果发现同学对父母很没礼貌，喜欢顶撞父母，还总是支使父母做事，想想自己是否有类似的过错，若有就要立刻改正。

在学校，如果有同学不听老师的教导，见到老师也不行礼问好的话，我们就要告诉自己：一定不能这样做，要尊重老师，要多听老师的劝导。当然，我们也要以恰当的方式劝同学改正。

当有的同学勇于承认自己的错误并立刻改正错误时，我们就要向这位同学学习，鼓励自己常常看到自己的不足，并努力改正。

有的同学虽然学习很好，但是看不起其他同学，为人很傲慢，也不愿意帮助他人。看到这样的情况，我们要提醒自己，无论取得任何成绩，都不能傲慢，要始终保持谦虚，并用自己的学识能力帮助需要帮助的人。

看到其他同学总是迟到，想想我们是否也有不守时的习惯，有则改之，无则加勉。

在公交车上看到有人给老弱病残者让座时，问问自己是否能做到。看到他人把路上捡到的钱财、物品占为己有的时候，我们要告诉自己：做拾金不昧的好孩子。

如果身边的同学在劳动中很卖力，不怕脏，不怕累，我们就要向他学习。

有的同学总是在背后说别人坏话，我们看到之后，要想想自己是否也有这个坏习惯。

当我们看到有的同学很愿意把自己的文具、食物分享给其他同学的时候，我们要问问自己是否也像他一样大方。如果没有，就要向人家看齐。

有的同学爱占小便宜，经常借了同学的东西不归还。那么，我们也要检查一下自己的物品，看看有没有借了同学东西而忘记归还的情况。

当老师批评某个同学时，我们要问问自己是否也常常犯类似的错误，要把同学的不良行为当成警示，提醒自己不要效仿；当老师表扬某个同学时，我们也要看看自己和人家有多大差距，要以人家为榜样，努力赶上。

惟德学 惟才艺 不如人 当自砺
若衣服 若饮食 不如人 勿生戚

做人首先要有高尚的品德，而孝顺父母和尊重老师是一切德行的基础，在这个方面，始终要向身边的好榜样学习，不断努力，让自己成为一个好孩子、好学生。

如果我们学习成绩不错，又擅长一两样才艺的话，很可能会受到关注和夸奖。那么，我们就要时刻检查自己的内心，不要觉得自己很了不起，别人都比不上自己，而要觉得自己还有很多不足之处需要改进。

当有的同学不小心伤害到我们，或损坏了我们的物品时，我们是耿耿于怀，始终不能忘记，并试图找机会报复，还是不放在心上，并从内心原谅他？我们一定要鼓励自己成为一个宽容豁达的人。

如果父母老师提醒我们在德行、学问上不如其他同学时，我们一定要虚心接受并努力改进。

有的同学虽然学习成绩不好，但是为人热情，热爱劳动，动手操作能力很强，人际关系很好，那么他身上的这些优点就是值得我们学习的。

如果我们身边有同学很爱看有益于身心健康发展的课外书籍，我们就要和他多交流，尽量培养自己爱读书的习惯。

在成长的过程中，应多关注自己的表达能力、动手能力、思维能力、与人合作能力有没有逐渐提升。而从我们上课是否愿意举手发言，平时是否经常做家务、做手工制作、干体力活儿，遇到问题时是否勤于思考，在与同学的相处中是否常常闹不愉快等事项中，就能察觉自己的各方面能力是否有所提升，如果没有就要努力。

不要在吃喝、穿戴、玩乐上与同学攀比，即使大部分同学在这些方面都比我们强，我们也不要因此而产生嫉妒、自卑、愤恨之心。吃穿不体面不要紧，德行学问好才重要。

更不能因想得到不属于自己的东西，而做出偷盗、损坏等有损于德行的事。

闻过怒　闻誉乐　损友来　益友却
闻誉恐　闻过欣　直谅士　渐相亲

当父母或老师如实地批评我们时，我们不可以表现出不爱听的样子，更不能顶撞和狡辩。

当父母拿我们和其他同学作比较，并说"你看某某，就是比你有礼貌"时，我们不要因被比下去而生气，反而应该鼓励自己向对方学习。

如果同学、朋友指出我们的过错时，我们不要无礼地攻击对方。比如，同学对我们说："你不可以随便翻动老师的教案。"我们要立刻明白，对方提醒得对，而不是说："你管得着吗？"否则，以后就没有人敢指正我们的错误了。

有的同学爱告状，发现我们的错误就会及时上报给老师。对于这样的同学，我们不要讨厌他，因为有他，我们的自我约束力无形中才会增强，从另一角度来说，他间接地帮助了我们成长。

如果同学揭发了我们上课说话、不认真听课、不按时完成作业等错误行为，我们不要记恨对方，要立刻反省自己并及时改正。如果没有对方的揭发，我们也许会一错再错，最后养成不良的行为习惯，害人害己。

即使同学给我们指出的错误不够准确，我们也不要极力反驳，可以通过探讨加深对自己的了解。

如果周围的人赞叹我们是懂事的好孩子，我们就要想想还有哪些方面做得还不够，我们的行为是否能够与他人的肯定相配。

当听到过多的赞许声时，我们内心一定要有所警惕，不能沾沾自喜，也不能得意忘形，而是要时刻告诫自己：不因被表扬而骄傲，不因被批评而气馁。

要把能给我们指出过错的同学、朋友当成最值得珍惜的人，心存感恩，因为有了他们，我们才有了全面认识自己，逐步完善自我的机会。

交朋友一定要有标准，要结交那些正直的、诚实宽容的、博学多闻的人，而对于那些喜欢阿谀奉承、奸诈欺骗且言行不一致，又对学问道德没有要求的人，要少打交道，以防对方的不良行为影响我们。

无心非 名为错 有心非 名为恶
　　过能改 归于无 倘掩饰 增一辜

　　平时要重视老师和父母对我们的教导，不允许我们做的事情一定不去做，不能明知不能做还要去做。如果不听劝导，后果往往不堪设想。

　　如果我们不小心、无意中犯了错，比如踢足球时踢碎了别人家的玻璃，和同学玩闹时不小心弄伤了对方，因记性不好而忘记带作业本到学校，等等，我们都不要害怕，要勇敢承认错误并承担相应的后果，例如赔偿玻璃，陪同学去医院，认真完成被罚的作业，等等。这样一来，我们下次就不会犯同样的错误了。

　　我们每一个人都会经历"犯错—认错—改错"的过程，正是这个过程让我们成长起来并完善了自己。所以，当我们犯下或大或小的错误时，不要过于自责，过于懊悔，或情绪低迷到无法自拔，而应该振作起来，下定决心再也不犯同样的错误，因为"改过"才是唯一正确的选择。

　　到别人家做客，如果不小心打碎了茶杯，应主动向主人道歉说："对不起，我不小心打碎了茶杯。"不要推卸责任地说："是茶杯太滑了。"更不能撒谎说："不是我打碎的。"大胆承认错误往往能得到对方最大限度的谅解，而推卸责任就是用找借口的方法逃避责任，而撒谎更不是一个道德高尚的人该有的行为。

　　不要因害怕承担犯错的后果而掩饰错误、撒谎、推卸责任，这一系列的后续行为比我们犯下的错误本身还严重。所以，一定要期许自己做一个勇敢、坦诚、知错就改的好孩子。

第六章

泛爱众——教学生爱敬一切，创造和美人生

我们常说"让世界充满爱"，那么，什么是爱呢？爱绝不是一个狭义的概念，"爱"的繁体字是"愛"，好似一个"受"包裹着一颗"心"。事实上，爱就是用心感受他人的需要。一个有爱心的学生往往具备感同身受的能力，他会从爱父母、爱老师、爱亲友推及到爱一切人、事、物，这就是"泛爱众"。此时，他将不仅收获被爱，还会收获一颗博爱的心，获得一个和谐、平安、幸福的人生。

泛爱众，是对世间的一切人、事、物都有关怀爱护的心，就如同苍天与大地，没有一点私心，不论动物植物、种族国界等，都一样给予滋养，纯是一片仁慈博爱之心，不为名利，毫无虚假，这正是"天同覆，地同载"的大同境界。要教学生有一颗爱敬一切的心，开阔心胸，拥有"民吾同胞，物吾与也"的人类爱。

教学生爱人，也要爱物，无论其有无生命

这个地球上的每一种生物，都平等地享有生存权。人与人之间虽然出身不同，但人格绝无高低之别，互敬互爱才是常态。而山河大地、花草树木同样有生命、有灵性，人类无条件地爱护自然也是常态。然而，常态似乎正发生着改变，改变的结果又是什么呢？结果就是，人与人之间的关爱少了，怨恨多了，大自然也开始频发灾害……这都不是我们希望看到的。为了使人类和自然能够彼此和谐相处，请教学生爱人、爱物、爱自然、爱一切。

凡是人，皆须爱；天同覆，地同载

在"凡是人，皆须爱；天同覆，地同载"中，"凡"即只要，"须"即必须、应当，"覆"即覆盖，"载"即承载。全句意思是，只要是人，就应该相亲相爱，因为大家同被天地滋养，同享一片蓝天，共踏一片大地，是命运共同体，应该不分你我，互助合作。

爱别人就是爱自己，一个真正爱自己的孩子，会努力做到"泛爱众"。

每个人虽然相貌不同、身份不同、地位不同，但是，有一样是相同的，就是无不希望获得他人的尊敬与爱。既然"爱"是用心感受别人的需要，那我们就要引导学生学着用一颗平等心、真诚心与人相处。

然而，现今的很多学生都比较自我，总是很在乎自己的感受，而弃别人的感受于不顾，不但不懂得尊敬别人、爱别人，还常常和周围的人对立，甚至瞧不起他人、辱骂他人、陷害他人，而到最后，对方因无法承受而反过来报复他，甚至引发命案。所以，不爱他人就是不

爱自己，曾经用不好的方式对待别人，人家终究会用同样的手段甚至更狠的手段还回来，最后谁受益？两败俱伤！

为了避免这种悲剧的发生，就要让学生懂得"凡是人，皆须爱；天同覆，地同载"的道理。虽然大部分人没有血缘关系，但我们都是地球村的成员，所以要互相爱护、互相尊重，只有这样，大家才能都过得快乐、幸福。爱众，当然也包括爱自己。而且，爱众的基础就是爱己，一个不爱自己的人是没有能力去爱别人的。而一个真正爱自己的人，也会努力去做到"泛爱众"的。

要想学生做到"泛爱众"，先要引导学生爱自己，爱自己的前提是接纳自己，认同自己，如此才会内心丰盈，才会有爱的力量。再引导学生懂得尊重、关心、爱护他人，最起码不要与他人结怨仇，因为"怨"会生"恨"，仇恨的心往往是引发祸患的根源。也就是说，"不与人结怨"应该成为学生与人交往的基本原则。

另外，在社会群体中，哪些人容易受到不平等的待遇？是社会地位较低、干重体力活、贫困的弱势群体，比如清洁工、搬运工、小摊贩或残疾人等。我们每个人包括学生在内，在生活中接触这些人时，要保持最基本的尊敬，跟他们交流时要使用"您好""谢谢""慢走""对不起"等礼貌用语，而不是从心里看不起他们，更不要有外在的不敬行为。

可能学生会问，那些坏人也要爱吗？《三字经》开篇就说"人之初，性本善；性相近，习相远"，坏人不是本性坏，而是染上了坏习气，对于这样的人，我们要让学生敬而远之，要在人格上尊敬他，但不接近他，当然更不能向他学习。

还要引导学生关注穷苦的人，鼓励他用部分零花钱或压岁钱帮助那些需要帮助的人，以此来培养他的社会责任感和大爱之心。

"凡是人"中的"人"不特指人类，而指地球上的万物。

人类和各种动物、植物共享一个地球，所以，人类不是地球唯一的主人，但人类又是万物之灵，因此，对地球有着爱护的责任。然而，过去不久，人类没有重视自己和自然、地球的关系，开始乱砍滥伐、捕杀野生动物，导致水土流失、气温升高，自然灾害频发。几十年下来，地球已经不堪重负，南北两极的冰川在融化、气温在逐年升高、海平面在上涨……各种各样的自然灾害随时可能发生。

之所以会这样，是因为道德教育缺失，人类不懂得与大自然和谐相处，不懂得"天同覆，地同载"的道理，于是只能遭受苦难。但现在觉醒还不迟，我们要让学生明白，如果不想让地球毁灭，就要无条件地爱护包括动植物在内的地球万物。那么，具体该如何做呢？

有的学生之所以会踩蚂蚁甚至用开水烫蚂蚁、杀壁虎、逮麻雀，很大原因是他不了解这些小动物对人类的帮助，不知道敬畏这些小生命，不懂得它们也是地球的主人。有人说："天是父，地是母，被天覆地载着的一切生命都是被父母养育的兄弟姐妹。"由此说来，我们人类和这些动物都是兄弟姐妹，那岂有互相伤害、互相残杀之理？

所以，我们不但要借用科普读物或网络视频、光碟等媒介，使学生进一步了解动物，更要把动物与人类的关系告诉他，让他不再漠视这些生命。而像小猫、小狗、小兔子等动物原本就是人类的朋友，更不能虐待它们。

还要让学生知道，一个物种的灭绝不仅是大自然的损失，也会给整个生态链带来极其严重的负面影响。因此，那些为了经济利益而捕杀野生动物的行为是残忍的、可耻的，因为人类无权剥夺它们的生存权。而我们和学生要做的，就是不购买如虎皮、狐狸皮、豹皮、貂皮等衣物或装饰，只要市场上需求少一点，惨死的动物就会少一些。就如某则公益广告说的，"没有买卖，就没有杀害"。

也可以把发生在动物身上的感人故事讲给学生听。比如：

当小牛知道主人要宰杀母牛时，就趴在刀上，用身体把刀掩藏起来。主人发现了小牛的举动，深受感动，就放弃了杀母牛的念头，还把母牛和小牛养到终老。

有一个猎人，举枪准备打一只羚羊，没想到羚羊跪倒在地，一副恳求猎人的样子，但猎人还是杀了那只羚羊。当他剖开羚羊的尸体时才发现羚羊腹中有一只小羚羊，原来母羚羊是恳请猎人放它的孩子一条生路。此时，已经为人父的猎人深感后悔，从此放弃打猎，另谋生路。

要让学生明白，动物绝不是不会思考、没有感情的畜生，它们会思考、有情感，只是它们的思维能力不如人类高级。它们也有家庭、有亲人。如果人类对它们好，它们也知道感恩，如果虐待它们，它们也会疼、会害怕，甚至会报复。因此，爱护动物，是我们人类这一高级灵长动物的责任，学生也一定要努力做到。

除了动物之外，植物也是大自然的一部分，是优化环境的"良臣"。包括学生在内的每一个人都是靠氧气生存的，而植物能在光合作用下释放氧气。如果地球上没有了植物，也不可能有人类。所以，为了人类自己，也为了地球，要懂得保护树木花草，不随便践踏小草，不随便摘花，不随便折断树枝等，特别是在公园里、小区里、广场上、街道旁边等地方。人工种植的用来美化环境的花草树木，更不能去摘，这些花草是用来观赏的，如果今天你摘一朵，明天他摘两朵，没几天就被摘光了。因此，要手下留情、足下留情，维护美丽的环境。

当然，园林工人修剪花草、农民伯伯砍下结完果实的植物做肥料等，不属于随便折伤植物的行为，而是有规划、有目的并利于植物生长的举动。这要让学生分清楚。

总之，我们要帮学生从小建立爱护花草树木的意识，这样，他长大后就不太可能参与乱砍滥伐的活动。如此一来，水土流失、温室效应、冰川融化等现象都会有所缓解，人类的生存环境就会少受一些威胁。

不要忘记把节约能源的环保意识传递给学生。

天同覆、地同载的，除了人类、动物、植物之外，还有矿物，也就是各种各样的自然资源。而这些资源被人类开采后，成为我们生存不可或缺的能源。但现如今，能源紧缺已经成为人类面临的新问题，其原因就是人们不懂得有计划地开采和有节制地使用。

我们要明白一点，人不是孤立地生存着的，人与他人、与动物、与植物、与矿物，与自然界中的一切都是互相依存的关系。如果我们不爱人、不爱动植物、不爱地球、不爱自然，那万物也不会给我们提供良好的生存环境。也就是说，人与万物不和谐共处，就是共同灭亡。而如果平等地关爱每一个人，爱护一切动物，珍惜一切花草树木，天地间就会形成一个祥和的能量场，如此就能维持这一共存共荣、共同分享的生命共同体。知道了这个道理，那就努力做到"泛爱众"吧！

名望的基础是内在德行和才干，
而非外表与大话

一个有德行、有学识、有才能，又愿意用自己的才能服务大众的人，自然会得到大家的敬重与爱戴，他的名望自然也会越来越大。所以，拥有名望的基础是具备好的德行与才干，而非徒有好的外表。而今，有名的人未必有名望，因为他没有好的德行，所以招致祸患的可能性就很大。正如古人讲的："名不副实，必有奇祸；德不配位，难免灾殃。"

行高者，名自高；人所重，非貌高

"行高者，名自高；人所重，非貌高"中，"行"是德行、品行，"名"是名望、名声，"重"是重视、看重、推崇。全句意思是，一个品行高尚的人，名声自然会高，因为人们所敬重的是一个人的道德品质，而不是看他的相貌有多好。

让学生知道，判断一个人好坏的标准不是外貌，而是德行。

无论是我们还是学生，一般都会对相貌出众的人颇有好感，也难免会倾慕对方帅气俊秀的外貌，甚至会因此而格外敬重人家。当然，尊敬他人是我们应该做的，但仅凭外表而对别人有所评判，难免肤浅。而且这种判断标准是盲目的，对学生也是没有好处的。

有个学生刚到一个新班级，想交一些朋友。结果，他看到谁长得好看，就去接近人家，与其交朋友。一开始他还很高兴，但时间一长，就慢慢发现对方很自私、很爱慕虚荣、很傲慢，这些不好的品行总会给他带来伤害。最后，他也被对方所熏染，变得跟那个人一样了。

这就是以貌取人的坏处啊！未成年的学生如此，我们成人不是也有相似之处吗？有的男士找配偶的第一条件就是漂亮。殊不知，婚后每天与之相处的不是一张美丽的脸，而是一个活生生的人，如果这个太太虽然漂亮，但自私贪婪、心胸狭窄、脾气暴躁的话，男士就会觉得，自己更需要一个温柔贤淑、善良宽容的女性做妻子。

诸多事实证明了以貌取人的弊端，也证明了相貌不是换取敬重的前提。即使是一个习惯以貌取人的人，最后也会发现自己更愿意和那些品德高尚的人相处，因为品德高尚的人可以用言语行为滋润心田，让人感受到积极向上的力量。

因此，我们要借由"行高者，名自高；人所重，非貌高"这句教诲让学生在与人交往中增强判断力。首先，无论他人相貌如何，都要尊重对方，不因对方相貌丑陋而排斥，不因对方相貌美丽而有意接近。其次，要在平等交往的基础上，通过观察对方的言行举止判断对方的德行高低，如果对方的确是一个品德高尚的人，就要向人家学习，常常与他相处，这也是后面"亲仁"一章所强调的重要内容；如果对方一身恶习，就要懂得敬而远之。

这样一来，学生就不会因不懂得如何判断人而盲目交友了。

今天，我们如何激励学生成为一个品行高尚的人呢？

古代的明君圣贤如尧舜禹汤、文武周公，或是孔孟老庄等，都是注重德行修养的人，他们的名望自然高，受到世人的推崇尊敬，并且永载史册，流芳百世。

被誉为"大成至圣先师"的孔子，在2500多年前以高尚的品德吸引着众多贤士前来求学。孔子带着学生们周游列国，推行仁政，希望通过教育实现天下大同。尽管孔子一生颠沛流离，经历了绝粮七日、痛失爱徒、晚年失子的种种悲惨遭遇，但是他一直追求品格的完美，那颗利于天下苍生的心从来都不曾改变。他高尚的德行不仅被当时人称颂，也为我们现代人所敬仰。

孔子之所以能够名垂千古，就是因为他是一位"行高者""才大者"，正如颜回对孔子道德学问的评价，"仰之弥高，钻之弥坚，瞻之在前，忽焉在后"，是他的学生及后人所难以企及的，值得用一生的心力去学习。

学生既然已经开始学习《弟子规》，就应该期许自己成为孔子的好学生，激励自己成为和孔子一样有德行、有才华的人。那么，如何才能做到呢？或者说怎样向这个目标迈进呢？

孔子在《论语·述而》中有这样一段话："德之不修，学之不讲，闻义不能徙，不善不能改，是吾忧也。"意思是，个人的道德修养有没有得到提升，自己所领会的学问和道理有没有宣讲出来让更多人受益，听闻了正义的事有没有及时去做，发现自己有不好的言行，有没有积极改正，这些正是我所担忧的。

从这段文字中可以看出，孔子每天最关注的是改过、行善、修身、从教。而我们自己或者学生每天都在关注什么？如果学生能积极改正已经发现的错误，每天按照《弟子规》的教诲修养德行，并多做有利于大众的事，同时把自己学到的知识和技能或在修身中体会到的道理毫无保留地分享给其他人，那么他的那颗心就如同孔子的心，只要保持下去，他必定会成为一个有德行、有名望（即德高望重）的人。

因此，我们要激励学生向这方面努力，无论目前他德行、学问的底子有多么薄弱，只要努力，就一定会成为"行高者""才大者"。《弟子规》的最后一句不是也鼓励我们"勿自暴，勿自弃；圣与贤，可驯致"吗？

让学生了解德行和名利的关系，懂得修养德行的重要。

要告诉学生，虽然获得名望的基础是德行和才能，但是修养德行、提升才华的目的不是争名夺利。名利是一个德才兼备的人在服务大众的过程中因得到大众的认可和颂扬而自然得到的，不是争抢来的。

而且，人一旦有了名气就会被关注，如果道德上稍有缺失，就会名誉扫地，所以，徒有虚名的人不是遇到天灾，就是遭遇人祸。就如娱乐圈里的明星，昨天还在台上表演，今天就因为各种不入流的违法行为而被拘留，因为他的"德"承载不了他的"名"，正如古语所说的那样，"世之享盛名而实不副者，多有奇祸"。

另外，人一旦出名就会变得很辛苦，虽然万众瞩目，但失去了私人生活空间，做任何事情都像有人监视一样，稍有不慎，自己的一个小动作可能就会曝光于天下。所以，名人会比普通人承受更多的压力。为什么有些名人会得抑郁症，会选择自杀？跟他们受不了名气带来的压力有关,最终希望一死了之,自我解脱,殊不知"身有伤,贻亲忧"啊!

换句话说,如果有名的人都能像前面提到的赵盾一样"慎独",也就是能做到"入虚室,如有人"的话,他谨慎的态度和规范的言行举止也会被人捕捉到而美名远扬。那么,这样的名人必定会赢得更多人的敬重。

讲到这里,我们就应该明白了,"先有德,后有名"才是一个正常的顺序,如果"先有名",并想让名望持续下去,就必须努力提升自己的德行,否则"必有奇祸"。再说,一个真正有德行的人不怕出名,他会把外界对自己的关注当成自己成长的动力。

所以,我们必须让学生清醒地认识名利,无论学生是否期待成为一个有名望的人,他都必须做到修养德行、丰富才学,开阔眼界和心胸,提升境界。

才大者,望自大;人所服,非言大

这句"才大者,望自大;人所服,非言大"是前一句的延续,"才"是才能,"望"是名望,"服"是佩服、信服。也就是说,一个博学多才、能力卓越的人,名望自然会大,因为人们所佩服的是他的真才实学,而不是他多么会吹嘘自己。

口才很好的人,会不会一定很有才华呢?

一个说话滔滔不绝、口若悬河的人,如果没有真正的才华,迟早会被人看不起,人们会觉得他只知道夸夸其谈,却无法凭真才实干来服务大家,这样的人,还不如那些既不能干又不会说的人来得实在。

遗憾的是,今天一些人好像失去了判断力,看到一些人能讲大话、能吹牛,就说:"这个社会,就是要懂得推销自己,否则谁知道你的才能?"乍一听好像有点道理,但是实际上,仅凭一个人会说就判断他有才能未免过于草率。

如今的很多年轻人都有一张能言善辩的嘴,口才好得无人能及,但是让他干几件实事,他就为难了,没有办事的能力,还会用自己的辩才为自己开脱。一次两次能蒙混过关,几次之后,人们就会感叹:"哎呀,原来他只会说啊!"

是啊!口才虽然也是一种才能,但是能"说到做到"才是真本事,如果"说得比做得好"那就不行了。因此，我们不要让学生羡慕那些夸夸其谈的人，更不要仅凭此认为那样的人值得交往，而是要观察他的言行是否一致，看他是否能干实事，由此来判断对方的才能。

相反，如果一些人不善言谈，也不能认为他没本事、没能力，因为有没有本事和能力不是靠嘴说的，而是用实际行动证明的。所以，只有通过更深一步的了解，才能知道他到底有没有能力和才华。当然，也要引导学生自己做一个踏实肯干、有真才实学的人。

鼓励学生做一个"讷于言而敏于行"的君子。

《论语·里仁》中说道："君子欲讷于言而敏于行。"就是说，一个有修养的人虽然说话会非常谨慎，但是行动敏捷，做事讲究效率，做不到的绝对不轻言，说过的就一定努力去做到。

是啊！常言道"言多必失"，一旦学生的话说得多、说得大，就会引起关注，引起大家议论，大家就会看他的后面的行为是否与说过的话相符，一旦稍有不符，挖苦、讥讽、嘲笑就会接踵而至，让他不堪重负。以后，有什么好机会，大家自然不会让他去把握；有什么重大任务，也不会让他去承担。最终，他可能就会因为吹牛而给自己的人生前途设置巨大的障碍。

相反，如果学生不夸夸其谈，只管认真努力地完成任务，做好之后，能力自然会展现出来，大家自然会主动夸奖他。人们对他有了好印象之后，自然会把重任交给他。他在完成的过程中，不但能力得到了锻炼，才华也又一次展示出来，从而不断成长。

即便学生的才能还不到位，只要不去吹牛，当然也就不会招致他人的反感和讥讽，也就不会因此失去很多难得的机遇。

总之，无论自己的才华如何，都一定要"讷于言"。当然，这个"讷"不是完全不说，而是说的时候，要以谦虚的态度客观地对自己的才能作真实的评价，既不夸耀自己也不贬低自己，正所谓"既不妄自尊大，也不妄自菲薄"。

而在才华的提升方面，要让学生向孔子的得意门生曾子学习。曾子说："吾日三省吾身：为人谋，而不忠乎？与朋友交，而不信乎？传，不习乎？"意思是，我每天从三个方面反省自己，替人家做事，是否够尽心尽力？和朋友交往，是否讲求诚信？老师传授的知识，我是否复习了，是否学以致用了？

引导学生以此反观自己，每天学习的知识和技能是不是复习了，是不是把学会的用到生活中了？如果每天都是，那么学业、才能必定会长进。父母、老师、同学交代的任务，是否尽心尽力地完成了呢？如果答案是肯定的，那么能力也必定会提升。做到这两点，才能哪有不长进的道理呢？经过十几年或几十年的锻炼，他一定会成为"才大者"，此时，只要学生愿意用自己的才能为大众谋利益，名望当然会大。

《中庸》有言："故大德者，必得其位，必得其禄，必得其名，必得其寿。"也就是说，一个品德至高无上的人，一定会衣食无忧、有地位、有名望，而且还会长寿。古人说话都很谨慎，能用"必得"两字，说明德行是享有一切的根本。所以，我们不用让学生思考自己以后的社会地位和名望，让他只管向"大德"的方向努力吧！我们亦当以此自勉。

教学生克服自私的弱点，远离傲慢的习气

当学生具备了某些才能的时候，会不会吝啬地不愿意付出？当他看到别人很有才华时，会不会生出嫉妒之心？自私、傲慢、嫉妒都是人性的弱点，如果不努力克服，道德、才能就得不到提升，也无法受人尊敬，人生之路必定会增添很多难以逾越的障碍。所以，我们一定要教学生克服自私的人性弱点，让他远离傲慢的不良习气。

己有能，勿自私

"己有能，勿自私"的意思是，如果自己有一定的才能，不要吝啬地不愿意拿出来与人分享，而是要用自己的才能帮助大家，和大家共同成长。

不要让学生因自私成为"自断筋脉的苹果树"。

今天有一定才能的学生都是如何表现的呢？比如，有的学生学习成绩很好，但是，当别人请教他问题的时候，他要么爱搭不理，要么敷衍地回答一下，总之不会很诚恳、很认真地去帮助对方。为什么呢？要么是傲慢心在作怪，觉得对方真笨，这么简单的问题都不知道，懒得对别人讲；要么是怕别人一旦超过自己，那么自己第一名的位子就保不住了。

这样的学生虽然学习好，但往往不受同学欢迎，人际交往总是频频遇阻，而且他会满足于现有的成绩，在没有人超过他的时候，他是不会主动争取进步的。这就说明他进步的内动力不强，往往要靠外力刺激才会更努力学习。

290

那么，等他长大走上工作岗位后，他依然不会主动帮助同事。他会把工作任务分得很清楚，不是自己的绝对不多付出，他常常会说："我凭什么帮你们？我凭什么多工作？又不给我多发薪水。"这样一来，他在团体中就不会是一个受人欢迎的人。

这种思维若不改变，迟早会成为"自断筋脉的苹果树"。

一棵苹果树总是因自己结出的果实被人拿走而愤愤不平。后来，它为了不让别人拿走那么多果实，就自断筋脉，拒绝成长。渐渐地，它结出的果实越来越少，人们能摘走的果实自然也越来越少，它居然还庆幸地认为，人们已经占不到它的便宜了。殊不知，它离被遗弃、被砍伐的时间不远了。

再想想看，果树结出的苹果是做什么用的？等到果熟蒂落后，如果烂在地里做肥料，那与没有这棵苹果树有什么不同？这棵果树即使能结出上万个苹果，如果不给人享用，便毫无价值可言。

如果把苹果树比喻成学生，苹果就是孩子拥有的才干，当学生自私地不愿意贡献自己的才干时，也必将停止成长的脚步，最终一事无成。

一个有才华但是不舍得拿出来使用的人，与没有才华毫无区别。而那些一付出就谈条件的人，最终会被团体所遗弃。因此，我们一定要让学生明白，有才能，就一定不能自私，否则就是自断生路、拒绝成长。

告诉学生，只有积极付出才会实现真正的自我成长。

要让学生明白，一个愿意用自己的才能为大众服务的人，自己才是最大的受益者。如果现今的年轻人能够明白这个道理，就不会因薪水暂时不高而不努力工作，因为付出总有回报，"自我成长"就是最大的收获。

换句话说，一个人敢于承担责任，才是成长的开始，无论他是成人还是学生。而一个没有责任感的人，是缺乏理想的，是没有灵魂的，他只想索取，不想付出，因为他没有从根本上认识到自己应该在社会中、在家庭中扮演怎样的角色。一个没有责任感的人，在工作和学习中只能应付别人，同时也是在应付自己，他注定会一事无成、一生无成。

只有积极主动地担负起他应该担负的责任的人，才能成为一个对国家和社会有用的人。责任感的培养要从小开始，要让学生从小就有担当精神，有肯积极付出的精神。

所以，如果学生学习好，就鼓励他诚恳地解答同学提出的问题，并把自己的学习方法分享出来；如果他动手能力强，就鼓励他在手工课上帮助其他同学；如果他的体育好，就鼓励他毫不吝啬地把锻炼身体的方法告诉他人……要有"人饥己饥""人溺己溺"的胸怀，帮助更多的同学，只有这样做，他才能和同学共同成长、共同进步。其实在这个过程中，最受益的人还是他自己。

人所能，勿轻訾

这句"人所能，勿轻訾"中，"轻"是轻视，"訾"是贬低、说人坏话，意思是告诫我们，当看到别人很有才华、很有能力时，绝对不可以轻视和诋毁他，否则不但有损自己的德行，也会给对方造成伤害。

当学生看到别人才能胜过自己时，会生嫉妒心吗？

前面提到，当学生自己有才能时，不应该自私、吝于与人分享。然而，当看到别人有才能的时候，甚至才能超过他的时候，他会不会因嫉妒而轻视对方呢？

有个男孩的数学成绩一直都名列班级第一。但在一次考试中，一个女孩超过了他，他因此产生了嫉妒心。在这种不良心理的驱使下，他怀疑那个女生是靠作弊取得好成绩的，于是就开始向坐在女生周围的同学打探消息，希望能从他们的话语中寻到蛛丝马迹。不仅如此，他还到处说："我不太相信这是她的真实实力，不知中间有什么猫腻。"

女孩知道后，就去找他理论。俩人大吵一架之后，互不理睬。

这个男孩不甘心，平时悄悄关注起女孩的学习状态，这一关注，却分散了自己学习的注意力。接下来的几次考试，女孩都比他成绩好，打破了作弊的谣言，结果，不但他"第一名"的位子没保住，同学们也对他总是诋毁女孩的行为有了看法。最终，他不但破坏了同学情谊，而且学习成绩也下滑了很多。

这个男孩就是不懂得"人所能，勿轻訾"的道理，才做出了伤人害己的事。

其实，当学生嫉妒别人时，内心是很痛苦的，整个心灵被"嫉恨"包裹。在嫉妒心理的驱使下，他不会把注意力放在自己该如何提高上，而是把注意力转移到如何妨碍对方进步上，这样就难免做出伤人害己的事情，结果只能被集体嘲笑和孤立。

因此，我们一定要引导学生落实这句教诲，远离嫉妒，远离伤害。

如何引导学生心甘情愿做到"人所能，勿轻訾"呢？

首先，表扬学生一定要慎重、适度。一个爱嫉妒他人的学生往往都是能力比较强的人，他听惯了表扬的话，就会因老师、同学称赞他人而心生嫉妒。因此，对于自信心较强、能力较强的学生，我们对他的夸奖一定要谨慎、适度，以免过多的肯定和表扬增加他的傲慢心，从而为嫉妒心的产生埋下种子。

其次，学生无论能力如何，都一定不能养成"嫉贤妒能"的不良性格，否则，他便可能会不择手段地陷害"忠良"。所以，我们平时一定要引导他常看自己的不足，常存改过之心，同时欣赏和学习他人的优点，以彼之长补己之短。如果学生能以这样的心态为人处世，那么遇到优秀的人时，他不但不会嫉妒对方，还会向对方请教。这样，他不但能从对方的优势中汲取营养、不断成长，而且还能时刻交到良师益友。如此一来，他未来的路自然会越走越宽广，越走越顺利。

最后，利用古圣先贤所说的智慧之语引导他。比如，道家劝善经典《太上感应篇》里说，"见人之得，如己之得；见人之失，如己之失"，而心术不正害不了别人，却会害自己，因为是在招祸；心地善良，招的就是福，还不等到人家得到利益，自己先得利益了，何乐而不为？再有，《朱子治家格言》中也讲，"人有喜庆，不可生妒忌心；人有祸患，不可生喜幸心"，也是一样的道理，要"人同此心，心同此理，感同身受"才对。要知道，现在的所作所为，都会在未来回报到自己身上。所以，实在是不敢不谨慎。

告诫学生，别谄媚富人、看不起穷人，勿喜新厌旧

有人说，现在这个社会人心不古，背信弃义的事情时有发生。殊不知，这便是道德教育缺失的结果。任何一个人无论是出身贫穷还是富贵，在人格上都是平等的，没有高下之分，没有贵贱之别。学生应该用一颗平等心与人交往，既不谄媚富人，也不低看穷人，做一个不卑不亢的正人君子。另外，生活在今天这个时代，学生依然应该讲情义和道义，不要因喜新厌旧、忘恩负义而失去品味人生真谛的机会。如此，他就不可能成为社会世态炎凉的推动者。

勿谄富，勿骄贫

在"勿谄富，勿骄贫"中，"谄"是奉承、巴结，"骄"是骄横、欺凌。全句意思是，不要对富人谄媚，不要对穷人骄横。

人与人生来平等，别因谄富举动打破这原有的平等。

《朱子治家格言》里讲道："见富贵而生谄容者，最可耻；遇贫穷而作骄态者，贱莫甚。"意思是说，那些有意巴结、讨好富人的人，是最可耻、最丢人的；那些在穷人面前摆出一副傲慢无礼样子的人，其实是最卑贱的。

是啊！那些善于巴结富人的人，总以为能从富人那里得到什么好处，或者富人能高看他一眼。其实，即便富人给他一些恩惠，他谄媚的态度也会让人生厌，富人不会高看他，更不会尊敬他。所以，一定要告诫学生，做人要有尊严，让他一定要做到"勿谄富"。

要让学生明白，人与人之间本来就是平等的，但谄富的人必定要

用低三下四、低声下气的态度去奉承对方，他这么一"低"，就把自己的人格完完全全地降低了，甚至是没有了人格，而他的"低"或"没有"在无形中凸显出了对方的"高大"，这种"高低"的感觉一旦建立，人与人之间就不平等了。更可笑的是，那些谄媚富人而又得不到好处的人，还会骂富人太傲慢，看不起人。殊不知，这种被歧视的状态是自己一手造成的，与人家又有什么相干呢？

所以，无论学生的家庭经济状况如何，都不需要羡慕那些比自家有钱的人，更不要去巴结谄媚，而是平等地与之往来，守住自己做人的那一份尊严。

这句教诲与学生的生活相联系，就是孩子在交朋友时，要以谈得来、志趣相投为标准，而不是以对方家有钱没钱为标准；如果有别的同学经常带零食、饮料、玩具来学校，他不能缠着人家要吃的、要喝的、要玩的，更不能因想吃到人家的食物就说一些讨好的话。

另外，还应该告诫学生，尊师是必要的，但没有必要去讨好、奉承、巴结老师。如果从小养成了巴结老师、校领导的习惯，以后走上社会可能也会如此，这是不对的，如果自己有德行，有真才实学，堂堂正正地为人处世，自然就会一帆风顺。行君子道，而不走小人路，这是每个人都应该有的风范，学生从小就应该养成。

不要小看"勿谄富"这句教诲，人们若做不到，必将带动贪污腐败的风气，那给个人、给人民、给社会、给国家都将带来极其严重的负面影响和不可估量的损失。相反，如果多一个人做到，这个社会就会多一分平等、和谐与清廉，那该多好！所以，"勿谄富"要从"我"做起。

"骄贫"的结果往往后患无穷，这一点必须知道。

要明白一个道理：那些看不起穷人、欺压穷人的人，一旦惹怒了穷人，自己也不会得到什么好处。众所周知的多年前的马加爵案件，虽然是一个极端的案件，但却不能不让我们从另外一个层面进行反思。

马加爵虽然出身贫寒，但成绩优异。不过，同学们都因他家境不好、着装太土气而瞧不起他，他长期遭受同学的歧视，心理产生了扭曲。后来，当几个平时和他要好的同学都开始讽刺、凌辱、轻视他的时候，他再也忍受不了了，最终做出了自毁、毁人的事情。

马加爵在被执行死刑前写了一封让无数人为之动容的信，讲述了他对父母的爱、对未来的憧憬以及他一路走来的艰辛，也写出了他杀害同学的原因："我眼前总浮现出他们淋漓尽致侮辱我的样子，我没有退路了，我决定玉石俱毁。我决定给那些歧视穷苦人、蔑视穷苦人的人一个教训，我决定给那些无情践踏、残忍蹂躏穷苦人人格尊严的人一个教训！"

尽管如此，但他没忘记对曾经帮助他的一位同学表示感谢，他在这封信中写道："我只想杀那些无情践踏、糟蹋别人人格的人，我并不想伤及无辜。另一个同学在我最穷困的时候并没有歧视我，反而打饭给我吃。当他来找我时，我深刻懂得人间真情的可贵，我曾对自己说：滴水之恩，涌泉相报，我一定会报答这位同学。可是我现在留下了一个永远的遗憾，我没有机会报答这位同学了！但我最后想送一句话给我这位同学：好人自有好报！"

这封信很长，我们可以在网络上搜索"马加爵的一封信"，对马加爵内心深处的情感作更进一步的了解。

马加爵为什么会杀害同学，又为什么会感谢同学？是因为同学对待他的态度不同，他恨那些歧视他的同学，感谢那位帮助过他的同学。当然，他表达愤怒的方式太极端，但被轻视、被欺压的滋味不好受，这种滋味一旦转为怒火，后果不堪设想。

所以，我们要让学生懂得，不要因对方穷就轻视他、侮辱他，要平等而真诚地对待身边的每一位同学、朋友，这样才会得到他人的喜爱与尊敬，远离祸患。

如果学生出身贫穷或富贵，应该如何做呢？

在《论语·学而》上记载了这样一则故事：

一天，孔子的学生子贡问老师："贫而无谄，富而无骄，何如？"孔子回答："可也。未若贫而乐，富而好礼者也。"这就是告诉学生，如果出身贫穷，就要知足常乐，"贫而无怨"。尽管目前经济状况不好，但要懂得德业双修，提升自己的道德水平，培养自己造富的能力。在羡慕富人的时候，不要忽视财富背后那闪耀着魅力的东西：高贵的品质和获取财富的正当方式。

的确，用正当的方式获取财富的大富大贵之人一定有令人仰慕的品质。所以，学生要明白，在"君子爱财，取之有道"的前提下，"富有"仅仅是一种表现形式，内在表明的是富人的心胸、眼光、能力、思维、毅力和心态都非同一般。如果把这些因素统称为"创富素质"的话，那么这种素质越高，拥有的财富就会越多。如果学生明白这个道理，那么不但不会谄富，还会在"贫而乐"的基础上，激励自己成为具备"创富素质"的人。

同样，如果学生出身于富贵家庭，一定要注重培养他谦恭守礼的品质，"富而无骄"。让他懂得，优越的家庭条件并不代表自己很有本事，而是祖上有德，父辈勤恳，因此他没有任何资格去贬低穷苦人。而且，财富原本就是取之于民的，也应该用之于民，富有的人要有社会责任感，要用财富帮助弱势群体，尊敬他们，而不是轻视、贬低他们。

勿厌故，勿喜新

这句"勿厌故，勿喜新"简单明了，即不要喜新厌旧，一切要以道义为标准，不能根据自己的好恶去为人处世。

告诫学生，别因喜新厌旧而成为不懂道义的人。

新旧表现在方方面面，如新旧物品、新旧思想、新旧朋友等。对一些人来说，喜新厌旧是一种与生俱来的习气，如果有这样的习气，那在物质方面可能就会一直追逐所谓的"新"，欲望就会大开，而"欲是深渊"，一味贪图物质享受，最终可能会带来痛苦。如果是在与人的相处上也喜新厌旧，可能就会忘却道义、情义、恩义与信义。

有的学生在交朋友方面就经常喜新厌旧，不停地换所谓的"朋友"，而有了新朋友就忘了老朋友。喜新厌旧的学生经常会给朋友带来伤害，而他最终也很难交到真正知心的朋友。而且，一个不懂得"勿厌故，勿喜新"道理的学生，就难免被认为是不讲情义、道义的人，结果只能是落得一地凄凉。所以要告诫学生，不要因为喜新厌旧而成为没有道义的人。

未成年的学生尚且如此，成年人就更是如此了。当今社会，人与人之间交往的范围广、频率高，导致男人与女人有了互相了解、互相交朋友的机会。但是，很多人却因不懂得"贫贱之交不可忘，糟糠之妻不下堂"的道理，而抛弃了原配，另结新欢，给孩子和原配造成了终生不可弥补的伤害。最终，这也害了自己。

喜新厌旧会导致社会风气败坏，而这种风气一旦蔓延，整个社会的离婚率便会增高，更多的未成年学生会因为无法在一个健全、温暖的家庭中成长而产生各种心理疾病，或变得忧郁、内心阴暗、痛恨父母，甚至仇视社会，或过早地走上社会，成为闲散人员。结果，就会导致犯罪率升高，给社会带来严重的负面影响，甚至导致社会动荡不安，人人都没有安全感。

这一切都与人们喜新厌旧不无关系，真是可悲可叹啊！所以古人说"与其结新交，不如敦旧好"，就是告诉我们不要养成喜新厌旧的坏习惯，与其结交新友，不如重视旧的友情。

在生活中，我们和学生应该怎么做呢？

无论是作为教师还是父母，我们都要做一个重情重义的人，绝不做喜新厌旧的事。在工作中与异性交往要有度，始终把关系保持在同事、熟人的范围内；若有人主动"示爱"，要把持住自己，懂得明确拒绝，不要冲动，不可半推半就，故意让自己成为一个有裂缝的"蛋"；若遇到德才兼备、相貌出众的异性，应从内心升起敬佩，要向人家学习。

无论何时何地，都要考虑到家中有可爱的孩子、贤惠的妻子（本分的先生）和年迈的父母，一定要为家庭的稳定而坚守原则；还要考虑到为人师者的身份。今天很多人对教师没有敬重之心，虽然是源于个别教师的师德败坏，但却给整个教师队伍抹了黑。我们作为学习中华文化、学习《弟子规》的教师，理应严格要求自己，给学生、给社会上的其他人做好榜样，给教师正名，不负"人民教师"的光荣称号与伟大使命。

与此同时，要教导学生懂得珍惜老朋友，不因结交了新朋友而疏远故友，要常常和老朋友保持联系并对对方表示问候和关心。要让学生明白，交朋友要交为人正直、彼此互相帮助的朋友；朋友不一定要多，但一定要精。

另外，我们要把"勿以小嫌疏至亲，勿以新怨忘旧恩"的道理告诉学生，就是不要因一点儿矛盾就疏远最亲近的人，也不要因新发生的不如意事，就忘记对方曾经的恩德。学生与同学和朋友交往时，也不要因发生了小的不愉快就说对方不好，更不能因此疏远对方。

对人如此，对物亦如此。学生要懂得爱惜物品，不能因有了新的就不用或不穿旧的，更不能让父母频繁地为自己购买新衣物；对于小了的不能再穿的衣服，可以洗干净捐给那些有需要的人；对于长期不用的物品，也可以"变废为宝"，把它们改成可以重新使用的东西。如此一来，学生便会远离"薄情寡义""忘恩负义"，便会因重情重义而获得幸福人生。

教学生学会观察办事、说话的时机，不可盲动、乱言

生活中有的人喜欢麻烦别人，他不分时间，不分事情大小，不管人家有没有空，都会提出请求。别人接到他的电话、看到他的身影，可能都会难受，因为感觉他又来"找麻烦"了。爱，是用心感受别人的需要，是为他人着想。当有事请教别人或想向朋友倾诉衷肠时，要看看他忙不忙，情绪好不好，要懂得感同身受，要学会观察办事和说话的时机，不盲动、乱言，懂得进退有度，这才是真的爱人、敬人，也才会受人喜爱和尊敬。

人不闲，勿事搅；人不安，勿话扰

"人不闲，勿事搅；人不安，勿话扰"告诫人们，当别人正忙着没空时，不要因自己有事就去打搅对方；当别人身心不安或心情不好时，也不要喋喋不休地跟对方交谈。

学生会不会常以自己的需求为重，不体谅他人呢？

有的教师也许会遇到这样的情景：正忙着思考一项活动方案，或者在思考一道题目时，学生拿着书过来问："老师，这道数学题怎么做？"这时拒绝回答，可能会打击学生学习的积极性；不拒绝吧，思路可能就要中断，甚至让刚来的灵感溜走。

在家也是这样，我们正在和客人聊天或者商讨重要的事，孩子过来说"爸爸，我给您讲个故事吧！"或者"妈妈，我新买的衣服放在哪里了？您给我找一下吧！"，到底是和朋友继续谈事，还是答应孩子的要求？更有时候，我们正在炒菜做饭，孩子突然要让我们帮他做

件事,做还是不做?菜炒了一半怎么办?

可见,这样的学生、孩子还不懂"人不闲,勿事搅;人不安,勿话扰"的道理。不光是孩子不懂,很多成年人也不懂。

比如,我们正忙着手头的工作,接到一个电话,电话那头的亲友一股脑地给我们说了一大堆事,问我们该怎么办。我们是放下手头的工作,帮亲友解决问题呢,还是拒绝亲友,继续工作?

有时,我们因工作忙碌心情不好,回到家却听到太太(先生)喋喋不休,孩子也缠着要我们陪他玩耍,让我们不知道该如何应对是好。

之所以会发生这些让我们进退两难的情况,原因就是大家都没有学过这句"人不闲,勿事搅;人不安,勿话扰"。如果学生从小懂得这个道理,就不会拿着数学题去问正在做饭的妈妈,也不会要求给正在谈话的爸爸讲故事,更不会缠着已经精疲力竭的父母陪自己玩。他长大后,不会因认为自己的事很要紧就不问对方忙不忙而向对方寻求帮助,也不会明知道家人需要安静却还没完没了地说个不停。

这样一来,学生才算真正理解了"爱"的含义,真正因体会到他人的需要而成为一个善解人意、受人欢迎的人。

具体来说,要引导学生通过观察做到不给别人添麻烦。

学生若有事请教老师、父母,一定要先看看对方忙不忙,如果老师正在伏案工作,或者和同学谈心、和其他老师谈事情,那就不要急于请教;如果父母正在做饭、工作、接电话、和人谈事情,那么就等父母有空了再说。

和同学交往也是如此。比如,大扫除的时候,如果自己遇到比较大的困难需要帮忙,要等同学完成了任务再请他协助;当然,如果是一两句话就能解决的,也可以观察时机,有礼貌地提出来,要懂得灵活变通。再如,老师给了 10 分钟时间复习,10 分钟之后要进行小测验,这 10 分钟对每个同学都很宝贵,所以不要一边复习,一边向同学请教问题,有问题可以去问老师。类似这些细节,应该引起学生的注意。

学生也不要养成随意插嘴的习惯。当我们和别人说话时,他若插嘴,要么不立即回应他的问题,要么回应了之后,等别人离开了再给他讲清道理,让他下次注意。

也要懂得一些打电话的礼貌。当有事打电话给别人时,不要一接通就一股脑地说自己的需求，万一对方没空呢？所以，学生首先要问："请问，您现在说话方便吗？"这样，对方就不会因为他不懂礼貌而为难了。午饭时间、午休时间、晚饭时间、晚上休息时间都属于"不闲"的时段，要尽量避免在这些时段打电话给别人或登门拜访。

如果学生去购买东西，或去银行、邮局等地方办事，要懂得排队。排队不仅是保障公共秩序，也能让工作人员有时间、有精力挨个接待客人。教学生懂得察言观色，如果工作人员还没有接待完别人，就不要提出自己的请求，以免给对方的工作带来不便。

说到"人不安，勿话扰"，学生应该知道，"安"是身安和心安。

如果去拜访病人，就要知道对方最需要的是休息，简单问候之后就要离开，不要高声畅谈，更不要说一些让病人丧失信心的话。即使对方得的是不治之症，也要说积极正面的话，使病人听后充满与病魔抗争的信心。

如果父母、同学、朋友心情不好，可以适当地进行劝导；如果他们想安静一会儿，就要默默走开，不要再打扰他们，不要想当然地去劝慰人家，如果为满足自己一吐为快的私心而增加他人的痛苦，那就不是仁慈了。

如果对方心里因什么事情而不安，学生的劝解一定要起到安抚作用，而不是煽风点火让对方更加不安。比如，同学因考试失利而难受，他要说："别多想了，已经考完了，继续努力吧！"而不是说："今天，你回家肯定躲不了一场暴风骤雨，这下你可惨了。"

所以，做到真正为他人考虑并不是那么简单的，但只要学生愿意去做，总会因常常播撒"爱"而让人感到温暖。

遭到拒绝时能否保持好心态？被人打扰时又该如何应对？

有时，学生以为人家有空，就去请求帮助，或者在不知道对方心情不好的时候就去打扰，这样他很容易遭到拒绝。此时他不能说："不帮算了，有什么了不起！"更不能缠着对方说："哎呀，就陪我聊一会儿吧！"而是要说："那您先忙，不好意思，打扰了！""您先好好休息，有空我们再聊！如果有什么需要，就告诉我。"

这样知书达礼、善解人意的学生谁不喜欢呢？

当学生被打扰时，要酌情灵活应对。如果自己没一点空或者情绪极度不好，就要说"不好意思，我现在很忙，等忙完了我再帮你"或者"我需要静静休息一下，请您理解"。如果对方因此不高兴，也不要自责，因为这总比带着焦躁的、不情愿的心情去帮助的好。

当然，如果学生觉得暂停手边的事抽空帮助对方没有妨碍，那么就不要吝啬，而要无私奉献自己的才能，这就是落实"己有能，勿自私"的教诲。所以，学生要做到尽量不打扰别人，但当别人需要帮助的时候，自己要懂得酌情处理。

还是那句话，要让学生明白，圣贤教诲都不是死板的，"人不闲，勿事搅；人不安，勿话扰"是让他在通常情况下不要给他人添麻烦，但是当遇到紧急事件或关乎生命财产安全等大事的时候，就不能顾及对方忙不忙，而要及时上报，及时求救，以避免更大的灾祸发生。

让学生懂得不揭他人短处与隐私，还要隐恶扬善

面对他人短处与隐私，不打探，不揭露，更不要宣扬，而是要尊重。面对他人的善与恶，要秉承一个原则：隐恶而扬善。自古以来，隐恶扬善都是一种高尚的美德。面对他人的恶，不要到处宣扬，而要"规过于私室"；面对他人的善，要懂得去称赞，要"扬善于公堂"。也就是说，在大庭广众之下，要懂得称赞他人的善行；在私下无人的时候，才去规劝他人的过失。如果每个人都能做到"不揭人短""隐恶而扬善"，社会就会更加美好、和谐。在教育学生时，我们也一定要保护学生的自尊，呵护他脆弱的心灵。

人有短，切莫揭

"人有短，切莫揭"说的是，面对别人的短处、缺点，不要去当众揭穿，要对人保持足够的尊重。

谁都不希望自己的短处被人知道，所以不要揭他人的短。

在这个世界上，谁也不是完美无缺的人，所谓"人无完人"，每个人都有短处，无论是外表的短处，还是言行举止的短处，都不希望让他人知道。

作为成人，我们都有这样的体会：在他人面前，尤其是在一些德行、地位、权势比较高的人面前，大都会"伪装"自己，把自己不好的一面隐藏起来，只希望把最好的一面表现出来。既然我们都不希望自己的短处被他人知道，那么对于他人的短处，我们也不可以去揭穿，更不可以到处宣扬。

要教育学生，如果不希望自己的短处被人知道，就不要揭穿他人的短处。当发现学生有这种"揭短"的不好行为时，要及时制止，并给予引导。揭穿他人的短处就像揭人伤疤一样，会让他人受到很大的伤害，给他人带来负面的影响，不仅不能帮助他改正缺点，而且还可能会令他怀恨在心。

也要引导学生，看到他人的缺点时要反省自己，看看自己是否也存在类似的问题，如果存在类似的问题，就要改正；如果没有，也要引以为戒，正如前面讲到的"见人恶，即内省；有则改，无加警"。

如有机会也要告诫学生的父母：在孩子面前，切勿相互揭短。不然，在孩子的意识里就种下了诸如"爸爸笨、贪吃、懒惰""妈妈胆小、爱挑毛病"的种子。也许有一天，他还会以此来取笑父母，到时父母的威信何在？还怎么能教育好孩子呢？所以，在生活中，要格外注意自己的言行举止，让得体的言行举止给孩子最生动、最真实、最深刻的教育。

不要在众人面前揭学生的短。

面对令人头疼的孩子，有的父母有时候觉得忍无可忍，就会在大庭广众之下批评他，揭他的短，甚至认为，只有在众人面前指出他的缺点，才能让他长记性，才能督促他改正。然而，当众揭孩子短的父母可能都不配做父母。也许这句话说得有些严重，但却值得反思。因为这样做，不仅会摧毁他的自尊心，让他无地自容，心灵受伤，甚至还会让他产生一种"破罐子破摔"的"叛逆"心理：越不让我这样，我就越要这样；让我丢脸，我就丢给你看……

父母是如此，教师也是如此，不要当着众人的面揭学生的短。

无论是选择在众人面前揭他的短，还是选择在其他的场合指出他的缺点，目的只有一个，那就是引导他认识到自己的缺点，并改正缺点。那么，我们何不选择一种让他更容易接受的方式呢？比如，除了语言提示之外，还可以用手势、眼神等非语言方式给他暗示，或者等没人的时候，再对他进行教育、引导。这样，学生会更容易接受。

事实上，学生再小也是有自尊心的，他也好面子，他非常在乎自己在他人面前的形象。而且，面子非常重要，因为它关系到自尊和人格的发展。因此，我们应该给他留点面子，不在众人面前揭他的短。

难道，我们就不能帮助他人指出缺点了吗？

"人有短，切莫揭"是否表示我们就不能帮助别人指出缺点了呢？当然不是。揭短，是指将他人的短处或缺点揭露出来，然后公之于众。换言之，揭短就是在公众场合揭穿他人的短处或缺点。那么，如果我们不是在公众场合指出他人的缺点，而是在私底下做这件事，是不是就不属于"揭短"了呢？

我认为，指出他人的缺点是非常有必要的，因为如果我们不帮助他指出缺点，他可能就看不到自己的缺点，就不会有所改进。但是，需要注意场合。在公众场合，会让对方觉得没面子，下不了台；在私底下，才会让对方更容易接受，从而反省自己的行为，进而改正缺点。正所谓"扬善于公堂，规过于私室"。

同时，我们也需要注意时机。比如，当他人不高兴或正忙着做其他事情的时候，我们最好先不要指出他的缺点。还有一个非常重要的条件，我们要取得他人的信任，只有在信任的基础上，我们才可以指出他人的缺点，他人才会接受我们的指正。古人讲的"交浅不言深""逢人只说三分话，未可全抛一片心"是非常有道理的，这不是消极，而是真正为人处世的大智慧。如果没有信任基础，就贸然"交浅言深"或"全抛一片心"，反而会好心办坏事。

可以说，指出他人的缺点时，需要注意"天时""地利""人和"。只有各方面的要素都具备了，才能起到事半功倍的效果。

人有私，切莫说

这句"人有私，切莫说"中，"私"是隐私、秘密。全句意思是，别人有隐私，千万不要谈论、到处去宣扬。

谁都不希望自己的隐私公之于众，所以不要宣扬他人的隐私。

每个人都有自己的心灵空间，都有自己的隐私，有些是藏在内心深处的，有些只愿意让自己最信任、最亲近的人知道。总之，对于自己的隐私，每个人都不希望让其他人知道，更不希望被人公之于众。

如果一个人的隐私被公之于众，他就会受到伤害，甚至感觉没脸见人。如果隐私是被自己最信任的人泄露出去的，则会非常伤心，甚至会怀恨在心。而且，到处宣扬他人隐私的行为，可能会受到法律的制裁，因为这样的行为侵犯了他人的隐私权。

因此，对于他人的隐私，我们应该给予保护，不要到处宣扬。

应该允许学生拥有隐私，不要进入他的"隐私地带"。

每个人都有隐私，学生也不例外。但有的父母并没有重视孩子的隐私问题。有的父母认为：孩子根本不懂什么是隐私。有的父母认为："孩子的生命都是我给的，他对我还有什么隐私可言，我当然有权知道他的一切。"

结果，父母翻看孩子书包、偷看孩子日记的现象屡见不鲜。殊不知，这种做法不仅会伤害孩子的自尊心，而且还会让孩子缺乏安全感。如果父母经常在他人面前宣扬孩子的隐私，更会让孩子感到非常羞愧，甚至是无地自容。有的孩子会因为自己的隐私受到侵犯而采取极端的方式将自己保护起来，为了不让他人了解自己的内心，把自己的心紧紧锁闭起来。结果，父母无法深入孩子的内心，导致亲子关系恶化。

事实上，孩子拥有隐私，意味着他自我意识的成长，说明他的内心世界正在走向成熟，他想拥有自己独立的空间。从某种意义上来说，拥有隐私有利于孩子迈向独立和成熟。试想一下，对于一个十几岁的孩子而言，如果他的内心仍然像几岁的孩子那样天真，也许说明他的心智没有跟上他年龄成长的脚步。所以，孩子拥有隐私，父母应该感到欣慰才对。

要允许孩子有隐私，给他一个自由的独立空间，这是对他的信任和尊重。当然，这样做并不是对孩子放任自流，甚至纵容他在封闭的空间里做一些见不得人的事。其实，越是信任孩子，他越是大大方方、身心舒坦，越是充满阳光，而不会去做一些不入流的事。相反，越是在心灵空间上"挤压"孩子，他反而越找各种机会"释放"自己，反而越容易出问题。一个用心学习《弟子规》的孩子，有自控力，也有明辨是非的能力，他知道什么该做，什么不该做，所以父母没有必要担心太多。

以上是站在父母的角度来说的，其实在教师的角度，亦是如此。

当然，这也不代表孩子就会没有任何心理方面的纠结、小疙瘩。所以，在平日里，我们应该仔细观察学生内心的变化，当发现他有一些不寻常的表现时，千万不要用探询或命令的口吻要求他说出来，而是尽量为他提供一个宽松的氛围，多用心与他沟通，关心他的想法和感受，做好基本的心理疏导。只有走进学生的内心世界，他才愿意与我们分享自己的秘密。要对他的秘密、隐私给予充分的关注，在必要的时候给予积极而合理的引导和帮助。

告诫学生，每个人都有隐私，千万不要主动打听他人的隐私。

一般来说，学生都有很强烈的好奇心，对于身边的事物或发生的事情，他都想要一探究竟。有时候，为了满足自己的好奇心，他就会打听他人的隐私，甚至会三五成群地聚在一起谈论。面对这种情况，我们应该如何去做呢？

首先，要让学生明白一个道理：每个人都有自己的隐私，保护自己的隐私是一个人人格尊严的体现，打听他人的隐私是一种不道德的行为。大凡一个有孝心的孩子都会明白其中的道理，从而不去打听他人的隐私，因为"德有伤，贻亲羞"。

其次，引导学生换位思考，设身处地为他人想一想：如果他人打听你的隐私，你会高兴吗？谁都不喜欢他人打听自己的隐私，更不会感到高兴。同理，如果我们去打听他人的隐私，他人也会不高兴的。当学生拥有这份同理心后，就会为自己的行为感到惭愧了。

最后，让学生思考一个问题：打听他人的隐私会有怎样的结果？会给自己带来好处吗？只要他好好思考就会明白，打听他人的隐私，除了满足自己的好奇心之外，没有任何一点好处，反而会给自己和他人带来伤害，比如，浪费宝贵的时间，破坏彼此的关系，给他人的内心造成伤害，让他人产生怨恨心甚至是报复心，等等。而且，自己知道了那么多不该知道的东西，就会占用大脑空间，占用心灵空间，让自己的身心不再安宁。经过一番思考，学生就会知道，为这个错误的举动付出这么大代价非常不值得，自然也就不这么做了。

道人善，即是善；人知之，愈思勉

所谓"道人善，即是善"，指称赞他人的善心善行是一种美德，就是在行善。为什么这么说呢？因为"人知之，愈思勉"，他人知道自己被人称赞之后，便会勉励自己做更多的善事、做得更好。

为什么《弟子规》告诫人们"道人善，即是善"呢？

称赞他人的善心善行，对人对己都有益处。因为人人皆有向善之心，正所谓"人之初，性本善"。当人们看到他人的善心善行时，就会感召自己内心的善良本质，从而积极效仿他人的善心善行。

也许这个人一开始做好事是无意识的，而我们宣扬之后，他就会变成有意识地去做好事了，而且会越做越好。当有人听到这样的善行时，会生起一种向往、羡慕之心，从而见善思齐，进而付诸行动去做好事。

所以，当我们看到他人的善心善行时，一定要懂得称赞，要尽量去宣扬好人好事，以感召更多的人去做善事，从而让这个社会变得更加和谐、美好。

赞美的语言是维系家庭和谐、单位和谐的纽带。

在家庭中，常常会有夫妻或婆媳因为琐碎之事发生口角，相处得不和睦。究其原因，是人人都喜欢看他人的缺点，都喜欢用自己的标准去要求他人。其实，夫妻之间或婆媳之间和睦相处并非难事，只要彼此都愿意看对方的优点，经常说一些赞美的语言，就会获得和谐、幸福的家庭生活。

比如，太太沏了一杯茶，做先生的不能挑三拣四，而是要用欣赏的口吻说："你沏的茶就是好喝，我怎么就沏不出这么好喝的茶呢？"太太听后就会非常高兴，下次还会主动给先生沏茶。

再如，婆婆把儿媳的衣服洗了，也许洗的方法不对，也许洗得不太干净，做儿媳的不要生气，给婆婆摆出一张臭脸，而是要和颜悦色地说："妈，真是辛苦您了，我应该给您洗衣服才对。"婆婆听后，心里就会非常高兴，因为她感觉自己的付出得到了媳妇的认可。不过，做儿媳的要尽好一个媳妇的本分，应该尽可能地把家里的家务主动承担下来，最好让老人少做点事情，因为我们要让老人度过一个幸福、和乐的晚年。要知道，老人才是一家之宝，老人幸福快乐就是我们做晚辈的福分。

在家庭中，如果我们能够做到称赞对方的善心善行，那么不仅能够维系家庭的和谐，而且还有利于孩子的成长，会促使他在生活中落实"道人善"。

在我们所供职的学校，其实也是一样的道理，同事之间相互多称赞，团队才有凝聚力，整个学校的氛围才会更加和谐，千万别"明里一套，暗地里一套"，否则，累不累？值不值？现在想想，二三十年前我们生的那些气有什么价值？再站在二三十年后看现在的所作所为，勾心斗角又有什么意义？学《弟子规》、学中华文化，让自己开悟，引导学生开悟，才是正道，才是光明坦途。

在学习、生活中，我们要多称赞学生的善心善行。

孩子本性善良，他的善心善行比我们成年人表现得更加明显。比如，一个两三岁的孩子，当看到其他小朋友因受伤而哭泣时，他会表现得特别伤心，甚至会流眼泪。其实，这就是孩子善心善行的一种表现。我们应该保护孩子这珍贵的本性，肯定和称赞他的善心善行。

其实，学生的善心善行随处可见。因此，在平日里，我们要注重观察学生的表现，捕捉他身上的闪光点，及时发现他的善心善行，然后给予肯定和表扬。

当学生的善心善行得到我们的称赞时，他就会知道，自己的行为是好的，他会感到非常快乐，也会感受到自己存在的价值和意义。当学生体验到了积极的行为结果之后，他做善事的热情和积极性就会被激发出来，自然就会主动去做善事了。

让学生明白，不为得到称赞而行善，行善是不求回报的。

我曾经听到过这样一个故事：

> 一个小学生向爸爸要5元钱，爸爸拿了一张5元的纸币给他，他却执意要5张一元的纸币。爸爸觉得很奇怪，就问他原因。孩子说："我要把钱拿到教导处，就说是我捡到的，如果是一张5元的，只能给班级加10分，只能得到老师的1次表扬；如果是5张一元的，我就能分5次送过去，这样就能给班级加50分，我就可以得到5次表扬。"

这名小学生为了得到称赞，为了加分，采用了这种不正当的方式。这对于他的成长是非常不利的，甚至会扭曲他的人生观和价值观。

对此，我们要防患于未然，要告诉学生，行善最重要的是一颗心，不能为了得到称赞而行善，更不能为了得到称赞而行假善，就像这个"捡钱"的学生。所以，当学生为了得到称赞而行善时，要及时给予引导，让他明白：行善一定要真心实意。当一个人为了达到某种目的而行善时，善就变质了，他不仅得不到任何好处，而且还会玷污自己纯净的心灵。

俗话说，"善有善报"。《易经·坤卦》也说："积善之家，必有余庆。"的确是这样，做了善事就相当于播种下了一粒善的种子，一旦时机成熟，这粒善的种子定能结出善的果实。不过，真正有德行的人做善事，不是为了得到善的回报，而是因为他心中有真善、大爱。

如果一个人行善是为了得到回报，那么他行善的心就有杂质，就不纯了。而且，当这个人行善而没有得到回报时，他就会陷入痛苦之中。所以，行善是为了帮助他人，而不是为了得到回报。老子也说过："既以为人己愈有，既以与人己愈多。"可见，越是能舍，越是不求回报，所得的回馈就越多。这一点我们应该清楚，也要让学生都明白。

扬人恶，即是恶；疾之甚，祸且作

所谓"扬人恶，即是恶"，是指宣扬他人的恶行，就等于是自己在作恶。为什么这么说呢？因为"疾之甚，祸且作"，如果我们宣扬得太过分了，就会给自己招来灾祸。扬，即传扬；疾，即厌恶；甚，即厉害、过分。

为什么《弟子规》要告诫人们"扬人恶，即是恶"呢？

当一个人做错事情时，他最不希望被他人知道。而且，他也许已经非常自责了。这时候，如果我们把他的恶行宣扬出去，他可能就会与我们结怨，甚至会采取报复的手段，这些往往都不是我们所能预见的。

孔子在《论语·泰伯》里说："人而不仁，疾之已甚，乱也。"意思是，一个失去仁爱心而去作恶的人，如果周围的人过分地厌恶他，他可能就会被激怒而变本加厉，从而造成更为严重的后果。

另外，到处宣扬一个人的恶行，其他人就会知道，有的人可能就会想：他的行为比我恶劣多了，就算我坏点又有什么关系呢？这样一来，人们就不以恶为耻辱了。人们的心中失去道德底线之后，就会为了自己的利益而不择手段。那么，社会又怎能实现和谐发展呢？

所以，我们和学生都做到不"扬人恶"的话，不仅可以避灾祸，还有助于社会风气变得淳厚。

面对污染严重的社会环境，我们要为学生增加"保护层"。

如今，报纸上所登出来的、电视上所播放的、网络上所曝光出来的，很多都是恶人恶事。我们可以打开一个中文门户网站，看看"新闻"栏目中有多少是善事，有多少是恶事。

我有一次仔细看了一个中文门户网站首页的"新闻"栏目，竟然没有一条正面新闻，不是杀人放火，就是假冒伪劣；不是交通事故，就是色情艳事……当人们一天到晚所看到的都是这些所谓的"新闻"时，谁又能保证自己不会受到污染呢？尤其是对于心智不够成熟的学生，如果他每天泡在这个"大染缸"里，纯净纯善的心灵难免会受到不同程度的污染。

因此，我们要为学生增加"保护层"，让学生有能力去抵御社会上的污染。首先，培养学生建立理智的人生观，教他走对人生的道路；其次，要尽量让学生远离污染严重的环境，比如前面讲到的"斗闹场，绝勿近；邪僻事，绝勿问"，从而杜绝污染源。最后，也是最重要的，是我们要以身作则，不去宣扬他人的恶行。那么，学生就会受到良好的熏陶，面对他人的恶行时，就不会到处宣扬，还会用智慧去规劝。

规劝他人需要智慧，
教学生注意规劝的时机与态度

在"入则孝"中，提到过子女如何劝谏父母。其实，作为朋友，当看到对方有过失时，也要去规劝，从而提升彼此的道德修养。但是，规劝要讲究方法，否则不仅不会达到规劝的目的，而且还会破坏彼此之间的感情。因此，我们要教学生学会有智慧地规劝朋友。

善相劝，德皆建；过不规，道两亏

在"善相劝，德皆建；过不规，道两亏"中，"善"是善于，也指善心善行，"过"是过错，"规"是规劝，"亏"是亏欠、缺失。全句意思是，要善于劝谏别人，劝人行善，这样大家都能增进美德；如果见别人有过错而不去规劝，双方的道义就都会有亏欠。

当我们看到朋友有过失时，应该怎么办呢？

在人与人的交往中，如果看到朋友有过失，我们应该怎么办呢？是听之任之吗？当然不是。一个真正的朋友，绝对不忍心看到自己的朋友因犯错误而一步一步地走向堕落。所以，我们应该尽朋友的本分，想方设法规劝朋友，让朋友积极改过自新，从而使彼此的道德修养都得到提升。

如果看到朋友有过失而不去规劝，那么将会"道两亏"，即我们和朋友的道德都会有亏欠。一方面，朋友的过失没有得到改正，他会日益堕落下去；另一方面，我们眼睁睁地看着朋友堕落而没有帮助他，就没有尽到朋友的本分，也有损为人朋友之道。

《孝经》上说："士有争友，则身不离于令名。"意思是，一个读书人如果能有一位善于劝谏的朋友，就可以保持好的名声，并建立良好的品德。相反，如果不能规劝别人改过，等他一错再错，要想改正就非常难了。

我们也要时刻提醒学生：如果朋友、同学有了过失，一定要规劝他，让他认识到自己的过失，并帮助他改过向善。如此一来，当你有过失的时候，朋友、同学也会帮助你改过向善。朋友之间懂得互相规劝，做彼此的"诤友"，就会提升彼此的德行。

规劝他人，应该建立在彼此信任的基础上。

前面提到过，劝慰别人，要以彼此的信任为基础。在《论语·学而》中有这样一句话："君子信而后劳其民，未信，则以为厉己也；信而后谏，未信，则以为谤己也。"意思是说，君子和百姓建立信任之后才可以让百姓为其做事，否则百姓就会认为是在虐待他们；君子要先取得君主的信任，然后才能进谏，否则君主就会认为是在毁谤他。

可见，规劝他人有一个前提条件，即一定要先赢得对方的信任。如果信任不足，我们就去规劝他人，他人就会误解我们，认为我们看他不顺眼，是在毁谤他。比如，第一次和人家见面，就一个劲地说人家哪里不好，哪里需要改正，肯定会引起人家的反感。

所以，我们要告诉学生：但凡规劝他人，一定要建立在信任的基础上，这样的规劝才会取得良好的效果。对于新朋友，或者是尚未建立信任的朋友，尽量不要给对方提建议，也不要直接规劝对方，而是先尽好自己的本分，以身作则，以此来影响对方。在彼此建立了信任之后，一旦对方有过失，就可以主动地规劝了。

每个人都渴望赢得他人的信任，学生也不例外。那么，如何才能赢得他人的信任呢？信任绝对不是凭空而来的，是需要每个人用心去经营的。如果我们善于体察他人的需要，用真诚的付出和关怀去满足他人的需要，自然而然就能赢得他人的信任。那么，当我们在恰当的时机规劝他人时，他人就会更容易接受我们的话，而不会产生反感或敌意。

规劝他人时，一定要注意规劝的时机和态度。

规劝他人，一定要"善相劝"，要特别注意这个"善"。何谓"善"？就是"善于"，也就是说，在规劝他人的时候，一定要讲究方法，否则规劝是无法取得良好的效果的；"善"还有一个意思，就是劝善，劝勉他人多做善事。

我们都有过规劝他人的经历，他人接受我们的规劝了吗？有的人可能接受了我们的规劝，但是有一些人并没有接受我们的规劝。为什么会这样呢？很大一部分原因是，我们在规劝他人的时候，没有讲究方法，只是意气用事，看到他人有过失，就赶紧去规劝他，唯恐他人不能改正过失。虽然我们的心是好的，但是方法不对，同样无法让对方改过向善。

所以，我们一定要讲究规劝的方法，要注意规劝的时机。否则，可能会让对方感到很难堪，也可能会伤害到他的自尊，不仅起不到规劝的作用，而且还可能会因此而失去一个朋友。

正如《论语·卫灵公》中记载的孔子的一段话："可与言而不与之言，失人；不可与言而与之言，失言。知者不失人，亦不失言。"我们要做一个有智慧的人，也要勉励孩子做一个智者，面对他人的过失，要选择合适的时机，该说的时候说，不该说的时候就不说，这样既不会失人，也不会失言。否则，该说时不说，不该说时乱说，那就不好了。

《菜根谭》里有这样一句话："攻人之恶，毋太严，要思其堪受；教人以善，毋过高，当使其可从。"就是说，在责备他人的缺点时，不可太严厉，要考虑他人是否能承受；规劝他人（行善）的时候，要求不可过高，要想想他能不能做到，之后再尽自己的力量去规劝他。这样的规劝，才更容易让他人接受。

如果我们在规劝学生时采取强势的态度，并要求学生服从，从表面上来看，学生也许接受了我们的规劝，但是在他的内心深处，他很可能不会心服口服，正如后面将要学习的"势服人，心不然"。

所以，我们要告诫学生，也要告诫自己，在规劝他人时一定要注意自己的态度，内心要真诚，要和颜悦色、柔声细语。当我们这样去规劝他人的时候，才容易打动他人的心，从而让他人心甘情愿地接受我们的规劝。

教育学生要遵循一个原则：长善而救失。

当学生有过失的时候，我们要慎用责备、批评的方式对待他，更要慎用惩罚的方式，因为强硬的手段可能会适得其反，不但没有使学生的过失得以改正，反而会使他逆反、叛逆，甚至会让他产生"破罐子破摔"的心理。特别注意，是慎用，不是不用，有必要的时候就用，而不是不分时机地随意使用。

在《学记》中有一个非常重要的教育原则，"教也者，长善而救失"。在教育学生的过程中，"长善"和"救失"是最重要的两大纲领。要想教育好学生，首先要清楚学生需要长养哪些善，需要纠正哪些过失，界定的标准就是《弟子规》的这360句话。然后，我们要在平时学习生活的点点滴滴中激励、宣扬学生的善心善行，指出、纠正他的过失。

比如，学生在擦玻璃的时候没有把边边角角擦干净，我们不能直接责备或批评他，可以这样说："玻璃擦得不错，这么认真，如果能再稍微注意一下边边角角，就很完美了。"当我们这样说的时候，学生不仅会越做越有劲，而且还会把这件事做好。

可见，教育学生时，只要我们能够遵循"长善而救失"的教育原则，就能使教育取得事半功倍的效果。

鼓励学生多给予、少索取，
己所不欲，勿施于人

人与人在交往中，无时无刻不面临着给予和索取这两件事。学生要想获得快乐，就需要把握好给予和索取之间的尺度：多给予，少索取。还要让学生学会站在他人的角度思考问题，遵循一个为人处世原则：己所不欲，勿施于人。凡是自己不希望、不喜欢的言行，都不可以强行施加给他人。

凡取与，贵分晓；与宜多，取宜少

在"凡取与，贵分晓；与宜多，取宜少"中，"取"是从别人那里取得财物，"与"是给予他人财物，"贵"是注重，"分晓"是清楚、分明。全句意思是，凡是涉及自己跟他人有关财物往来的事，最注重清楚分明，给别人时要多一点，自己从别人那里取用时应该要少一点。

索取和给予要有节制，要分辨清楚。

在生活中，人与人之间总会有财物上的往来。这时候，我们应该如何去做呢？古人云："取予有节。"这句话就是在告诫人们：索取和给予一定要有节制，一定要弄得明明白白。

当我们与他人有财物上的往来时，一定要分辨清楚，哪些东西是可以拿的，哪些东西是不可以拿的。正如我们常说的一句话"亲兄弟明算账"，为什么亲兄弟要明算账呢？如果兄弟之间随便拿对方的东西，不分你我，也没有学过"财物轻，怨何生"，难免就会产生不必要的误会或麻烦。所以，在索取和给予时，我们一定要分辨清楚。

这里的"分晓"还可以延伸为另外一个意思，即明白我们的索取是否符合道义。古人告诫我们"君子爱财，取之有道"，凡是不符合道义的财物，我们都不可以接受，因为"货悖而入者，亦悖而出"，如果以不正当手段获取了钱财，也会迅速以不正当的方式失去，是守不住的。另外，还要思考，我们的给予是否适宜。无论给予他人什么东西，都要考虑时机、场合等，只有这样，他人才会高高兴兴地接受。

所以，从现在开始，我们就要给学生种下"凡取与，贵分晓"的种子，让他在"索取和给予"方面做一个明明白白的人。

在给予和索取之间，我们应该把握怎样的尺度呢？

自古以来，中国就一直提倡"礼尚往来"，也就是说，在礼节上应该有来有往。我们又常说，"滴水之恩，当涌泉相报"，意思是说，当我们受到他人一点小小的恩惠之后，应当加倍地去报答对方。因此，无论他人给予了我们多少，我们都要尽可能地加倍回馈给对方，给他人的一定要比他人给自己的多。

我们自己和学生都要明白，世间的财物是身外之物，生不带来，死不带去。所以，在财物面前，我们不要有太强的占有欲，要把财物看轻一些，多给他人一些，自己少拿一些。这样一来，我们才能避免矛盾或纷争，才能和睦相处。还是那个道理——财物轻，怨何生？

还有一点要特别注意，就是"与和取"的都是道义之财物。与人在财物上有往来时，一定要分辨清楚，就如孔子所说的"见得思义""君子喻于义，小人喻于利"，万不可接受不义之财物，这样才不会发生误会，才不会破坏彼此之间的信义与情义。

对今天的学生，又该如何教导他"多给予，少索取"呢？

如今，大部分学生都是独生子女，在成长的过程中，他们接受了来自多方面的爱，几乎无须付出就可以得到所有想要的东西。所以，很多学生都养成了以自我为中心的坏习惯，只知道索取，不懂得付出，不懂得与人分享。

原本天真、善良的孩子为什么会变成一个"只会索取，不会给予"的人呢？从一日三餐中，我们就可以得到答案。在饭桌上，父母、爷爷奶奶都一个劲地给孩子夹菜，把孩子最喜欢吃的菜放在他的面前，唯恐他吃不饱、吃不好。而孩子呢？则会不管不顾地独自享用。

这样的情景总是出现在我们的生活中，千万不要小看这个夹菜、端菜的动作，长辈给孩子夹菜、端菜的时候，就给孩子种下了以自我为中心的种子。他会认为：只要是我喜欢的，爸爸妈妈、爷爷奶奶、外公外婆就必须满足我。而且，当孩子觉得一切的索取都是理所当然的时候，他就不会懂得在索取的时候考虑周围人的感受和需要，更不会懂得给予。

事实上，学生之所以只会索取，是因为周围的人给他提供了索取的机会。同理，学生之所以不会给予，是因为周围的人没有给他提供给予的机会。因此，我们要给学生提供给予的机会，在生活的点点滴滴中让他树立"多给予，少索取"的观念。

首先，面对孩子的给予，父母要懂得去接受。一开始，当孩子吃东西的时候，他都会主动给父母吃，但是很多时候，父母都会拒绝，并说道："你吃吧，买了就是给你吃的。"一来二去，孩子就不会主动给父母吃东西了。而到了真让孩子把吃的东西分给父母一些时，他就会拒绝，这时候，父母才感觉有点不好了，可能还会外加一句："你可真是个'白眼狼'。"殊不知，孩子成为"白眼狼"的罪魁祸首正是父母自己。所以，当孩子主动给父母吃的东西时，父母要高兴地接受，并说一句："真是个乖孩子，妈妈喜欢你。"这样一来，孩子以后便会乐此不疲地与我们分享。

其次，在生活的点滴中，父母要引导孩子懂得"多给予，少索取"。比如，在吃饭的时候，要引导孩子给周围人夹菜，把他人喜欢的菜端到他人的面前，便于他人夹菜；当孩子与其他小朋友在一起玩的时候，要引导他主动分享自己的玩具、食物；如果学校组织外出活动，要让孩子多准备一些水果、食物，并提醒他与老师、同学分享；等等。

最后，我们做教师的也一样，注意给学生提供给予、付出的机会。比如，在学校吃饭时，引导学生"吃多少打多少"，一方面是不浪费粮食，另一方面是去除贪心，与此同时也是在践行"取宜少"的精神。还可以让学生帮我们拿点教具，或是让他帮忙代叫某位同学，或给某位老师传话，等等。如果学生看我们累了，主动帮我们揉揉按按，一定要成全他这种付出精神，因为这也是"与宜多"的一种表现，同时要注意对学生适度表扬。

在这个过程中，学生会体会到给予所带来的快乐，就会更愿意多给予。那么，学生想要索取的心理就会慢慢变淡。

让学生明白，舍得舍得，有舍才有得。

舍得，通俗来讲，就是愿意把自己的某些东西给予他人。当我们这样教导学生的时候，年龄较小的学生可能会有疑惑："我把自己的东西给了他人，那我不就没有了吗？"这时候，我们需要让他明白"舍得"一词中蕴含的人生智慧和人生态度：舍得舍得，有舍才会有得；大舍大得，亦是大德；小舍小得，亦是小德；不舍不得，亦是无德。

当学生舍得把自己的东西给予他人的时候，无形中，他的心胸就会开阔，相应地也会得到福气，正所谓"量大福大"。而且，学生虽然表面上暂时失去了一些东西，但是他会得到更多的、更宝贵的精神财富，比如温暖的亲情、珍贵的友谊、他人的感谢等。

将加人，先问己；己不欲，即速已

在"将加人，先问己；己不欲，即速已"中，"加人"是指将自己的所作所为强加到别人身上，"速已"是指赶快停止。全句意思是，如果想让他人去做某件事情，首先要问问自己是否喜欢这样做，如果连自己都不喜欢去做这样的事情，那也不要让他人去做。

凡事都要遵循一个原则：己所不欲，勿施于人。

从前面的解释中可以看出，"将加人，先问己；己不欲，即速已"所说的意思，与孔子说的"己所不欲，勿施于人"是一样的。

在与人交往的过程中，我们应该以对待自身的行为为标准来对待他人。也就是说，凡是自己不愿意去做的事情、自己不能承受的言行，就不应该让他人去做、让他人去承受。这是尊重他人的表现，也是平等待人的体现。

然而，在现实生活中，很多人都不能恪守"己所不欲，勿施于人"的为人处世原则，只顾自己的利益和感受，而忽略了对方的利益和感受。如果我们自己"所不欲"的却硬要"施于人"，不仅会把事情弄糟，而且还会破坏人际关系。

因此，我们要有同理心，用理智去体谅他人的感受。当我们想对他人说某些话或让他人做某件事情时，要先思考一下：如果是我，我能够接受这样的言语吗？我愿意去做这件事情吗？如果自己都不能够接受或不愿意去做的话，就不要强求他人。

在《论语·公冶长》中，子贡曾说："我不欲人之加诸我也，吾亦欲无加诸人。"意思是，我不想别人强加到我身上的事，我也不会去强加到别人身上。可见，有修养的君子应该培养同情心，以"恕道"来对待他人，以怜悯的心去看待他人，多为对方着想，才能淡化怨恨，超脱自我。

另外，即使是"己所欲"的事，也要考虑别人的感受，因为别人未必乐于去做，所以，我们依旧需要慎重，不要想当然地强行"施于人"，以免好心办坏事。

这些道理当然也要尽早传递给学生，让他们早日明理。

引导学生学会换位思考，培养自己的同理心。

我们先来看一个小故事：

> 太太正在厨房做饭，先生在一旁不停地唠叨："慢点，小心！油放太多了！火太大了！赶紧用铲子翻一下菜……"终于，太太忍不住了，说道："我会做饭，用不着你来指手画脚。"先生没有生气，而是平静地说："我只是想让你知道，我在开车的时候，你在一旁喋喋不休地'指导'我，我是作何感想的……"

这是一个多么真实的故事啊！这位先生很有智慧，用这种方式让太太深深体会到了被人唠叨的感受。我想，从此以后，当先生在开车的时候，太太一定会克制住自己想要说话的念头，让先生安心开车。

事实上，我们只有设身处地地站在他人的角度和立场，才能真正体会他人的感受，才能理解他人，才能使彼此的关系更加和谐。这就是同理心的巨大效用。

说到同理心，当年乾隆皇帝有一副著名的对联："愿天下翁姑舍三分爱女之情而爱媳，望世间人子以七分顺妻之意而顺亲。"因为翁姑（公婆）往往对儿媳妇要求过高，所以导致婆媳对立，家庭不和；而人子往往又疼爱自己的妻子胜过孝敬父母，甚至有的还弃父母于不顾，导致人伦惨剧发生。这副对联，正是提醒人们要能够多为他人着想，要知道"别人就是另一个自己",能有这样的同理心,至少就能以"三分爱女之情"而疼爱儿媳妇,或是以"七分顺妻之意"来孝敬父母,如此才是正确的翁姑与人子之道!

同样,我们也要教学生学会站在他人的角度思考问题,培养同理心,学会感同身受。在成长的过程中,学生可能会遇到被误会、被指责、被伤害或被诬陷的情况,除了给予安慰和引导之外,还要告诉他:自己体会到了这种难受的滋味之后,就不要因为自己类似的言行举止而给他人带来同样的感受。如此一来,学生不仅能尽快摆脱难受的滋味,而且还会懂得不要给他人带来痛苦。

总之,我们要引导学生遵循一个为人处世的原则:自己不希望得到什么,就不要让他人得到;自己不能够承受什么,就不能让他人去承受。

引导学生知恩报恩，活在感恩的世界里，不怨恨他人

　　知恩报恩是中华民族的传统美德。自古以来中国就有"滴水之恩，当涌泉相报""知恩不报非君子"等人生训言。今天我们更应该教学生学会知恩报恩，对于有恩于自己的人，用付出去回报他人；还要引导他尽快忘掉对他人的怨恨，宽宏大量一些，放下对立与怨恨，并用自己的德行去感化对方。只有活在感恩的世界里，不怨人，他才能真正拥有一个幸福快乐的人生。

恩欲报，怨欲忘；报怨短，报恩长

　　在"恩欲报，怨欲忘；报怨短，报恩长"中，"怨"是怨恨、仇怨，"短"是短暂、立即放下，"长"是长久、一生不忘。全句意思是，对别人的恩情要报答，对别人的怨恨要忘掉，对怨恨应该是立即放下，对恩情应该是永世不忘。

人应该活在感恩的世界里，而不是活在怨恨的世界里。

　　他人给予我们的恩德，我们要铭记在心，并时刻想着报答。只有懂得知恩报恩，才能赢得他人的喜爱和信任，才能体会到无限的喜悦和满足。如果我们生活在充满感恩的世界里，就会觉得周围的环境也非常美好，反之则会觉得糟糕。心里想什么就来什么，想好的就来好的，想恶的就来恶的；想好的周围就都好，想恶的周围就都恶。这就是"心想事成"的力量，这就是"念力的秘密"，这就是"吸引力法则"。

　　当他人有意或无意地伤害到我们时，我们不要把这些放在心中，应该把它立即忘掉。因为，怨恨就像损人伤己的火焰，如果不克制，

想以牙还牙，最终还是会烧到自己，被自己怨恨的火焰吞噬。所以，如果生活在怨恨的世界里，就会非常痛苦。而且，有时候怨恨只不过是由一些鸡毛蒜皮的小事引起的，不控制情绪，不放下对他人的不满，真是一件很愚蠢的事，一点都不值得。看得开，放得下，内心就会充满阳光，就会觉得周围的一切都那么美好！

生活在充满感恩的世界里，就好比是生活在快乐的天堂；生活在充满怨恨的世界里，就好比是生活在痛苦的地狱。我们是愿意生活在快乐中，还是愿意生活在痛苦中呢？相信所有人都会选择"快乐"，那么我们就需要拥有一颗感恩的心，"不念旧恶"，忘记一切怨恨。

要让"知恩报恩"的观念在学生的心中扎根。

如今的学生接受了太多人的付出和关爱，很容易觉得接受他人的付出和关爱是一件理所当然的事情。这样，他又如何会懂得感恩他人的付出和关爱呢？如果他不懂感恩，就会变成一个自私自利、冷漠无情的人。

一个学生只有懂得知恩报恩，才能体味到生命的真谛和意义，才能感受到生活的美好和快乐，才能体会到人间的温情，才能得到更多人的关爱和帮助。因此，我们一定要让"知恩报恩"的观念在学生的心中扎根，让他学会感恩他人。

每个人在一生中都会得到很多人的恩惠，比如，天地的滋养之恩，国家的护佑之恩，父母的养育之恩，老师的教诲之恩，同学朋友的帮助之恩，等等。这些恩惠我们要让学生铭记在心，并用实际行动去给予回馈。

作为儿女，我们每一个人最大的恩惠来自父母的养育之恩。一个对父母都没有感恩心的学生，何谈感恩他人、报效祖国呢？所以，我们要先引导孩子感恩父母，要让学生了解父母的恩德。在前面也讲到了慈母的十大深恩，除此之外，还有父亲为养家糊口在外奔波的辛苦。告诉学生，对父母最好的回馈，就是做一个有德行的人，在道德、学问、技能等方面不断提升自己，做到俯仰无愧，即孟子所说的"仰不愧于天，俯不怍于人"。

有时候，我们给学生讲一些大道理，他不一定能听得进去，最好的传授方法就是以身作则，时刻勉励自己给学生做一个懂得感恩的好榜样。正如古人所说，"以身教者，从；以言教者，讼"，也就是身教比言教更有力量。所以，如果我们用自身的榜样力量去感染学生，他就能感受到感恩的真谛，就能慢慢学会感恩他人。

还应该鼓励学生做一些力所能及的家务活，比如，端饭、盛饭、洗碗、打扫卫生、洗衣服、做饭等。当他亲身经历了劳动的过程之后，才能体会到劳动的辛苦和快乐，才能懂得感恩他人的辛勤付出，正所谓"习劳知感恩"。

另外，人们除了感谢对自己有恩的人之外，还应该感谢伤害过、欺骗过、斥责过自己的人。也许很多人都不能理解，但是一位智者的话会给我们很大的启示。这位智者这样说："感谢伤害我的人，因为他磨炼了我的心志；感谢欺骗我的人，因为他增长了我的见识；感谢遗弃我的人，因为他教导了我自立；感谢绊倒我的人，因为他强化了我的能力；感谢斥责我的人，因为他增长了我的智慧。"

当学生真的懂得感恩身边所有的人时，他就真的生活在一个温情的世界里了。

告诉学生，无论发生什么事情，都不要以怨报怨。

学生的心智还不成熟，难免会因为一点鸡毛蒜皮的小事而与他人发生矛盾。这时候，如果心存怨恨，以报复的心去面对，就会陷入无休止的烦恼之中而不能自拔，既解决不了矛盾，又不能获得快乐，甚至还会因此犯这样那样的错误。

所以，我们要告诉学生：怨恨就好比是一个小雪球，当雪球越滚越大，大到一定程度的时候，就会挡住我们前进的道路。而且，冤冤相报，何时才能了结呢？所以，无论发生什么事，心中都不要有仇恨，更不可以以怨报怨，而是要赶快把它忘记，以宽容之心对待他人。当然，最好是能做到以德报怨。战国时期，赵国的文臣蔺相如就以德报怨，与武将廉颇才有了"将相和"的佳话，可见，"不怀藏私人恩怨，以大局为重"的做法绝对值得我们学习。

教学生学会宽以待人，
以德服人，非势服人，并自勉

今天，人们的地位没有尊卑、高低、贵贱之分，都是平等的。所以，我们要教育学生学会平等相待，严以律己，宽以待人。还要告诉学生：在人与人的相处中，一定不可以试图用权势去压倒对方，而是要以德服人、以理服人，用自己的德行、爱心去感化对方。当学生这样去做时，他的心态就会变得平和，快乐就会增多，烦恼就会减少，就会给周围增添一些和谐的气氛。如果我们每个人都能这样做的话，家庭美满、社会和谐的那一天很快就会到来。

待婢仆，身贵端；虽贵端，慈而宽

在"待婢仆，身贵端；虽贵端，慈而宽"中，"婢"即婢女，"仆"即仆人，"身"是自身，"贵"是注重，"虽"是即使，"慈"是慈爱，"宽"是宽容。全句意思是，对待下属、晚辈、雇工，要注意自身品行端正，不可随便轻浮，要以身作则。即使做到了身正，对待下属、晚辈、雇工也要仁慈宽厚。

对晚辈或下属，既要端正自身行为，又要仁慈宽厚。

在古代一些大家庭中，会雇用一些婢女和仆人。在今天，人们认为似乎已经没有婢仆了，其实不然。我们应该对"婢仆"这两个字做一下延伸扩展。其实，婢仆就是下属，就是晚辈，就是保姆、月嫂、育儿嫂、小时工等雇工。"待婢仆"的原则，同样适用于处理今天的上下级关系、长辈和晚辈之间的关系，以及雇主与雇工之间的关系等。

作为领导、长辈、雇主，应该如何对待下属、晚辈、雇工呢？

首先，要做到"身贵端"。也就是说，对待下属、晚辈、雇工的态度要端正。为什么要端正呢？因为如果我们自身的行为举止很随便、轻浮无礼，不仅有损我们的威严，而且还会导致下属、晚辈、雇工不能端正自身的行为，敷衍了事，正所谓"上梁不正下梁歪""其身不正，虽令不从"。相反，只有端正自身的行为，下属、晚辈、雇工才会向我们学习，也才会端正自身的行为，踏实用心做事，正所谓"子帅以正，孰敢不正""其身正，不令而行"。

其次，还应做到"慈而宽"。也就是说，对待下属、晚辈、雇工，我们要仁慈宽厚，不能太苛刻，不能因为一点小错就严厉地惩罚他们。为什么要仁慈宽厚呢？因为如果我们对待他们非常苛刻，他们就会产生不满的情绪，甚至会不听从我们的安排、教导等，与我们对立。相反，对他们仁慈宽厚，他们才会敬重我们，做下属、雇工的才会听从我们的安排，做晚辈的才会听从我们的教诲。

我们对学生的教育，也应该把握这个原则。

我们要引导学生尊重身边所有人，包括普通劳动者。

前面提到了保姆、月嫂、育儿嫂、小时工等雇工，他们为今天的很多家庭服务、付出，如何教学生正确对待他们呢？

很多父母认为，自己雇用了保姆，她就得无条件听从安排，让她做什么她就得做什么。于是，就对保姆呼来喝去，甚至连喝水也要叫保姆倒。这样一来，孩子无形中就很容易养成衣来伸手、饭来张口的坏习惯。而且，孩子还会觉得自己高人一等，会歧视保姆。可见，这些父母不当的言行对孩子产生了不良影响，那我们应该怎么做呢？

首先，告诫学生对保姆平等相待，不要盛气凌人，要尊重对方，要有礼貌，因为保姆在人格上与我们是平等的。虽然家里雇用保姆是为了让她打理家务，但对于一些我们随手就可以做的事，还是要自己去做。这对保姆也是一种尊重。当然，也可以引导学生用之前学过的"亲有过，谏使更；怡吾色，柔吾声""善相劝"的智慧劝谏父母。

其次，引导学生在一些细节上尊重保姆，比如，当要寻求保姆帮助的时候，应该说："阿姨，您现在有时间吗？我想让您帮帮我。"当保姆给予帮助后，学生应该表示感谢。

另外，在社会上，在学校里，学生还会接触到一些清洁人员、服务人员、保安等。那么，对于这些普通劳动者，我们应该引导学生持什么样的态度呢？

可以语重心长地跟学生交流："从国家领导人到所有在岗位上工作的普通劳动者，虽然他们的社会分工有所不同，但是他们对社会都有贡献。而且这个社会离不开任何一个工作岗位上的人员。如果学校没有保安叔叔们的辛勤付出，我们就得不到安全保障；没有保洁阿姨的辛勤付出，我们就享受不到这么整洁的校园环境……所以应该从内心深处感恩他们。"

引导学生懂得，无论是在学校里，还是在社会上，抑或是在自己住的小区里，都要尊重这些普通劳动者，因为这个社会离不开这些普通劳动者，要以平等心对待他们。比如，看到小区的清洁人员、保安，要主动问好；如果家里来了修理工、送水工等，要有礼貌；到了公共场合，对待服务人员要有礼貌，即使他们有一些服务不周的地方，也要心平气和地好好说话，理解他们的不易；等等。

总之，要让学生对身边所有人都尊重，平等以待，宽容以待。

势服人，心不然；理服人，方无言

在"势服人，心不然；理服人，方无言"中，"势"是势力、威势，"然"是接受、认可，"理"是道理、仁德，"方"是才。全句意思是，如果靠威势去压服别人，别人只是被迫表面服从，而心里并不接受，即口服心不服；只有靠讲求真实道理，以仁德之义感化别人，以此来让人信服，别人才会心服口服。

要放下架子，不要用命令的方式让学生服从。

《孟子·公孙丑上》说："以力服人者，非心服也，力不赡也；以德服人者，中心悦而诚服也，如七十子之服孔子也。"意思是，用武力使人服从，别人是不会诚心服从的，只是没有能力反抗而已；而凭着美德使人服从的，别人是从内心深处喜悦而真的服从，就如孔子的七十二弟子服从孔子一样。这说的跟"势服人，心不然；理服人，方无言"是一个道理。

可见，作为领导、长辈、雇主，一定要以德服人，以理服人，作为教师、父母等，也是一样的道理，不要试图用威势来达到某种目的，否则只会适得其反，劳心费力，无功而返。正如孔子在《论语·为政》中所说："君子周而不比，小人比而不周。"君子待人公平、忠信，且不偏不倚，所以能以理服人；而小人则都怀有私心，而且经常偏私、结党营私，所以不能服人。学君子，还是学小人？答案不言而喻。

先说父母吧，很多父母以一种居高临下的态度对孩子任意发号施令，试图用权势去压倒孩子，从而让他服从自己。当孩子作出辩驳的时候，有的父母就会以"我是你妈妈（爸爸），你就得听我的安排"的话语强迫孩子绝对服从。这种命令式的教育方式只会引发孩子的不满和反抗，即使他表面服从了，也是口服心不服。所以，应该放下做父母的架子，和孩子平等相待。但有的父母却开始担心：放下了父母的架子，岂不是失去了做父母的威信？孩子还会听从吗？其实父母威信不是来自权势，而是来自一种在人格上互相尊重、平等相待的亲子关系。只有父母不断提升自己的道德学问，以身作则，"晓之以理，动之以情"地教育孩子，才会真正令他心服口服，才能在他心中建立起真正的威信，教育效果才会事半功倍。"我是你妈妈（爸爸）"这句话，绝不是父母要求孩子完全服从自己的理由，而是在时刻提醒自己要担负起教育孩子的重任。

一样的道理，我们做教师的也不要摆出"我是权威"的架子，要让学生感觉到教师真的只是想要与他像亲人、像同龄人一样聊天，帮助他慢慢放松心情，因为人都有自尊心。教师要表现得平易近人一些，这体现了一种平等的态度，"来，我们聊聊天"，用这样的话语拉近与学生的距离，使接下来的谈话能更顺畅地进行下去。可有的教师在面对学生的时候，习惯性一脸严肃，意在表现自己为人师表的威严，说话也从来都是严词厉色，希望借助自己的这种表情与语言的威严，来让学生对自己心生畏惧，可结果学生的确是畏惧了，甚至畏惧得都不愿意与教师接近，教师与学生之间永远有一段距离，致使很多教育工作没法再细致开展。所以，如果想要让自己更有感染力，教师还是要善于使用微笑这个表情，要用自己如沐春风的微笑来柔化、温暖学生的心，这样不仅能拉近与学生的关系，也能提升教学的质量。而且，有医学研究证明，微笑的时候，大脑会释放更多的内啡肽，改善情绪，提高免疫力，对身体是有好处的。所以，就算是为了身体健康，教师也应该多微笑。

试想一下，如果我们的领导每天端着一副官架子对我们指手画脚，用"权威"的口吻向我们发号施令，并要求我们完全服从于他，我们的心里是什么滋味？我们会信服他吗？当然不会。既然如此，我们就先从自己做起吧，对学生、对孩子"理服人"而非"势服人"，他们才会"方无言"而且"心亦然"。

要想得到他人的尊重，学生就要懂得以德服人，以理服人。

告诫学生：与人相处，要以诚相待。在处理问题的时候，不能试图用权势压倒对方，而是要以德服人，以理服人。当你真正做到"晓之以理，动之以情"，用德行和爱心去感化对方时，不仅很容易使双方达成共识，而且还会赢得对方的尊重和钦佩。

如果学生是班级的小干部，更要注意教导他"势服人，心不然；理服人，方无言"。不然，作为小干部的他可能就会觉得自己很威风，在与同学相处中，很容易出现不好的行为，比如，高高在上，目中无人；命令同学做事，而自己却不做；利用自己的权势欺负其他同学；等等。对此，我们要给予他合理的引导，让他想一想：如果"势服人"会得到怎样的后果？可能会破坏自己在同学心中的形象，可能会引起同学的反感，从而让同学不尊重、不喜欢自己，甚至不听从自己的安排。

一般来说，当学生知道这些后果之后，他就不敢"势服人"了。还要告诉学生如何做才能得到同学的尊重、喜欢，那就是以身作则，要求同学做到的事自己先做到，即使在规劝犯错的同学时，也不要用强势压倒对方，而是语气柔和地规劝对方。这样，同学更容易接受。

在学生将"以德服人，以理服人"的道理融入到学习、生活中后，周围人才会真正发自内心地敬重他，他自己也才会非常心安。

其实，大到国与国之间，小到人与人之间，利用权势是永远也解决不了问题的，唯有用自身仁慈宽厚的德行或真正有理的方式才能感化对方，赢得对方的尊重，才能真正有效、彻底地解决问题。

学生力行《弟子规》细节指导（六）

凡是人 皆须爱 天同覆 地同载

　　人与人虽然有相貌之别、贫富之差、地位之异，但是在人格上都是平等的，所以，我们要尊重和关怀身边的每一个人。

　　即使遇到作恶多端的坏人，我们也要尊重他，但不效仿他的行为。

　　人类、动物、植物、矿物共同享有这个地球，所以，我们要爱护身边的每一个小动物，无论它是蚂蚁、壁虎、知了，还是小猫、小狗、小兔子，我们都不能虐待它。

　　去动物园看动物时，不要随意投喂动物，因为游人的过度投喂会导致动物肠胃不适，轻则引发病症，重则危及生命。

　　在动物园，要遵守园内规定，不随便乱闯，更不要接近大型动物，保持适度的距离就是一种尊重。

　　在家里，如果蟑螂总来打扰我们，可以在蟑螂常常出没的地方放上黄瓜片、小块香皂等带有香气的东西，因为蟑螂怕香。

　　爱护身边的花草树木，是它们为我们提供了赖以生存的氧气，并维护了地球的生态平衡，还美化了我们的环境，所以，爱护植物是我们每个人应尽的义务。

　　除了爱护动植物之外，我们从小还要树立环保意识，不乱扔果皮纸屑，更不能往小溪、江河、水库、湖泊、海洋里扔垃圾。

　　无论走到哪里，我们都要节约用电、用水、用纸，比如，洗手时，在用香皂搓手的过程中，应关闭水龙头，冲手时再重新开启；在学校里，如果教室里没人，或光线足够，就要及时关灯；身边常备手帕，减少使用或不使用面巾纸。

行高者 名自高 人所重 非貌高
才大者 望自大 人所服 非言大

　　不要以貌取人，不因谁相貌不好，就排斥人家，不尊重人家，要以德行作为判断人的标准。只要一个人有高尚的道德品质，无论他的相貌如何，我们都应该尊重他，向他学习。

　　平时不要把注意力集中在如何使自己变得更漂亮、帅气上，而是要重视德行的提升，只有我们的人格品质逐渐完善，周围的人才会越来越尊重我们。

　　有的人喜欢夸夸其谈，吹毛求疵，我们不要因此就相信他的话，而是要看他是否言行一致，是否有真才实学，是否有能力在生活、学习中解决各种问题。

　　当接触到一些不善言谈也不标榜自己能力的人时，我们不能仅凭表象就评判对方没有才能，只有通过更深一步的了解，才能知道他到底有没有能力和才华。

　　而我们要不断提升自己的学识和能力，纵然具备一些才能，也要谨慎谦虚，不要自吹自擂地彰显自己，因为是金子在哪里都会发光。

己有能 勿自私 人所能 勿轻訾
勿谄富 勿骄贫 勿厌故 勿喜新
人不闲 勿事搅 人不安 勿话扰

　　如果我们学习不错，不要只顾着自己提升成绩，而是要多帮助前来请教的同学。

　　倘若我们手工制作做得好，就要在手工课上多为其他同学提供帮助。

　　假如我们在体育运动方面比较有优势，就要多帮助那些渴望在体育方面发展的同学。

在班集体中，如果有同学比我们学习好、能力强，我们不能嫉妒、排挤对方，更不能在背后说同学坏话，而是要和人家互相合作，彼此取长补短，一起进步。

在比赛时，我们要秉承"友谊第一，比赛第二，重在参与"的原则，不可以诅咒对手，更不能在胜出后轻视对方，或在失败后谩骂对手。

与富有的、地位高的、有身份的人相处时，不要阿谀奉承、谄媚巴结，要保持尊重、恭敬、不卑不亢。

在学校，如果有的同学经常带零食、饮料、玩具来学校，我们不要缠着人家要吃、要喝、要玩具，更不要因想吃到人家的食物，就说一些讨好的话。

不要看不起那些家庭条件不好的同学，要多看对方道德品质中的优点，多学习人家的优点，多在人家需要时提供帮助。

要珍惜老朋友，不因结交了新朋友就疏远了故友，要常常和老朋友保持联系，并对对方表示问候和关心。

不要以为朋友越多越好，交朋友重点交为人正直、彼此能够互相帮助的朋友。朋友不一定要多，但一定要精。

与同学和伙伴交往时，不因发生小的不愉快，就忘记对方对我们的恩德，更不能因此就疏远对方。

不要请父母频繁给我们购买新衣服和生活用品，也不因有了新的，就不用或不穿旧的。

对于小了的、不能再穿的衣服，我们可以洗干净捐给需要的人；对于长期不用的物品，也可以"变废为宝"，把它们改成可以重新使用的东西。

当他人正在忙着做事，或与人交谈时，我们不要上前打断，而是等候对方忙完，再上前询问。比如，父母在与朋友聊天，我们不要频频插嘴说："妈妈，我的玩具放在哪里了？""爸爸，你给我讲个故事吧！"因为这都是不礼貌的表现。

如果父母正忙着工作，就不要向他们提出学习上或生活上的问题，而是等父母忙完再说。

与他人交谈时，不要养成插嘴的习惯，等对方把话讲完，我们再发表意见。

如果父母、同学、朋友心情不好，我们就可以适当地进行劝导。如果他们想安静一会儿，我们就要默默走开，不要再用"安慰"打扰他们。

如果对方心里因什么事情而不安，我们的劝解一定要起到安抚作用，而不是煽风点火地让对方更加不安。比如，同学因考试失利而难受，我们要说："别多想了，已经考完了，继续努力吧！"而不是说："今天，你回家肯定躲不了一场暴风骤雨，这下你可惨了。"

> 人有短　切莫揭　人有私　切莫说
> 道人善　即是善　人知之　愈思勉
> 扬人恶　即是恶　疾之甚　祸且作
> 善相劝　德皆建　过不规　道两亏

如果同学曾经因年幼无知做过不光彩的事情，比如，借钱不还，偷市场上的水果，打架斗殴等，我们知道后，不但不能到处宣扬，也不能当同学的面，用此事讽刺对方。这种"揭伤疤"的行为实在是不道德。

即便知道同学身上有各种各样的缺点，比如，爱说谎、爱骂人、爱占便宜、爱抄同学作业等，也不要以此为题说来说去，对方听到后心里总是会不舒服，如果我们说得多了，人家有可能在一气之下做出伤害我们的事情。

平时不要养成宣扬坏消息的习惯，比如，老师批评了某位同学，我们不要一知道后，就对其他同学说："某某倒霉了，又被老师批评了。"试想，如果我们被老师批评了，希不希望让全班同学都知道？所以，别做喜欢乱说的"大嘴巴"。

如果同学身上有很多优点，或者做了好事，我们可以表示称赞，该同学听到称赞后，心里会很高兴，也会因此受到鼓舞，再接再厉，而其他同学也会见贤思齐，以他为榜样。

平时要养成与同学和伙伴分享好消息的习惯，让大家的内心常常装满喜悦。

如果好朋友做错了事情，我们一定要规劝他，让他认识到自己的错误并改正。如果我们明明知道朋友的问题，却不指出来，那就没有尽到做朋友的责任。

当然，我们劝说朋友要讲究方法，一定要在我们与朋友单独相处的时候才能劝说。如果当着第三个人的面劝导朋友，会让朋友很没面子。

不要在朋友心情不好的时候，向他提出建议。

劝说朋友的时候，一定要真心实意、和颜悦色，如果朋友不能接受我们的劝解，我们就不要把自己的认识再强加于对方。

对于新认识的朋友，或尚没有建立深厚友情和信任的朋友，最好不要给人家提建议，而是用以身作则的方式影响对方。

凡取与　贵分晓　与宜多　取宜少
将加人　先问己　己不欲　即速已
恩欲报　怨欲忘　报怨短　报恩长

到别人家做客，主人用糖果、瓜子、零食招待我们时，不要没完没了地吃，更不要把糖果、瓜子都装在口袋里，而是少吃一点儿。即便主人说："没关系，想吃多少就吃多少，有的是。"我们也不能毫不客气地大吃大喝。

而我们作为主人招待朋友时，就要提供尽量多的水果和饮料等，好让大家尽情享用。

在学校，当老师或同学分给我们食物时，分给我们什么，我们就吃什么，不可挑三拣四。分给我们多少，我们就吃多少，不要吃完了再去讨要。

如果我们把水果、零食拿到学校，不可只准备自己的一份，要多准备一些，便于和同学、朋友一起分享。

如果我们常常与同学、朋友外出游玩，不可以总让对方给我们买门票、付车票、买零食或饮料，我们要主动付钱，哪怕自己多付一些，也不让对方吃亏。

如果同学在我们生日时送上祝福和礼物，当对方过生日时，我们也不能忘记，一定要回赠礼物。

在餐桌上吃饭，不可以大口地只吃自己喜欢的食物，因为自己喜欢吃的，也很有可能是其他人喜欢吃的。我们不能只顾自己的喜好，还要照顾大家的喜好。

在向他人提出任何请求之前，先问问自己为什么要请别人代劳，是自己不愿意做，还是没有能力做，如果是自己不愿意做的事情，就不要为难别人了。

做任何事情，不要动不动就麻烦别人，自己能做的要尽量自己做，实在无能为力时，再提出请求。

如果我们知道自己不愿意承受什么，比如指责、批评、辱骂、诬陷等，那就不要再让别人去承受这些。

我们不希望被欺骗，就不要欺骗别人；不希望他人损坏我们的物品，就要珍惜爱护他人的物品；不希望对方总迟到，那我们也要做一个守时的人……总之，不希望自己得到什么，就不要让别人承受什么。

在成长的过程中，我们一定接受过很多人的恩惠，最大的恩惠就是父母的养育，其次是老师的教诲。父母和老师给予我们的恩德，我们要常常铭记在心，在道德、学问、能力上不断提升自己，就是对父母和老师最好的回馈。

身边的人给予我们任何的帮助，我们都不能忘记，要常常怀有感恩之心，并尽力帮助更多的人。比如，我们可以去养老院做义工，也可以把自己的零用钱捐给需要的人，并用自己的能力为周围的朋友排忧解难……这样，我们和身边的人都会生活在感恩的世界里。

如果我们与他人发生了矛盾，甚至自己在心灵上受到了伤害，我们不要耿耿于怀，要尽量把负面情绪疏导出去。可以找亲人倾诉，可以听听音乐，也可以做自己喜欢的事情，等等，努力做一个善于排解坏情绪，心胸豁达的人。

如果同学弄丢了我们心爱的物品，或弄坏了我们心爱的玩具，我们不要把对方当成仇人一样，不原谅他，而是要大度一点说："没关系。"我们的宽容本身会让对方惭愧，而且因为一件物品而伤害了朋友之间的情义是不值得的。

待婢仆 身贵端 虽贵端 慈而宽
势服人 心不然 理服人 方无言

　　如果家中雇了保姆、司机、管家等人员，我们一定要尊重他们，见面要主动问好，离别时也要主动道别。比如下车时，要对司机说："谢谢叔叔，叔叔再见！"

　　如果家里来了修理工、送水工、清洁工、安装工等工人，我们要有礼貌，要主动说："您好，请进。"要考虑到对方是否需要喝水，并准备茶水或矿泉水。他们临走时，我们也要说："谢谢，再见。"

　　去饭店吃饭，对待服务员也要有礼貌，如果对方在服务中有什么不周到的地方，要跟人家好好协调，而不要对人家发火、吼叫。

　　在学校，我们要尊重门卫人员和清洁工人，他们是我们的长辈，我们要礼貌对待。

　　如果我们是班级的小干部，在与其他同学相处时，不能高高在上，目中无人。

　　收作业本的时候，不能用命令的口气对同学说："赶快把你的作业交上来。"而要说："某某同学，请把你的作业交给我。"

　　当我们带领大家做清洁时，不能只动嘴，不动手，而是在分配好任务后，和大家一起劳动。另外，我们不要把脏活儿都分配给同学，把轻活儿留给自己，而是要把脏活、累活儿都主动承担起来，为大伙儿做榜样。

　　对于班级立的规矩，当班干部的一定要先遵守，否则无法管理没遵守的同学。即使在规劝犯错的同学时，也不能用强势压倒对方，而是要语气柔和地劝导对方，这样，同学也容易接受，我们也会受到拥护。

　　不论我们是不是班干部，在与同学、朋友相处时，都要表现得亲切柔和。即使有意见不合的情况发生，也不能用大声吼叫的方式试图压倒对方，而是要慢慢和对方沟通，这样，双方才很容易达成共识。

第七章

亲仁——引导学生亲近仁者，一生受益无穷

亲仁篇内容虽然非常简短，但却饱含深意。亲仁，就是亲近仁德之人。如果学生能够时刻亲近仁德之人，他的道德学问就会日益增长，过失就会日益减少，从而获得无穷的益处。因此我们一定要引导他主动向仁德之人学习，进而勉励自己做一个仁者。如果学生没有仁者作为先导，就很容易被物欲横流的社会环境所污染，那他离成为仁者的目标就会越来越远。

人们对仁者有一种敬畏感，因为仁者能够做到"言不讳，色不媚"。但如今真正的仁德之人很少。即便是这样，我们也要让学生接受良好的德行教育，勉励他成为仁德之人。而这就离不开圣贤留下的人生智慧——经典。如果学生能够经常诵读经典，落实其中的教诲，在潜移默化中，他离成为仁者的目标就会越来越近。

培养学生的明辨力，学会分辨仁者、做仁者

　　虽然人与人之间的差距越来越大，符合仁者标准的人也越来越少，但是我们也要让学生亲近仁者，与仁者为友，奠定良好的德行根基，哪怕外界的社会环境污染得再厉害，他也不会受到什么影响。首先要教学生学会分辨仁者。因为，如果他不知道什么样的人可以称得上是仁者，那么又谈何亲近仁者呢？同时，也要勉励学生成为一个仁者。

同是人，类不齐；流俗众，仁者希
果仁者，人多畏；言不讳，色不媚

　　"类"即很多相似或相同事物的综合，"齐"即相同，"俗"即庸俗，"希"即稀少，"果"即真正，"畏"即敬畏，"讳"即因有顾忌而不说，"色"即表情，"媚"即谄媚、阿谀逢迎。整句意思是，同样是人，但是善恶邪正、道德学问、心智高低各有不同。跟着潮流走的普通人很多，而真正的仁德之人却很少。对于真正的仁者，人们都会敬畏他，因为仁者说话公正无私没有隐瞒，也不会阿谀逢迎，故意讨好他人。

仁，是儒家思想的核心内容。

　　仁，是会意字，是一个智慧的符号。《说文解字》中这样解释："仁者，亲也。从人从二。"意思是说，想到自己就要想到他人，为他人着想，每个人都应该有仁爱之心，人与人之间应该互相关爱、互相帮助。

　　作为儒家思想的核心内容，"仁"对中国文化和社会发展产生了重大的影响。"仁"是孔子思想体系的核心，孔子把"仁"作为最高的道德标准和道德境界，形成了以"仁"为核心的伦理思想结构。仁，

就是指人心，即人皆有之的恻隐之心、仁爱之心。

对于学生而言，"仁"是实现理想人格所必不可少的要素之一。如果他能够以"仁"为标准严格要求自己，以"仁"的境界衡量自己的思想，那么他就具备了达到最高道德标准和道德境界的前提条件。因此，我们要让学生时刻亲近仁德之人，并促使他成为仁德之人。

人们为什么会"流俗众，仁者希"呢？

流俗，是指随波逐流的凡夫俗子；仁者，是指具有仁义道德的品行高尚之人。我们可能有这样的体会：今天人们的道德学问参差不齐，就像十指有长有短、树木有高有低一样，而且，真正有仁慈博爱之心的人似乎越来越少了。原因在哪里？《三字经》告诉了我们答案："人之初，性本善。性相近，习相远。苟不教，性乃迁。"其实，人的本性都是善良的，人的本性也是非常相近的，但是由于后天的成长环境发生了变化，便相距遥远了。

学生之所以会失去纯善的本性，是因为从小没有接受良好的教育。正是由于从小没有接受良好的教育，再加上外界环境的污染程度越来越严重，他就很容易从一个好孩子变成一个坏孩子。谁也不愿意看到学生变坏吧？那么，我们应该如何做呢？

为了让学生保持本善的心，不让他变坏，最重要的方法就是专心致志地教育学生，即把握教育的根本之道，从当下开始，培养学生的德行，如果"三观"已经不正了，那就先"正三观"，让本性的善良一直保持下去。

虽然"仁者希"，但是也要勉励学生做一个仁者。

由于仁者越来越少，很多时候，学生看到的都是不好的一面，这样，他就很容易懈怠，从而使自己沾染上坏习惯。

当我们指出学生身上的坏习惯时，他可能会说"班上的同学都这样"，这时候，我们就应该让学生明白：这样的坏习惯会妨碍一个人的成长和发展。无论是谁，都不应该养成这样的坏习惯，绝不能产生盲目随众的心理。也可以借此机会，跟全班的同学沟通，勉励他们做真正的仁者。当然，还应该勉励自己做仁者，让自己真正具备"学为人师，行为世范"的仁者风范。

其实，让学生做一个仁者并不难，因为我们手中的《弟子规》就是最好的法宝之一。只要学生经常诵读《弟子规》，并时刻按照《弟子规》的标准来规范自己的言行举止，那么，他离仁者就越来越近了。

什么样的人才称得上是仁者呢？

一个真正的仁者，一般人见到他都会心生敬畏之心。人们并不是畏惧他的地位或权势，而是为他的德行、涵养所折服。为什么呢？因为真正的仁者不会标新立异，他存心仁厚、行止有度，而且做到了"言不讳，色不媚"。也就是说，仁者的言辞非常正直，他不会故作掩饰，不会说一些花言巧语，也不会违心地讨好他人，大家自然会敬畏他。

在《论语·子张》中有这样一句话："君子有三变：望之俨然，即之也温，听其言也厉。"从外表来看，君子有三种变化：从远处望见他的时候，觉得他很庄严；接近他之后，觉得他很温和；听他说话之后，又觉得他义正词严。

可见，仁德之人真的是"言不讳，色不媚"，言辞得当，言行举止都有威仪，同时也是一个仁慈、宽厚的人。所以，通过观察一个人的言、色、行止，就可以看出这个人是否符合一个仁者的标准。当然，我们也应该把判断仁者的标准告诉学生，让他自己看个明白。

鼓励学生亲近仁者，他的德行才会与日俱增

在今天这个价值多元的社会中，学生的内心需要以"仁"为衡量善恶的标准，需要有仁者做先导。否则，他就很难把持自己，很容易受到负面的影响，从而迷失自己。因此，我们一定要教学生亲近仁德之人、仁德之事、仁德之物。当他时刻亲仁时，就不会受到外界环境的污染和影响，这样他的德行才会与日俱增，过失才会与日俱减，从而达到"苟日新，日日新，又日新"的境界。而亲仁的最好方法之一就是多读圣贤留下的经典，并把这些经典作为生活的一部分，从而使自己的言行举止更加符合仁者的标准。

能亲仁，无限好；德日进，过日少
不亲仁，无限害；小人进，百事坏

"小人"指品行恶劣的人，"百事坏"是指世间种种的诱惑围绕身边，如果把持不住就会堕落。全句意思是，能够主动亲近有仁德的人，就有无穷的好处，美德会一天天增长，过错会一天天减少；如果不主动亲近仁者，就会有无穷的害处，小人就会来到身边，也会把事情办坏，自己也会逐渐堕落。

人要想学问有所成就，需要两个先决要素：好老师和好同学。

一个人要想学有所成，就离不开良师益友，即好老师和好同学，这是两个先决要素。无论是好老师，还是好同学，都属于仁德之人。

为什么说好老师和好同学是一个人获得成就的先决要素呢？因为，好老师就好像是一个领路人，把最重要的人生智慧和教诲都传授给我们，让我们懂得做人的道理，掌握学问、技能、才艺等；而好同学就

好像是一个携手前进的同行者，大家通过互相学习、互相帮助、互相提醒、互相鼓励到达成功的彼岸。

在学生成长的道路上，同样需要好老师的教诲，需要好同学的帮助，从而使他的道德学问有所提升。所以，要告诫学生：千万不要错过有仁德的教师、同学，应该时常亲近他们，尊良师，交益友，虚心向他们求教，如此才能日日改过迁善、进德修业。

亲近仁者，会有哪些好处？不亲近仁者，会有哪些坏处？

如果学生亲近"仁者"，也就是品德高尚的人，就能得到无限的好处。最大的好处是什么呢？"德日进"，德行会一天比一天好；"过日少"，过失会一天比一天少。为什么会这样？因为无论在哪里，仁者都具备高贵的品德和广博的学识。如果学生能经常亲近这样的仁者，他就会主动向他们学习，从他们身上吸取宝贵经验，从而反观自身，看自己哪里做得还不够好，哪里需要改正，正所谓"见贤思齐"。如此，在不知不觉中就会受到熏陶，从而使自己的德行和学问在不知不觉中得到很大提升，过失就会减少。

如果学生不能亲近仁德之人，就会有无限的坏处，一些缺失道德的人就会慢慢靠近他，很多事情也会朝着不好的方面发展。为什么会"小人进"呢？因为"物以类聚，人以群分"，当学生和缺失道德的人是同一类人的时候，他不用主动接近那些人，那些人自然会主动接近他。为什么会"百事坏"呢？试想一下，当缺失道德的人接近他而他又没有衡量善恶的标准时，就可能跟着他们做很多错事，甚至走向歧途。学如逆水行舟，不进则退，所以要日日求进步才可以。

另外，如果学生不能亲近仁者，没有向善之心，他的心就很容易受到外界的影响和污染。比如，有的学生亲近不好的电视节目、电影，亲近虚拟的网络游戏，其中很多都充满暴力、血腥，甚至是色情。这些东西展现给学生的都是不好的一面，无法启发他的善心、善行，还会玷污他原本纯洁的心灵，干扰他的学业，让他变得颓废、不思进取，甚至因此而走上犯罪的道路。

有时候，我们需要给学生提供亲近仁者的机会。

对于学生而言，他可能还不具备判断是非善恶的能力，不知道如何亲近仁德之人，也就是通过他自己的眼力可能无法看出谁是有仁德的君子。如果仁德之人就在眼前或身边，而他没有认出，没有把握机会而错过，就是一件非常可惜的事。所以，我们可以给学生提供亲近仁者的机会，比如，可以带他专门去拜访当地有德行、有声望的人，引导他亲近身边善良、诚实、正直、学习上进的同学。

其实，亲近仁者并不是一件非常困难的事，只要学生有一颗善学的心，他就会从不同的人身上汲取营养，正如前面讲到的"见善思齐""见恶内省"。只要学生有谦卑、恭敬之心，仁者就会愿意来指导和帮助他。这样，他的人生将会处处遇到贵人。

就怕学生认识了仁德之人，却不肯把握学习请教的机会，从而埋没自己仁慈的胸怀，慢慢失去自我觉察的能力，给自己的身心造成无穷的祸患，那将是一件可悲的事。所以，还是要引导学生开阔心胸，亲近仁者，不断砥砺自己，促使自己成为一个真正的仁者。

其实，经典也是学生可以亲近的"仁者"。

学生在一生之中能够亲近仁德之人，是我们为人师者所希望的。但是，未必每个学生都能有这么好的缘分。即使他没有亲近仁德之人的缘分，也不要着急，可以转而亲近经典，因为经典也是学生可以亲近的"仁者"。

所谓经典，是指一些具有典范性、权威性的，经久不衰的万世之作，经过历史选择、千古流传的最有价值的，最具代表性的，最完美的作品。一言以蔽之，经典，就是永垂不朽的高文典章。

在古代，经典是指作为典范的儒家典籍，也指宗教典籍。所以，儒家的"四书五经"就是经典。"四书"包括《论语》《大学》《中庸》《孟子》，"五经"包括《易经》《尚书》《诗经》《礼记》《春秋》。当然，《道德经》《庄子》《太上感应篇》《三字经》《弟子规》《了凡四训》《朱子治家格言》等，都属于经典范畴，值得我们和学生认真品读。

圣贤所留下来的经典是经久不衰的人生智慧，可以作为学生一生的座右铭，指导他走好自己的人生路。如果他能把经典作为每天亲近的"仁者"，把诵读经典作为每天的功课，并把经典内容作为自己做人做事的标准和待人接物的指导思想，那么他就等于时刻在亲近"仁者"了。只要学生能深入经典中，把经典的教诲落实在生活中，哪怕是其中的一句话，都会使他受益终身。因为，圣贤的智慧有无穷的力量，是一个人奋斗的不竭动力。

就拿《弟子规》来说，在前面也已经强调过，《弟子规》不是拿来读的，也不是拿来背的，而是拿来做的。一开始，我们可以让学生每天早晚抽出一定的时间来诵读。早晨读一遍，是提醒他这一天都应该学习和落实《弟子规》中的教诲；晚上读一遍，是检验他日常的所作所为是否符合《弟子规》的标准，这样就能看到自己有哪些过失需要改正。如果学生天天学习、落实《弟子规》，他的德行就会日益增长，过失就会日益减少。

学生力行《弟子规》细节指导（七）

> 同是人 类不齐 流俗众 仁者希
> 果仁者 人多畏 言不讳 色不媚
> 能亲仁 无限好 德日进 过日少
> 不亲仁 无限害 小人进 百事坏

要对善、恶、是、非有一个基本的判断。如果有人指责我们，我们不能就此判断对方是坏人；如果有人表扬我们，我们也不能就此认为对方是仁者。

如果有人一边称赞着我们，一边教我们喝酒、抽烟、玩通宵，这样的人，我们一定不要亲近他，要想办法远离。

不要与那些整日游手好闲、无所事事的人交往，否则，会沾染上坏习气。

如果有人教我们逃学、逃课，或者阻碍我们放学按时回家的话，我们就不要与他交往。

当同学、朋友或其他人邀请我们去看色情、暴力影片时，我们要立刻拒绝，并谨慎与这样的人相处。

如果身边有那种学习上进、为人正直、通情达理、善解人意的同学，我们要与其亲近，互相帮助，共同进步。

仁德之人有时候不容易遇到，但是仁德之人所写的书籍却很容易得到。如果我们每天都能诵读《弟子规》《论语》《大学》《中庸》《孟子》等经典，并把这些经典作为做人做事的标准的话，我们就等于天天在亲仁。

第八章

余力学文——教学生学以致用，立志做圣贤

　　《弟子规》前面讲的内容基本上都是做人做事的道理，目的是提升学生的德行。当学生在力行了孝、悌、谨、信、爱众、亲仁等圣贤教诲之后，应该再把多余的时间和精力，用在好好学习各种文化知识上，从而提升自己的学问。这样一来，学生就会成为一个道德学问俱佳，即德才兼备的人。

　　无论学生学习什么，我们都要引导他把"学文"和"力行"结合起来。比如，当他学习《弟子规》等经典时，不仅要引导他时常诵读，更要引导他把经典落实在学习和生活中，力行圣贤的教诲；当他学习各种文化知识时，我们不仅要让他从理论上掌握这些知识，更要引导他把这些知识应用到生活实践中，让他真正做到学以致用。

当今社会，亲仁的最好办法就是多读仁者留下的典籍。因此，我们应该把诵读经典作为每天的功课，比如，每天读 15 分钟，并检查自己做到了哪些，没做到哪些。没有做到的，要努力做到。这样，我们的德行品质自然会有所提升。

引导学生去力行圣贤的教诲，既能知又能行

对于正处在成长期的学生而言，读书固然重要，但是有一个前提，就是要注重力行圣贤教诲，要学以致用，在实践中得到历练，从而提升德行，而不是一味地埋头死读书。当学生奠定了德行的根基之后，即使我们不督促他好好学习，他也会自动自发地学习。

不力行，但学文；长浮华，成何人
但力行，不学文；任己见，昧理真

"力行"即落实、实践，"但"即只是，"浮华"即华而不实，"任"即任凭，"见"即见解、主张，"昧"即愚昧、糊涂、不明白。全句意思是，如果不懂得落实圣贤的教诲，只是一味地死读书，就很容易养成华而不实的习气，又怎能成为一个真正有用的人呢？如果只是去做事，而不学习圣贤的教诲和知识，就很容易执着于自己的见解，从而蒙蔽真理。

如果只顾学文而不去力行，会有怎样的结果呢？

今天的很多人都追求速度，无论学习什么，都希望用最短的时间把它们学好。学生学习技能才艺也是只追求速度，而忽略了质量。结果，虽然在短时间内学了很多技能才艺，但是可能没有一项技能才艺是真正精通的。因为，他没有深入其中去学习，没有学到它们的精华之处，

更没有把它们运用到生活中。

如果学生只是一味地死读书，不懂得力行，那么他所学到的只是很肤浅的知识而已，就容易养成华而不实的习气，根本无法真正掌握所学的知识。

就拿学习《弟子规》来说吧，有的学生每天都在读《弟子规》，甚至背得滚瓜烂熟，但是他的言行举止完全没有受到潜移默化的影响。当有人问他学没学习《弟子规》时，他可能会骄傲地大声说："我都把《弟子规》背过了呢！"态度上可能还会有些不屑，甚至还看不上那些没有背诵过或没读过《弟子规》的同龄人或长辈。可见，在学习《弟子规》的过程中，增长的不是他的道德学问，而是他的浮华、傲慢之气。

如此，无论学生学习什么知识或技能，都只是浮在表面上，无法完全真正掌握其精髓。请问，这样一个只懂得一些肤浅知识而没有实践能力与真实体悟的学生，将来走向社会，会有所作为吗？所以千万不要让学生成为"专业的高才生、生活的低能儿"，否则他就是一个只是学业成绩好，而不懂得如何服务别人、如何待人接物的"书呆子"。

如果只顾力行而不学文，又会有怎样的结果呢？

可能我们都有这样的体会，随着年龄的增长，我们的人生阅历和社会经验都随之增长，这些阅历和经验会帮助我们处理遇到的很多事情。但是，这些阅历和经验并不是百分之百正确的，可能也有一部分有些偏差。如果我们认为有这些阅历和经验就已经足够的话，那就大错特错了。因为，一个只知道一味地去做而不肯用心学习的人，很容易成为一个固执己见、不明事理的人。

同样的道理，如果学生只顾去实践而不学习圣贤的教诲，他可能连最基本的道理都不知道，只是执着于自己的见解，可能会"好心"办坏事，也很容易走偏人生路，并循着自己的方向一路跑到黑。因为，学生的内心没有道德的准绳和圣贤的教诲做先导，也就不会分辨是非善恶，更不会分辨哪条路是光明大道，哪条路是弯路，甚至是有去无回的邪路、死路。

"学文"和"力行"必须结合起来，学生才能有所成就。

打个比方，"学文"和"力行"就好像是自行车的两个轮子，如果只有一个轮子，自行车就不能前行，当两个轮子一起协调地动起来时，自行车自然就会前行了。所以说，"学文"和"力行"缺一不可，不能单独存在。而且，学生"力行"得越彻底，越可以帮助他更深入地"学文"，而学生"学文"越深入，越可以帮助他更到位地"力行"。可见，"学文"和"力行"是相辅相成的。

因此，我们要引导学生把"学文"和"力行"结合起来。平日里，引导他把学到的知识应用到生活中，把学到的道理落实到实际行动中。此外，也应该教学生学习圣贤的教诲，让他多读一些圣贤的经典，观看一些启迪人心灵的影片，让他生起"见贤思齐"的念头。还要引导他力行圣贤的教诲，把经典落实到生活中，在生活实践中体会圣贤的心境。当学生这样一边学文、一边力行的时候，就会体会到快乐，正如孔子在《论语·学而》开篇说过的一句话："学而时习之，不亦说乎？"

《中庸》中提到了为学的几个层次，"博学之，审问之，慎思之，明辨之，笃行之"，这也是为学要经过的一个过程：广泛地学习，详细地询问，仔细地思考，明确地辨别，切实地落实。学生要想成为一个真正有所成就的人，就需要经过这样一个为学的过程，需要把学习和实践结合起来，不断学习，不断实践。

把正确的读书方法与读书规矩教给学生

　　很多学生学习效率不高，很大程度上是因为没有掌握正确的读书方法。要想让学生学有所成，就要引导他做到"读书三到"，即心到、眼到、口到；让他专心致志地学习，不可以朝三暮四；引导他给自己设定一个宽松的期限，在这个期限内抓紧时间用功学习；引导他在学习中遇到疑惑时，记录下来，或是通过查找资料寻找解决方法，或是向他人请教解除疑惑。

读书法，有三到；心眼口，信皆要

　　在"读书法，有三到；心眼口，信皆要"中，"法"即方法，"信"指确实。整句意思是，读书的方法要注重"三到"：心到、眼到、口到。也就是说，在读书的时候，心要记，眼要看，口要读。这三者缺一不可，确实都非常重要。

读书的时候要讲究方法，需要掌握三个要领。

　　可能我们有过这样的体会：在做某件事的时候，如果讲究方法，很快就会把这件事做好；如果不讲究方法或者是方法不得当，即使花再多的时间和精力，也不会做得很好。同样的道理，读书、学习也需要讲究方法。

　　那么，什么样的读书、学习方法比较有效呢？《弟子规》给出了答案。读书、学习要掌握三个要领：要用心记，也要用眼睛看，还要用嘴巴读。简而言之，读书、学习要专心致志、聚精会神。

　　所以，我们就要耐心教给学生正确的读书、学习方法：学习时，要把心思全部用在读书、学习上面，心里不要想与学习无关的事；眼睛要看着书本，不可以东张西望；朗读的时候，要字正腔圆地读出声音。

读书的时候，为什么"心眼口"这三者缺一不可呢？

在《童蒙须知》中有这样一段话："余尝谓，读书有'三到'，谓心到，眼到，口到。心不在此，则眼不看仔细，心眼既不专一，却只漫浪诵读，决不能记，记亦不能久也。'三到'之中，心到最急。心既到矣，眼口岂不到乎？"

在这里，朱熹提出了自己关于读书"三到"的见解：如果心没在书本上，那么眼睛就不会仔细看，心和眼既然不能专一，只是随便地诵读，那就一定不能记住，即使记住了也不会长久。在"心到，眼到，口到"中，"心到"是最要紧的。心已经到了，眼和口难道还会不到吗？

的确是这样，在读书的时候，最重要的就是"心到"。如果学生的心没在书本上，即使他眼睛看书，嘴巴高声朗读，也不会达到良好的读书效果。当学生把心放在书本上，他的眼睛自然就会仔细看书，嘴巴自然就会出声朗读。

读书的时候学生为什么要读出声音？因为朗读的声音会传进耳朵里，会起到摄心的作用，即能够控制心志、收敛心神，这样不仅容易集中精力，而且更容易记住朗读的内容，效果事半功倍。另外，只有出声朗读，才能感受到文字之美。比如，一些古文、诗歌只有朗读出来，才能感受到它们的押韵、平仄等，多读几遍，才能更容易体会到作者所要表达的思想，因为"读书百遍，其义自见"。

要注意的是，出声朗读并不是非要很大声地朗读，而是需要根据不同学生的实际情况、不同的环境、不同的文本内容采取不同的朗读方式，确定音量的大小。总之，只要学生能够通过朗读起到控制心志、收敛心神的作用就可以了。

对于读书而言，信心也是非常重要的。

学生有时候虽然掌握了读书的方法，但是由于他对自己没有信心，往往中途就会出现读不下去的现象。所以，读书学习不仅要掌握正确有效的读书方法，还要对自己有坚定的信心，这样才能产生前进的动力。只要坚持不懈，就一定能取得良好的效果。

信心，有时候是学生自己给予自己的，有时候是需要我们帮助学生树立的。所以平时在与学生的相处中，要善于捕捉他身上的闪光点，多说一些鼓励、肯定的话，促使他树立信心。我们也要尽量让学生做一些力所能及的事，并及时给予鼓励和肯定，从而让他体会到成功的快乐，因为成功感在某种程度上也是建立信心的动力。

事实上"读书三到"的方法不仅对读书、学习有益，而且还有利于培养学生的做事习惯。试想一下，人生的哪件事情不需要专心致志地去做呢？一旦他养成了"读书三到"的好习惯，无论遇到什么事，他都会集中精力、专心致志去把事做好，绝不会掉以轻心。

方读此，勿慕彼；此未终，彼勿起

"方读此，勿慕彼；此未终，彼勿起"中，"方"即正在，"慕"即羡慕，"终"即结束，"起"即开始。全句意思是，当正在阅读某一本书的时候，心里不要想着其他书。读书一定要专一，这本书没有阅读完之前，最好不要开始阅读其他书。

只有专心致志地读书，才能体会到读书的乐趣。

很多学生在读书的时候有这样一个坏习惯：一本书只读了个头，或读了几页，或泛泛一读，就把它放在一边去看另外一本书了。对这种读书现象，我们应该给予正确的引导。不要认为只要读就比不读好，因为这种"读书方式"不利于学生养成良好的读书习惯，不利于他毅力的磨炼。因此，要培养学生专心致志读书的好习惯。

提醒学生，无论看什么书，都要仔细地看，要从头到尾地看完一本书，弄明白这本书讲的是什么意思，可以试着体会作者所传递的思想。当学生这样去做的时候，专心致志地读书的可能性就大大提高，自然也就能体会到读书的真正乐趣了。

体会古人告诫人们的"案上不可多书，心中不可少书"。

古人曾说："案上不可多书，心中不可少书。"为什么"案上不可多书"呢？因为，如果书案上放很多书，当我们在读其中一本书的时候，可能就会想着另一本书，还可能会去翻另一本，这样心就乱了，就不能集中精力在一本书上，自然也不会从书中受益。书不是用来装点书桌的，而是用来丰富内心的。

对于缺乏自我掌控能力的学生，当面对不同种类的图书时，他可能就不知道应该先看哪本后看哪本了。而且，当他希望快点把面前的所有书看完时，可能会在不知不觉中养成浅尝辄止的坏习惯。对此，要提醒他防患于未然，不在书桌上放很多书。

也可以告诫学生父母，给孩子买书时不要一次性买太多，只要两三本就足够了，而且还得是好书。然后要提醒孩子，把自己这几天看的那本书放在书桌上，其他的书整整齐齐地放进书架里。只有认真阅读完一本书，才能阅读另一本书。

读书质量重于数量，如果每本都是随意一翻、浅尝辄止的话，即使再"博览群书"也不会有什么实际意义。古代一部《论语》15000多字，传了2000多年；一本《弟子规》只有1080字，也传了300多年。而今天又有多少人能真正读懂这样的书呢？

所以，读书应该读完一本，再读另一本；事做完一件，再做另一件。这样岂不是更好？让案头和心中都拥有可以滋润心灵、怡养人生的经典吧！慢慢读，慢慢品，一定会受益匪浅。

做事有始有终，才能把事情做好。

"方读此，勿慕彼；此未终，彼勿起"在生活中还可以继续拓展，就像上面说的做事一样，做完一件再做另一件，也就是有始有终，不可这山望着那山高。《中庸》上说："君子之道，辟如行远必自迩，辟如登高必自卑。"意思是，君子实行中庸之道，就像走远路一样，必定要从近处开始；就像登高山一样，必定要从低处起步。也就是说，做事要有耐心，按部就班，有始有终。

年龄小的学生注意力不容易集中、自控能力较差，做事往往有始无终，一件事情还没有做完，又开始做其他事情了，结果可能什么事情都做不好。所以，也可以借由《弟子规》的这句教诲培养学生做事有始有终的好习惯。

可以先让学生从小事做起，比如收拾书包、扫地、擦桌子等，因为小事做起来比较简单，他只要付出小小的努力，就能轻松而完整地做好这件事。也可以把一件事作为一项任务交给他去完成，比如让他收拾一下整个书桌甚至是家里的餐桌等，让他感受到自己也需要负起一定的责任，这样他就会努力把事做好。

如果他在做事过程中出现半途而废的情况，也不要严厉地指责、批评他，而是要及时给予鼓励和帮助，比如可以陪在他身边，一边示范，一边指导，调动起他的积极性和热情，帮他树立起自信心，下定决心，让他把一件事从头到尾做好。

宽为限，紧用功；工夫到，滞塞通

在"宽为限，紧用功；工夫到，滞塞通"中，"限"即期限，"紧"即抓紧，"滞"即不通。全句意思是，在学习的时候，要把期限安排得宽松一些，而实际执行的时候要抓紧时间，不能懈怠、偷懒；只要功夫到了，不懂的地方自然就会明白。

合理而有效的学习计划，是学生学习的好帮手。

制订学习计划对于学生来说是非常重要的，可以让他有规律地安排自己的学习，可以让他有效地利用时间，可以让他有条不紊地处理学习中的事情，从而提高学习效率。

我曾经看过有的学生制订的学习计划，制订得特别详细，从早到晚，几点几分应该做什么都安排好了，连个10分钟的休息时间都没有。但是，问题来了，学生很容易出现"三天打鱼，两天晒网"的现象，不能很好地执行自己的学习计划。因为，当计划安排得很紧而他又没有能力完成的时候，就会对自己失去信心，从而不愿意执行计划了。

事实上，制订学习计划的时候，应该安排得尽量宽松一些。当学生真正执行计划的时候，就需要抓紧时间了。这样的话，学生一般都会按时按量完成计划，甚至会超额完成计划。那么，他对自己就会非常有信心，就会愿意按照计划执行。

古人常说："读书百遍，其义自见。"

前面曾提到"读书百遍，其义自见"这句话，这是古人的金玉良言。读书百遍，不是真的要诵读一百遍，而是要熟读。当一个人熟读书中的内容时，就能真正领会书中的意思。换言之，只有学习的功夫到位了，才能弄明白之前不懂的内容。

学生在学习的过程中难免会遇到一些困难，他的第一反应可能是：我不会，我解决不了。比如，有的学生最怕做语文课外阅读题，因为总能遇到类似这样的题目：请谈一谈对这句话（这段话）的理解。每当这时，有的学生觉得自己对此没什么认识，更不会有什么理解，就会请求别人的帮助。

其实很多时候，不是学生没有能力解决，而是他没有真正下功夫去解决。就拿那道语文阅读题来说，他把短文读了一两遍之后，可能对此不会有什么认识。但是，如果他能够把短文多读几遍，真正深入短文中，那他可能就会有自己独特的见解了。

只要真下功夫，好好去思考，就可以解决学习中遇到的困难。所以，当学生在学习中遇到困难的时候，我们要以"工夫到，滞塞通"来勉励他，让他自己想办法去解决困难。哪怕他真的想不出办法解决困难，我们也不要直接告诉他答案，而是要一步步引导他去思考，直到他通过努力想出解决的办法为止。

心有疑，随札记；就人问，求确义

在"心有疑，随札记；就人问，求确义"中，"疑"即疑惑，"随"即随时，"札记"即读书时把要点、心得记录下来。全句意思是，读书的时候，如果遇到了有疑惑的地方，就要随时把疑惑记录下来，以便向他人请教，从而解除疑惑，弄明白它的真义。

学问学问，学习的时候不懂就要问。

学问，虽然是一个简单的词语，但是意义非凡。一个人要想学问精深，就要在学中问，在问中学。可以说，学和问是相辅相成的。所以，我们要告诉学生"学问"的真正意义，让他明白：学问学问，有学就有问，学习中不懂就要问。

要让学生明白，如果在学习中遇到有疑惑的地方，千万不可以轻易放过，而是要动脑筋想一想，通过查阅相关书籍或者网络搜索，自己想办法解决；如果自己真的解决不了的话，可以先把疑惑记录下来，然后找机会向老师、父母或同学请教。

可以让学生准备一个专门记录疑惑的笔记本，并告诉他，无论是在课堂上，还是在日常生活中，都可以先记录在这个本子上，等有了空余的时间，或是自己想办法解决，或是请教他人。

还要提醒学生：在课堂上，当自己有疑惑的时候，不要只顾着埋头记录，而是要以听课为主，可以在有疑惑的内容附近做一个小记号，等到下课的时候再记录在笔记本上，或是直接找老师、同学请教。

懂得请教才能求得真知，而请教他人也是一门学问。

如果学生不知道如何请教他人，他可能就不会主动请教他人；如果他不知道请教的时机，就可能给他人带来烦恼；如果他不懂得请教的态度，就可能让他人觉得自己不受尊重，进而不愿意回应请教的问题。所以，我们要教学生请教他人的一些细节。

比如，在请教他人之前，要先看看他人是否在忙，因为前面讲过"人不闲，勿事搅"。在请教他人的时候，可以上前询问："请问您现在有时间吗？我想请教您一个问题。"如果他人没有时间，就应该等一下；如果他人有时间，就应该及时把请教的问题说清楚。

在请教他人的过程中，一定要采取虚心的态度，这不只是一种礼貌，更是一种学习的态度，一种尊重他人的态度。而且，学生只有采取了虚心请教他人的态度，才能认识到自己的不足，才能学习到他人的长处，从而使自己有所收获。

请教完他人之后，要真诚地表示感谢。如果他人讲了一遍还是没有听明白，就要诚恳地说："对不起，我还是没听明白，您可以再讲一遍吗？"总之，请教他人的问题，一定要彻底解决。

在学生掌握了这些请教的细节之后，慢慢地，他就会养成善于向他人请教的好习惯。这样，他才能求得真知，才能成为学习的主人。

培养学生对房室书桌、笔墨字纸的恭敬态度

佛门大德印光大师曾说："一分诚敬得一分利益，十分诚敬得十分利益。"的确是这样。如果学生对老师有恭敬的态度，他就会按照老师说的去做，就会从中受益。同样，如果学生对笔墨纸砚、字、典籍有恭敬的态度，懂得珍惜它们，就说明他的学习态度是端正的，那么自然就能收到良好的学习效果。

房室清，墙壁净；几案洁，笔砚正

在"房室清，墙壁净；几案洁，笔砚正"中，"清"即清洁，"几案"即书桌，"笔"即毛笔，"砚"即砚台。全句意思是，房间一定要收拾整齐，墙壁要保持干净，桌子也要整齐洁净，毛笔和砚台都要摆放端正。

教学生认识一个整洁干净的生活学习环境的重要性。

当我们进入一个整洁、干净的环境中时，会有怎样的感受呢？一般来说，都会觉得非常舒服、非常畅快。但是，当我们进入一个凌乱不堪的环境中时，心里就会觉得不舒服，甚至觉得堵得慌。这说明，一个人的内心会受到外界环境的影响。

当学生在整洁、干净的环境中生活时，不仅会心情愉快，而且还有利于他养成爱整洁的生活习惯，让他随时随地保持生活环境的整洁、干净。如果他生活在一个邋邋遢遢的环境中，那么他势必会养成随手乱扔东西的坏习惯。

当学生在整洁、干净的环境中学习时，他的心更容易定下来，更容易专心致志地投入到学习中。试想一下，如果他学习的房间非常凌乱，

墙壁上贴着各种各样的图画，书桌上摆放着乱七八糟的东西，还能专心学习吗？比较难。有的学生会因为凌乱的环境而心浮气躁，有的学生会被墙壁上的图画所吸引，有的学生会因为书桌上乱七八糟的东西而分心。可以说，学习环境的整洁程度将直接影响学生的学习效率。

要让学生意识到这一点，当他认识到一个整洁干净的生活学习环境非常重要时，就会努力去为自己创造这样一个环境，无论是在家，还是在学校，他都会用心维护自己周围的生活学习环境，从而能快乐地生活，专心地学习。

一屋不扫，何以扫天下？学生要学会整理自己的房间。

我们都知道这样一个故事：

> 东汉时有一个少年叫陈蕃，独自居住在一个房间，房间非常杂乱。一次，父亲的朋友薛勤看到了陈蕃的房间，就问他："为什么不把房间打扫干净来迎接客人呢？"陈蕃却回答："大丈夫处世，当扫除天下，安事一室乎？"薛勤劝导陈蕃："一屋不扫，何以扫天下？"
>
> 这句话令陈蕃恍然大悟。从此之后，陈蕃把自己的房间打扫得干干净净，做事有条不紊，后来也颇有成就，成为一代名臣。

这句"一屋不扫，何以扫天下"非常有哲理，虽然"扫天下"的胸怀是非常重要而难得的，但是"扫天下"正是从打扫一个房间开始的。可以说，如果不能打扫一个房间，是无法实现"扫天下"的理想的。

如果学生只指望以后去"扫天下"，希望将来能够有所成就，而不从当下"扫一屋"开始做起，恐怕未来也难有什么大的担当。所以，作为学生，要从小就开始学习收拾整理自己的房间，为以后"扫天下"打下坚实的基础。教师可以把主动去整理房间当成一项家庭实践作业布置给学生，也请学生父母配合。

学生每天都会用到书桌，教他学会整理自己的书桌。

无论是在学校还是在家，学生每天都会用到书桌，学生学习是否认真、专注跟书桌是否整洁干净、井井有条有很大关系。有的学生的书桌非常凌乱，这儿一堆，那儿一堆，而且除了学习书本和用具之外，还有玩具、零食等其他物品。如果学生从小不能养成整理书桌的习惯，长大之后在处理其他事情的时候可能也会毫无章法。

所以，要教学生学会整理自己的书桌，把各种学习用品都摆放整齐。首先，要明确书桌上应该放哪些物品，如一些有用的书本、文具；其次，合理摆放物品，根据物品的类别和大小将其摆放在合适的位置上，最重要的是整齐、取用方便；最后，提醒学生在学校每节课后、放学时，在家每天写完作业后，都要把书桌收拾整齐，该放归原位的放归原位，该收走的一律及时收走。他慢慢养成整理书桌的好习惯之后，就会更妥善合理地处理其他事情了。

要特别注意"笔砚正"这一个容易被忽略的问题。

笔砚，实际上代表了文房四宝——笔墨纸砚。《童蒙须知》上讲："凡为人子弟，当洒扫居处之地，拂拭几案，常令整洁。文字笔砚，百凡器用，皆当严肃整齐，顿放有常处，取用既毕，复置原所。"说的就是书案要整洁，笔墨纸砚要摆放端正。

现在传统文化已经进入校园，越来越多的学校开设了书法课，这就会用到古代读书人每天都会用到的笔墨纸砚。摆放笔墨纸砚的桌台一定要整洁，置身于这样的环境中，心很容易沉静下来，就像平静清澈的湖水一般，能够把任何影像都照得清清楚楚。以这样的心境来写毛笔字，更容易"净心生慧"。

用完毛笔和砚台后，一定要及时清洗，要特别引导学生认真对待这件事，不能马虎，而且洗完之后要把水池擦得干干净净，这是对笔砚、水池的一种恭敬态度。一旦养成习惯，定会受益无穷。书法大家，不管是古代的还是今天的，他们每天即使写到很晚，也都是把这项工作做彻底后再去睡觉，确实有读书人的风范，值得学习。再有，写过的纸（包括写错字的、字没写好的纸）不可随意揉成团扔进纸篓，而是一张张收好、叠好，收放在该收放的地方，这也是爱惜字纸的表现。

有的学校使用的是电子触屏书法练字板或是万次水写布，虽然不涉及洗笔砚这一环节，但该收拾整齐的还是要收拾整齐，该有的恭敬心还是要有的。

墨磨偏，心不端；字不敬，心先病

"墨磨偏，心不端；字不敬，心先病"中，"偏"即倾斜，"端"即端正，"敬"即工整，引申为严肃认真、诚敬。全句意思是，在砚台里磨墨一定要用心，如果我们把墨磨偏了，就说明心不在焉；写字一定要认真，如果不严肃认真对待，把字写得不工整了，就不能表达出敬意来，就说明内心浮躁不安。

见字如见人，一个人能否写一手好字是非常重要的。

古人说："见字如见人。"古人写字用毛笔，从下笔的力度和走笔的规范性，都可以体现出这个人的性格特点。试想一下，一个胸怀大度的人会把字写得"小家碧玉"吗？

而且，一个人写的字可以反映出这个人写字时的状态。如果字写得很工整，说明他是真的用心在写字；如果字写得歪七扭八，说明他心不在焉。

要告诉学生，写字要先敬字，敬字就不敢轻易潦草，也不敢胡乱写画，更不敢去亵渎。因为一旦自己写字而不敬字，就说明心性已经先生病了。所以，无论是谁，对写字都应该怀有敬意。这样的道理要让学生尽早明白，从而勉励自己用心、认真写字，写一手的好字，给别人留下恭敬不苟的好印象。

字不一定要写得多么漂亮，但是一定要工工整整。

古人的书房都会有文房四宝，用毛笔蘸墨汁写字，但墨汁需要自己用墨锭研磨，研磨非常有讲究，一定要端正，不能偏着磨。如果因为不用心，磨偏了，往往会导致磨墨的人心不正。而且，也不要让墨汁把手弄脏。正如《童蒙须知》上讲的："凡写文字，须高执墨锭，端正研磨，勿使墨汁污手。"

今天也可以这样做，在书法课上或自己在家练习书法，最好都要自己磨墨，而不要直接用墨汁，但如果学校只有墨汁则另当别论。

除了毛笔字之外，今天更多的是写硬笔字，学生一样可以通过写硬笔字来训练耐心。其实，字并不一定要写得多么漂亮、多么有个性，但是一定要写得工工整整。有的学生为了赶作业，就潦潦草草地乱写。

这样做，不仅不能从写作业中有所收获，而且还不利于他养成良好的写字习惯，另外还乱了他的心性，让他变得浮躁。正如《童蒙须知》所言："凡写字，未问写得工拙如何，且要一笔一画，严正分明，不可潦草。"所以，要提醒学生，在写字的时候，一定要一笔一画、工工整整地写，虽然一开始会写得慢一些，但是一定不要着急，要让心平静下来。当学生这样去做时，他的耐心就会被慢慢培养出来。

另外，还要注意学生写字的姿势，因为写字姿势是否正确，不仅会影响他的字是否工整美观，而且还会影响他的身体发育。对于刚开始学习写字的学生，要引导他做到"三个一"，即"一拳、一尺、一寸"，也就是说，胸要离书桌一拳远，眼睛要离书本一尺远，手要离笔尖一寸远。还有一些关于写字姿势的要领和口诀，我们可以通过查阅相关的资料来了解，进而帮助并督促学生保持良好的写字姿势。他在掌握正确的写字姿势之后，不仅能够书写自如，提高书写水平和速度，而且还能促进身体的正常发育。

教学生对图书典籍做到"定位"，爱惜保护好书籍

很多学生在想读书时经常找不到书，为什么？因为没有把书籍摆放好，要么书没有固定的摆放位置，要么一堆书胡乱摆放在一起，杂乱无章，而且读完之后也不知道收拾好，更不用说放回原处了。结果，书到用时找不到，还很容易让书破损，如果再不及时修补，那书的寿命就很有限了。所以，教学生对图书典籍做到"定位"，爱惜书籍，还是非常有必要的。

列典籍，有定处；读看毕，还原处
虽有急，卷束齐；有缺坏，就补之

"列"即放置，"定"即固定，"还"即放回，"卷束"在古代即把书（帛或竹简）卷成圆筒形捆起来，引申为整理、收拾，"缺坏"指书籍损坏，"补"即修补。全句意思是，书籍应该分类摆放整齐，放在固定的位置上；每次读完之后，都要放回原位。即使有急事要处理，也要先把书收好再离开；遇到书籍有损坏、残缺时，应该及时修补好，保持完整。

提醒学生把书本典籍分类摆放在固定的地方。

从学习力行《弟子规》的当下开始，就要提醒学生把书本典籍放在固定的地方，以便于下次阅读。随着学生年龄的增长、知识面的扩大，他所阅读的书籍也越来越多、越来越广泛。这时候，他就应该把图书分类，按照不同的分类标准来摆放，比如，可以按照图书的大小分别摆放，也可以按照图书的类别分别摆放，等等。

正如《童蒙须知》里讲的："凡读书，须整顿几案，令洁净端正，将书册整齐顿放。"可见，读书是要拿出一番恭敬心出来的。而分门别类地摆放书籍就是对书的恭敬，也是对自己这个读书人的尊重。

当学生自己尝试着把图书分类摆放时，在这个过程中，他会不断思考，这些图书怎样摆放比较整齐，怎样摆放比较美观，怎样摆放最方便取用。这样一来，他不仅养成了分类摆放图书的习惯，而且还锻炼了动手能力和思维能力。

培养学生养成物归原处的好习惯。

物归原处，即动物归原，也就是物品用过之后要放归原处。读书完毕，自然也要放回原来的地方，这样下次再取用的时候，就会很容易找到。这一点，在明朝学者屠羲时编撰的《童子礼》中也有讲述："书籍笔砚等物，皆令顿放有常。其当读之书、当用之物，随时从容取出，不得信手翻乱。读用已毕，复置原所，毋使参错。"

在家或学校，学生可能经常说："爸爸，您有没有看到我昨天看的那本书？""妈妈，我昨天看的那本书不见了，您可不可以帮我找一下？""××同学，请问你看到我的××书了吗？"为什么会这样呢？因为他在看完一本书之后就随便乱放，没有及时放回到原来的位置。

面对学生这样的毛病，要让他意识到物归原处的重要性，并逐渐培养他养成物归原处的好习惯。提醒他，从书架上取书的时候，要记住书的位置，看完一本书后，就要将其及时放回到原来的地方，逐渐养成好习惯。当然，我们自己也应该做到物归原处。

物归原处看似是生活中的小事情，却反映了一个人做事的态度。一旦学生养成了物归原处的好习惯，他将受益很大，既能规范和约束自己的行为习惯，又能处处为他人提供方便。

即使有急事暂时不看书了，也要把书本整理好。

当学生正在看书的时候，如果遇到父母、老师或同学召唤自己，应该如何去做呢？一方面，他应该及时回应他人的召唤；另一方面，要把书本合上，然后才可以离开。这一点，《童蒙须知》也讲道："读书未竟，虽有急速，必待卷束整齐，然后起，此最为可法。"

也许，有的学生会觉得这样做很麻烦，因为一会儿就会回来继续看书。对此，我们要给予正确的引导，要让他明白，随时把书本整理好的习惯是一种对书本的恭敬态度，即使时间再赶，也不差这一秒钟合书的时间。如果暂时不回来看书，就应该及时把书放回到书架上。学生养成这样的读书习惯，未来想不成就一番事业都难。

另外，有的学生在看书的时候，如果遇到急事，就会在看到的那一页上折角做记号。这也是一种对书不恭敬的做法。对此，可以告诉学生多准备几个书签，让他把书签夹在看到的那一页。

引导学生懂得珍惜、保护书，及时修补破损书。

在看书的时候，有的学生翻书的动作非常粗鲁，声音很大；有的学生喜欢在书上乱写乱画，把图书弄得面目全非；有的学生一边吃东西，一边看书，把书弄得脏兮兮的……当学生不懂得爱惜书的时候，书就很容易出现破损。

所以，要及时引导学生，让他懂得珍惜、保护书。对于图书，可以包上书皮。如果发现书有破损，则要赶快修补，比如，用胶水、透明胶带粘好，用订书机装订好，等等。

关于珍惜书、保护书、修补书这件事，《颜氏家训·治家》里讲道："借人典籍，皆须爱护，先有缺坏，就为补治，此亦士大夫百行之也。"意思是，借了别人的书，就应该爱护，如果借来的书原来就有损坏，则要赶快修补，这也是君子的百种美德之一。而《童蒙须知》中"凡书册，须要爱护，不可损污皱摺"，说的也是爱惜书，不要把书弄缺损。

还要告诉学生一些珍惜、保护图书的细节，比如，把放书的地方擦干净；翻书的时候，一定要轻轻的；不可以用湿手去触摸书；不可以在书上乱写乱画；不可以一边吃东西，一边看书；等等。当学生这样去做的时候，珍惜、保护书的意识就会在无形中深入他的内心，书也就不会那么容易损坏了。更关键的是，要养成"小损即补"的好习惯，这样在未来的工作和学习中，如果遇到麻烦和缺漏就会立即修补，防微杜渐，就会更容易取得大的成就。

鼓励学生多读养心志的圣贤书，让心灵纯净纯善

　　学生就像海绵体一样，给他浇灌什么，他就会吸收什么。一个人从小到大都离不开书的陪伴，对于正在成长中的学生而言更是如此，如果让他接触有利于身心健康的书，他就会吸收好的营养；如果让他接触一些乌七八糟的书，他就会吸收不好的一面。所以，一定要让学生读一些对他自身真正有益的书，正所谓"非圣书，屏勿视"。

非圣书，屏勿视；蔽聪明，坏心志

　　"非圣书，屏勿视；蔽聪明，坏心志"中，"圣书"即圣贤的著作或传述圣贤学问的著作，"屏"即摒弃、除去，"蔽"即蒙蔽、迷惑，"心志"即思想、心性。全句意思是，不是圣贤人的著作，就要摒弃不看，以免蒙蔽自己的聪明智慧，污染自己的纯净心灵。

　　多读书是好事，但是一定要读圣贤书，读有益的书。

　　前面提到古人告诫人们的一句话："案上不可多书，心中不可少书。"此外，读书有一个非常重要的原则：一定要读圣贤书或传述圣贤学问的书，读对自己真正有益的书。

　　对学生来说，他的心智还没有完全成熟，还没有完全具备是非善恶的判断能力，这时候，就要帮助他选择一些对他有益的书籍。何谓有益的书籍呢？就是真正利于学生快乐、健康成长的书籍。比如，一些圣贤留下的经典，像前面提到过的"四书五经"、《道德经》、《庄子》、《朱子治家格言》、《了凡四训》等，这些书讲的都是正己、修身、

齐家、治国、平天下的智慧，教导人们懂得孝悌忠信、礼义廉耻、仁爱和平、温良恭俭、诚敬谦让等，而那些无益于世道人心、伦理道德的书，甚至是诲淫诲盗、坏人心志的书，一定要坚决摒弃，不可读。

在今天，一些传述圣贤学问的书，正确阐述5000年中华文明精神的书，以及当代自然科学方面的书籍等，都可以让学生去读。

对于漫画书和童话书，有的父母也不加选择地买给学生看。但是，其中可能会有涉及暴力、色情等的文字或图片，也可能会流露出一些消极的思想情感，这些都不利于学生的健康成长。所以，要为学生选择内容健康的、积极的、阳光的书。

也要告诫学生，应该到正规书店如新华书店和大型书城买书，或者在大型网络书店买，最好不要在路边摊买。因为路边摊上的书大多数都是盗版书，还有乱拼乱凑的假书，不仅随处可见错别字，还经常会有暴力、色情等内容。总之，对于学生读书这件事，我们和学生及他们的父母都应谨慎对待。

为什么告诫人们"非圣书，屏勿视"呢？

《弟子规》告诫人们，对于不是讲述圣贤学问、中华文明精神及现代科学的著作，最好不要去看。为什么呢？因为这些书会"蔽聪明，坏心志"，不良书籍的内容会蒙蔽我们的智慧，污染我们的心灵，损坏我们的心志。总之，有害于身心健康。

学生的心灵是纯净纯善的，如果他从小时候开始所接触的书籍就有暴力、色情等内容，那他的心里就可能被这些乱七八糟的内容占据，试想一下，他还有心思去学习吗？他还会身心都健康吗？这样下去，他长大之后会有作为吗？而且这些乌七八糟的书会让学生原本纯净纯善的心灵变质，即使花费再长的时间、付出再多的努力，也很难让他的心灵恢复到纯净纯善。就如同在一碗水里滴上一滴墨，染黑很容易，而让水恢复清澈难上加难。

通过一些新闻报道就可以得知，有些少年犯是因为从小看了一些不健康的书而堕落的。比如，一些书中讲到的"哥们儿义气"，只是吃喝玩乐、打架斗殴，如果学生没有是非判断能力，他就会为了"哥们儿义气"而走上歧途。另外，还有一些成人罪犯也是因为看了一些暴力、色情等书刊而走上犯罪道路的。

我们经常听到一句话："两耳不闻窗外事，一心只读圣贤书。"这是古人给我们留下的多好的一句话！但很多人却读不懂它，所以经常批判它，真是令人非常遗憾。读书，就应该有个读书的样子。专注一些，读点好书，哪里有错呢？

读圣贤书的目的就是要学习智慧。所以，我们一定要防患于未然，不让学生读那些乱七八糟的书，而是让他读一些有利于身心健康的书（浏览网页、看视频节目、听广播也是一样的道理），要让学生的心灵一直保持纯净纯善。

告诉学生，别自暴自弃，学贵立志，读书志在圣贤

如果问学生："你为什么读书？"可能很多学生会回答："考大学啊！"再问："为什么考大学？"可能回答："找工作赚钱啊！"很多学生可能错误地把找工作赚钱当成读书目标甚至是唯一目标，他长大走上社会后，可能就会为钱奔波一生。其实，学生读书贵在立志，而且最好是"志在圣贤"，向着智慧与光明迈进。即使人生遇到困难，他也不会自暴自弃，而是无怨无悔、身心俱美地为家国天下敬献绵薄之力。

勿自暴，勿自弃；圣与贤，可驯致

"勿自暴，勿自弃；圣与贤，可驯致"中，"自暴"即言语不合礼义，"自弃"即不行仁义之道，"驯致"即逐渐达到。全句意思是，不要自以为是而狂妄自大，也不要自甘堕落而放弃自己，圣贤的境界虽高，但只要通过努力按部就班、循序渐进，就可以逐渐达到。

学生应该有一种不自暴自弃的决心和毅力。

在遇到一些困难和挫折时，有的学生会表现出一种自暴自弃的状态，总会说一些诸如"我不行""我什么也做不到""我就这样了"之类的话，往往把一些失败归结于自身"不行""笨"等因素。一旦这些观念在学生心灵深处生根，又谈何立定志向？谈何追求理想？谈何实现抱负？

孟子曾说："自暴者，不可与有言也；自弃者，不可与有为也。言非礼义，谓之自暴也；吾身不能居仁由义，谓之自弃也。"意思是说，

一个自己糟蹋自己的人，没必要和他谈论什么；一个自己放弃自己的人，他不可能有什么作为。一个人言行不遵守礼义，这就叫自暴；一个人虽然知道仁义内涵很好，但却不能行仁义之道，这就叫自弃。

学生当以此来勉励自己，让自己有一种不自暴自弃的决心和毅力，无论遇到怎样的困难和挫折，都不轻易放弃自己，而是勇敢地面对，想尽一切办法去解决。事实上，当一个人言行遵循仁德礼义时，他就不会自暴自弃，即使遇到困难也是暂时的，周围也会有很多贵人来帮助他。

要告诉学生，读书志在圣贤，而非仅在赚钱。

古人非常重视立志，因为"学贵立志"。一个人只有在一开始就立定志向，有一个明确的奋斗目标，才不会走弯路，才会有无穷的动力，不断地前进。那么，一个人要立定怎样的志向呢？这是一个非常重要而急迫的问题。

如果我们问现在的学生："你想要立定什么志向呢？"回答可能五花八门：考名牌大学、找一份好工作、做大官、当董事长、赚很多很多钱等。但读书是为了赚钱，是为了享受优越的物质生活，这一点却是很多学生都赞同的。如果学生读书仅志在赚钱，他一开始的目标就错了。特别注意，不是说赚钱不重要，赚钱当然很重要，但赚钱不应该是唯一的志向与目标，不然，他可能会为了获取更多的金钱而不择手段，甚至会铤而走险，那么他的一生还会幸福、快乐吗？他还会有所作为吗？恐怕很难。

因此，我们一定要给予学生正确的引导。要让他明白，一个人只有立定正确的志向，将来才能真正有所成就。古人常说，"读书志在圣贤"，我们也应该引导学生立志做一个圣贤君子，做一个对社会有用的人。做对社会有用的人，不是不食烟火，而是在做事上有所选择，在为社会、国家作贡献的同时，依旧可以赚到生活所必需的金钱。

《朱子治家格言》就这样写道："读书志在圣贤，非徒科第；为官心存君国，岂计身家？守分安命，顺时听天。为人若此，庶乎近焉。"意思是，读书的目的是学习圣贤的道德学问，而不仅仅是为了科举及第；做官要心存忠君爱民的思想，造福一方，怎么可以只考虑自己和家人的享受？守住本分，努力工作，把握时机，依循天理，这就是顺势而为，就会有好的结果。如果大家都能够这样做人，那就差不多接近圣贤人的境界了。

只要有信心，依道而行，每个人都可以成为圣贤君子。

最后一句"圣与贤，可驯致"，的确给了我们很大的信心。虽然圣贤的境界很高，但是只要我们立定志向，经过自己循序渐进的努力，一步一步提升自己的德行、学问，最终每个人都可以成为圣贤，正如颜回所说的："舜，何人也？予，何人也？有为者亦若是。"舜是什么人呢？我是什么人呢？有所作为的人都可以像舜一样伟大。孟子也说，"人皆可以为尧舜"。所以，要敢于有这样的志向。

要告诉学生：如今我们的道德学问处于什么水平并不重要，重要的是我们是否有一颗希圣希贤的心，是否相信自己，是否能坚持不懈地努力。只要按照圣贤的标准去做，相信自己，坚持不懈地努力，就能够成为一个品德高尚、学识渊博的人，就能够达到圣贤的人生境界。

圣贤的标准离学生并不遥远。这个标准是什么呢？我们正在学习的《弟子规》中的教诲就是圣贤的标准之一。只要学生能够时刻落实《弟子规》中的教诲，勉励自己有一颗希圣希贤的心，那么他离圣贤的标准就会越来越近，坚持做下去，就一定可以成为圣贤君子。

还是那句话，这本书中的一切，不仅是说给学生听的，更是说给我们教师自己听的。我们自己努力学好《弟子规》，才能教出好学生；学好《弟子规》，才能做最好的自己，做最好的教师！

学生力行《弟子规》细节指导（八）

> 不力行 但学文 长浮华 成何人
> 但力行 不学文 任己见 昧理真

　　我们是否把之前学到的孝、悌、谨、信、爱众、亲仁等教诲，一句一句地落实在生活、学习、为人处世中了？如果我们还没有做到，就对他人说"我学会《弟子规》了"，那这个学习的过程只是增长了浮华，而不是德行。

　　可以问问自己，学习的过程快乐吗？学习《弟子规》的过程，内心充满了喜悦吗？孔子云："学而时习之，不亦说乎？"只有一边学习，一边实践，才能体会到学习的快乐。如果我们学得一点儿都不快乐，只能说明我们没有用行动去落实。

　　对于《弟子规》，我们不要想着一下子全部学会或全部做到，而是学一句，做一句，只要做到一句，我们就会在学习中有所感悟。

　　在学校学到的语文、数学、英语、人文自然科学、安全常识等知识，是否能够应用在生活中？

　　在语文课堂上，老师给我们讲了一则寓言故事，告诉我们做人不可以骄傲自满。那么，当我们考了满分的时候，是不是觉得自己很了不起，而且还看不起其他同学呢？

　　在数学课堂上，我们学到了简单的加减法。之后，我们在购买文具的时候，是否能把学过的计算方法应用在付钱、找钱上？如果能做到，那就是学以致用了。

　　如果我们的英语成绩不错，那碰到外国人问路的时候，我们是否能够流利应答？如果还不能，就应该多和同学用英文交流，增强实践能力。

当我们了解了一些安全防护知识后，是否在家人的陪伴下，做过一些演习？如果还没有，请找机会赶快演练吧！

父母给我们购买了一件电子产品后，我们是仅凭自己玩过电子游戏机的经验去研究它的功能和使用方法，还是先认真仔细地看一遍《使用说明书》？我们的做法，能直接决定电子产品的使用寿命。

我们可能喜欢拆卸手表、小闹钟、自行车等，拆卸的过程固然能锻炼我们的动手能力和思考能力，但同时，这些物品是否也遭到了破坏？只有搞清楚这些物品的原理，才不会使它们葬送在我们无知的实践中。

如果家中有关于水、电、燃气的设备发生了故障，我们万万不可用试一试的心态去修理。因为，如果没有通过学习真正了解其中的原理，盲目的实践只会对我们的人身安全造成威胁。

在《弟子规》中学到了"怡吾色，柔吾声"，那我们还会用大吼大叫的方式对父母、兄弟、同学说话吗？我们学到了"勿乱顿，致污秽"后，还会把衣服、鞋子、书包到处乱扔吗？如果还是如此，那就赶快把学到的教诲落实到生活中吧！

读书法 有三到 心眼口 信皆要
方读此 勿慕彼 此未终 彼勿起
宽为限 紧用功 工夫到 滞塞通
心有疑 随札记 就人问 求确义

读书、学习的时候要专心致志，心里不要想着与学习无关的事情，用眼睛看着书本，把心放在书本上，才能在有效的时间内，学到知识。

上课的时候，我们要认真听老师讲课，不可以和其他同学说闲话，或者打瞌睡，或者用手玩小东西，只有专心听讲，才是对自己负责。

朗读课文的时候，要双手拿书，眼睛看着文字，并字正腔圆地出声朗读。而且，我们要用耳朵仔细听自己读出的声音，这样才不容易走神。

上课的时候，心里不要想其他课程的内容，比如，在语文课上，不要想着某道数学题怎么解，更不要拿出数学作业写。否则，语文课没听好，数学作业也没写好，最后两耽误。

写作业时，不要写一会儿这个科目的作业，再写一会儿那个科目的作业，要有计划按顺序写。

每天放学之后，我们要把完成家庭作业的时间安排得宽裕一些，不要玩够了，电视也看得差不多了，时间也到了晚上八九点钟了，才开始准备写作业。那时，我们已经累了，不想写作业了。

放学回家，如果晚饭还没好，我们就应该写作业。吃过晚饭后，休息半小时，然后继续完成作业。写作业的时候，不要东看看、西瞧瞧，一会儿喝水，一会儿上厕所，而是坐定在书桌前，一心一意地写。这样，作业才能很快写完，剩余的时间可以做自己喜欢的事情，同时也能保证早睡早起。

如果考试临近，我们要制订好复习计划，尽量把复习时间安排得宽松一些，不要等到临近考试才开始复习。

在寒暑假期间，针对暑期作业，我们也要有所规划。每天完成多少，多少天之内完成都要心中有数并努力实施，不要等到快开学了才开始赶作业。

如果老师给我们布置了背课文的作业，但因课文难度较大，安排一周后检查，那么，我们每天都要熟读几遍课文并分段落开始背诵，这样才能轻松完成背诵任务。千万不要等到检查的前一天才开始准备。

在选购课外书籍的时候，不要一次性选购太多，两三本足矣。阅读完一本，再阅读另一本，等手头的几本书籍都阅读完，才可以重新选购其他的书籍。

要为学习准备一个课堂笔记本和个人笔记本，课堂笔记本用来记录上课时老师所讲的重点、难点内容，个人笔记本用来记录自己在学习中的任何疑问。

做课堂笔记也要讲究方法，要以听课为主，记笔记为辅，不要只顾着埋头记笔记，却跟不上老师的讲课思路，否则真是"丢了西瓜，捡了芝麻"。

在课堂上没有听懂的内容，我们应及时做好标记，可以在内容附近做个小记号，课后及时向老师或同学请教，尽快解除疑惑。

向老师、父母、同学请教问题的时候，要注意时机和态度。比如，我们尽量不要在课堂上举手请教老师，一方面我们的疑问不一定是其他同学的疑问，另一方面每个同学都举手提问的话，老师的课就很难上下去。

如果我们的问题比较多或复杂，就不要利用课间向老师请教。老师上完一堂课已经很累了，要趁课间10分钟的时间稍微休息一下并准备下堂课的资料，我们的请教往往会给老师带来不便。所以，我们要尽量找老师有空的时候再讨教。

要学会利用学习工具来解决学习中的问题，比如查字典、查阅书籍，或通过网络搜索答案。但是，我们要注意有选择地浏览网站中的内容，不要让污秽的图片和文字污染了我们纯洁的心灵。

虽然向他人请教和查阅资料是一个求得真知的途径，但是，我们不要依赖这个途径，应该养成善于思考的习惯。如果自己实在思考不出来，或者对思考结果不确定，那再去请教也不迟。

> 房室清　墙壁净　几案洁　笔砚正
> 墨磨偏　心不端　字不敬　心先病
> 列典籍　有定处　读看毕　还原处
> 虽有急　卷束齐　有缺坏　就补之
> 非圣书　屏勿视　蔽聪明　坏心志
> 勿自暴　勿自弃　圣与贤　可驯致

自己的房间和书桌要保持干净整齐，要经常擦桌子、扫地、拖地，不要在房间的墙壁上乱写乱画，乱贴海报。

家里如果有条件的话，一定要有自己独立的学习环境，如果条件不允许，也应该有一个可供学习的书桌或替代品。书桌上只摆放一些学习用具和工具书，如果学习用具过于零碎，可以使用收纳盒。

在学校，每天放学前，我们都要认真仔细地整理自己的课桌和桌洞，确保课桌的干净整洁。

还要养成整理铅笔盒和书包的好习惯，不要把铅笔屑、橡皮屑等碎屑存在铅笔盒里，更不要把果皮、食品袋等垃圾塞进书包的某个角落，以防污染书本。

　　坐在书桌前学习的时候，要把课本、铅笔盒、字典等物品摆放端正，不能东放一本书，西扔一支笔，书桌的整洁程度会直接影响我们学习的效率。

　　学习时，保持正确的姿势是很重要的。我们要端坐在椅子上，两肩保持平行，背部挺直，眼睛离书本大约一尺的距离，胸部离桌子约一拳。写字时，要一手执笔，一手按纸，纸要放正，手离笔尖一寸。

　　写字的时候，要一笔一画、工工整整地写。如果写错了，要用橡皮把错误的地方擦干净。千万不能心不在焉地潦草乱写，与其这样，还不如不写。

　　可以在自己的课本、作业本、工具书上做必要的、少量的笔记，但不能随便乱涂乱画。如果是公共图书，我们就不能在书中做任何学习记号。试想，如果人人都在公共图书上做记号，图书早就面目全非了。

　　我们要把经常使用的书籍都包上书皮，以防破损。

　　我们的课本、课外读物、工具书等书籍都应该有固定地方，可以放入书架、书柜里，而且要分类存放。

　　分类存放书本时，可以按书本的大小、科目、类别分别摆放，如自然科普读物一类，生活常识书籍一类，美术音乐图书一类，等等。

　　从书柜里取书的时候，要记住图书的位置，便于看完后放回原处。如果图书太多，就可以在取出图书的位置放上一个自制书签，并在书签上写上该图书的名字，这样，凭书签就能找到图书原来所在的位置。

　　书包虽然小，但也是存放书籍的地方。我们可以把书籍从小到大、从薄到厚、从课本到作业本的顺序放在书包内，如此一来，书本不容易损坏，也便于我们查找。

　　在学校，上课之前，我们要把本堂课的书本都从书包里拿出来，整齐地摆放在桌面上；下课后，我们要把书本合起来，放回书包里。

　　在图书馆或书店阅览书籍时，一定要爱护图书，不能一边吃东西一边看书。看完书之后，要放回原来的位置，便于其他人查阅。

　　我们正在看书或写作业时，如果父母、老师或同学召唤我们，应该立刻起身回应，但是别忘了把书本合上，把笔放好再离开。

平时，如果书看到一半没看完，我们就要用书签夹好，而不是随便折叠书页。

　　如果发现书本有任何破损，无论是自己的书，还是从图书馆借阅的书，或是借同学朋友的书，都要赶快修补，或包书皮，或用透明胶粘好，或用订书机装订好……我们的修补会延长书籍的使用寿命。

　　父母和老师不允许我们看的书，我们一定不要看。如果在不知情的情况下，发现书中有暴力、色情等文字和图片，就要立刻停止阅读，并在父母、老师的帮助下销毁。

　　由于我们年龄小，我们所看的书籍最好是老师、父母推荐的，或者是父母已经阅览过的，以防不好的书籍污染我们的心灵。

　　不要在路边摊购买或阅读那些很便宜的处理书籍。那些书大都是盗版书、垃圾出版物，错字、别字、暴力、色情随处可见，我们要坚决抵制。

　　通过网络阅览电子书也是学习的途径，但要注意选择有益于我们身心健康的电子书，最好是在父母的陪伴下阅读。

　　目前，我们在道德、学识、能力上处于什么水平不重要，最重要的是要相信自己能够通过努力成为一个品德高尚、学识渊博、能力卓越的人。只要我们能够对照《弟子规》发现自己的错误并改正错误，总有一天，我们也会成圣成贤成君子。

《弟子规》全文

总叙

弟子规	圣人训	首孝弟	次谨信
泛爱众	而亲仁	有余力	则学文

入则孝

父母呼	应勿缓	父母命	行勿懒
父母教	须敬听	父母责	须顺承
冬则温	夏则清	晨则省	昏则定
出必告	反必面	居有常	业无变
事虽小	勿擅为	苟擅为	子道亏
物虽小	勿私藏	苟私藏	亲心伤
亲所好	力为具	亲所恶	谨为去
身有伤	贻亲忧	德有伤	贻亲羞
亲爱我	孝何难	亲憎我	孝方贤
亲有过	谏使更	怡吾色	柔吾声
谏不入	悦复谏	号泣随	挞无怨
亲有疾	药先尝	昼夜侍	不离床
丧三年	常悲咽	居处变	酒肉绝
丧尽礼	祭尽诚	事死者	如事生

出则弟

兄道友	弟道恭	兄弟睦	孝在中
财物轻	怨何生	言语忍	忿自泯

或饮食　或坐走　长者先　幼者后
长呼人　即代叫　人不在　己即到
称尊长　勿呼名　对尊长　勿见能
路遇长　疾趋揖　长无言　退恭立
骑下马　乘下车　过犹待　百步余
长者立　幼勿坐　长者坐　命乃坐
尊长前　声要低　低不闻　却非宜
进必趋　退必迟　问起对　视勿移
事诸父　如事父　事诸兄　如事兄

谨

朝起早　夜眠迟　老易至　惜此时
晨必盥　兼漱口　便溺回　辄净手
冠必正　纽必结　袜与履　俱紧切
置冠服　有定位　勿乱顿　致污秽
衣贵洁　不贵华　上循分　下称家
对饮食　勿拣择　食适可　勿过则
年方少　勿饮酒　饮酒醉　最为丑
步从容　立端正　揖深圆　拜恭敬
勿践阈　勿跛倚　勿箕踞　勿摇髀
缓揭帘　勿有声　宽转弯　勿触棱
执虚器　如执盈　入虚室　如有人
事勿忙　忙多错　勿畏难　勿轻略
斗闹场　绝勿近　邪僻事　绝勿问
将入门　问孰存　将上堂　声必扬
人问谁　对以名　吾与我　不分明
用人物　须明求　倘不问　即为偷
借人物　及时还　后有急　借不难

信

凡出言　信为先　诈与妄　奚可焉
话说多　不如少　惟其是　勿佞巧

奸巧语	秽污词	市井气	切戒之
见未真	勿轻言	知未的	勿轻传
事非宜	勿轻诺	苟轻诺	进退错
凡道字	重且舒	勿急疾	勿模糊
彼说长	此说短	不关己	莫闲管
见人善	即思齐	纵去远	以渐跻
见人恶	即内省	有则改	无加警
惟德学	惟才艺	不如人	当自砺
若衣服	若饮食	不如人	勿生戚
闻过怒	闻誉乐	损友来	益友却
闻誉恐	闻过欣	直谅士	渐相亲
无心非	名为错	有心非	名为恶
过能改	归于无	倘掩饰	增一辜

泛爱众

凡是人	皆须爱	天同覆	地同载
行高者	名自高	人所重	非貌高
才大者	望自大	人所服	非言大
己有能	勿自私	人所能	勿轻訾
勿谄富	勿骄贫	勿厌故	勿喜新
人不闲	勿事搅	人不安	勿话扰
人有短	切莫揭	人有私	切莫说
道人善	即是善	人知之	愈思勉
扬人恶	即是恶	疾之甚	祸且作
善相劝	德皆建	过不规	道两亏
凡取与	贵分晓	与宜多	取宜少
将加人	先问己	己不欲	即速已
恩欲报	怨欲忘	报怨短	报恩长
待婢仆	身贵端	虽贵端	慈而宽
势服人	心不然	理服人	方无言

亲仁

同是人　类不齐　流俗众　仁者希
果仁者　人多畏　言不讳　色不媚
能亲仁　无限好　德日进　过日少
不亲仁　无限害　小人进　百事坏

余力学文

不力行　但学文　长浮华　成何人
但力行　不学文　任己见　昧理真
读书法　有三到　心眼口　信皆要
方读此　勿慕彼　此未终　彼勿起
宽为限　紧用功　工夫到　滞塞通
心有疑　随札记　就人问　求确义
房室清　墙壁净　几案洁　笔砚正
墨磨偏　心不端　字不敬　心先病
列典籍　有定处　读看毕　还原处
虽有急　卷束齐　有缺坏　就补之
非圣书　屏勿视　蔽聪明　坏心志
勿自暴　勿自弃　圣与贤　可驯致

附录 2

《弟子规》学生每日生活力行表

班级：_____ 姓名：_____

_____ 年 __ 月 __ 日至 __ 月 __ 日（一星期）

学了《弟子规》，你感受到学习的乐趣了吗？先做一个自我检查就知道了。

注：在下面小方格中标记，好（√），一般（△），差（○）

一周七日	对应力行细则
□□□□□□□	1. 闹钟一响，立即起床，不拖延时间。（朝起早 父母呼 应勿缓）
□□□□□□□	2. 把衣服穿好，把被子叠好，把换下的睡衣叠整齐，放在固定的位置。（置冠服 有定位 勿乱顿 致污秽）
□□□□□□□	3. 向长辈问好，说："爷爷奶奶、爸爸妈妈，早上好！"（晨则省 昏则定）
□□□□□□□	4. 上厕所、洗手、刷牙、洗脸。（晨必盥 兼漱口 便溺回 辄净手）
□□□□□□□	5. 出门前，检查衣服、鞋帽是否穿戴整齐。（冠必正 纽必结 袜与履 俱紧切）
□□□□□□□	6. 向家中的长辈告别，说："爸爸妈妈、爷爷奶奶，我去上学了，再见！"（出必告 反必面）
□□□□□□□	7. 路上见到长辈主动问好。（路遇长 疾趋揖 长无言 退恭立）
□□□□□□□	8. 在校与同学友好相处，不吵架，有矛盾心平气和地解决。（兄道友 弟道恭 事诸兄 如事兄）
□□□□□□□	9. 上课认真听讲，不做小动作，不和同学讲闲话。（读书法 有三到 心眼口 信皆要）

班级：_____　姓名：_____

_____ 年 __ 月 __ 日至 __ 月 __ 日（一星期）

学了《弟子规》，你感受到学习的乐趣了吗？先做一个自我检查就知道了。

注：在下面小方格中标记，好（√），一般（△），差（〇）

一周七日	对应力行细则
□□□□□□□	10. 上课回答问题时，要立正站直，不忸怩作态，发言要字正腔圆，不吞吞吐吐。（步从容 立端正 凡道字 重且舒 勿急疾 勿模糊）
□□□□□□□	11. 在学习中遇到不懂的问题时，要标注出来，并及时向老师、同学请教。（心有疑 随札记 就人问 求确义）
□□□□□□□	12. 当有问题请教老师、同学时，看看对方是否有空。（人不闲 勿事搅 人不安 勿话扰）
□□□□□□□	13. 当同学向我们请教时，我们要耐心为同学讲解。（己有能 勿自私）
□□□□□□□	14. 不嫉妒学习比我好的同学，遇到困难，多向人家虚心学习。（人所能 勿轻訾）
□□□□□□□	15. 说话要诚实谨慎，守信用。（凡出言 信为先 惟其是 勿佞巧）
□□□□□□□	16. 不给同学起外号，不说脏话。（奸巧语 秽污词 市井气 切戒之）
□□□□□□□	17. 赞扬同学的优点，不评论宣扬同学的过错和缺点。（道人善 即是善 扬人恶 即是恶）
□□□□□□□	18. 不揭露同学曾经做过的丑事。（人有短 切莫揭）
□□□□□□□	19. 为同学和朋友保守秘密和隐私。（人有私 切莫说）
□□□□□□□	20. 看到同学的优点，想想自己具不具备；看到同学的过失，想想自己是否也犯过。（见人善 即思齐 见人恶 即内省）
□□□□□□□	21. 与同学互相勉励进步，同学、朋友有过错，找时机悄悄地提醒。（善相劝 德皆建 过不规 道两亏）
□□□□□□□	22. 不与同学比吃穿，比谁家更有钱。（若衣服 若饮食 不如人 勿生戚）

续表

学了《弟子规》，你感受到学习的乐趣了吗？先做一个自我检查就知道了。

注：在下面小方格中标记，好（√），一般（△），差（○）

一周七日	对应力行细则
□□□□□□□	23. 听到同学讲是非，不随便参与。（彼说长 此说短 不关己 莫闲管）
□□□□□□□	24. 借用同学的东西之前，先征得对方同意。（用人物 须明求 倘不问 即为偷）
□□□□□□□	25. 用完同学的东西，尽快归还。（借人物 及时还 后有急 借不难）
□□□□□□□	26. 保护好自己的人身安全，不与同学打闹，不到危险的地方玩耍。（斗闹场 绝勿近 邪僻事 绝勿问）
□□□□□□□	27. 放学赶快回家，不去网吧、酒吧、歌舞厅等娱乐场所。（斗闹场 绝勿近 邪僻事 绝勿问）
□□□□□□□	28. 放学一回家，就向家人问好，说："爸爸妈妈，我回来了。"（出必告 反必面）
□□□□□□□	29. 将脱下的鞋子摆好，不乱丢。（置冠服 有定位 勿乱顿 致污秽）
□□□□□□□	30. 把书包放在固定位置，不乱放。（置冠服 有定位 勿乱顿 致污秽）
□□□□□□□	31. 父母回家，我们笑脸相迎，并说："爸爸（妈妈），您回来了？"接着拿拖鞋，端茶水。（冬则温 夏则清 亲所好 力为具）
□□□□□□□	32. 开饭前洗手，并帮忙拿碗筷、端菜。（执虚器 如执盈）
□□□□□□□	33. 用餐时，请长辈先入座就餐，自己随后入座。（或饮食 或坐走 长者先 幼者后）
□□□□□□□	34. 吃饭不挑食、不多吃、不浪费粮食。（对饮食 勿拣择 食适可 勿过则）
□□□□□□□	35. 给爷爷奶奶、外公外婆、爸爸妈妈夹他们爱吃的菜。（亲所好 力为具 亲所恶 谨为去）

班级：_____ 姓名：_____

_____年___月___日至___月___日（一星期）

学了《弟子规》，你感受到学习的乐趣了吗？先做一个自我检查就知道了。

注：在下面小方格中标记，好（√），一般（△），差（○）

一周七日	对应力行细则
□□□□□□□	36. 饭后主动收拾碗筷、整理饭桌，并帮忙洗碗。（亲所好 力为具）
□□□□□□□	37. 不看电视，抓紧时间写作业。（宽为限 紧用功）
□□□□□□□	38. 写作业时专心致志，不想与学习无关的事。（读书法 有三到 心眼口 信皆要）
□□□□□□□	39. 学习时，书放正，人坐正，字写正。（墨磨偏 心不端 字不敬 心先病）
□□□□□□□	40. 做完一件事，再做第二件事。（方读此 勿慕彼 此未终 彼勿起）
□□□□□□□	41. 写完作业，收拾好书籍文具，准备第二天上学所需的课本，并整齐放进书包里。（列典籍 有定处 读看毕 还原处）
□□□□□□□	42. 完成作业后，不看关于暴力、色情的书籍和电视节目，而是看一些有益于身心健康的课外书。（非圣书 屏勿视 蔽聪明 坏心志）
□□□□□□□	43. 睡觉前，刷牙、洗脸、洗脚。（晨必盥 兼漱口 便溺回 辄净手）
□□□□□□□	44. 临睡前，把第二天准备穿的衣服找出来，放好。（置冠服 有定位）
□□□□□□□	45. 按时睡觉，并向父母问安，说："爸爸妈妈，晚安！"（晨则省 昏则定）
□□□□□□□	46. 进爸爸妈妈房间时，要敲门。（将入门 问孰存）
□□□□□□□	47. 关房门、柜门、抽屉门时，不要有太大声音。（缓揭帘 勿有声）
□□□□□□□	48. 常常整理自己的房间、书桌，使之保持干净整洁。（房室清 墙壁净 几案洁 笔砚正）

续表

班级：＿＿＿＿＿＿ 姓名：＿＿＿＿＿＿
＿＿＿＿＿年＿＿月＿＿日至＿＿月＿＿日（一星期）

学了《弟子规》，你感受到学习的乐趣了吗？先做一个自我检查就知道了。

注：在下面小方格中标记，好（√），一般（△），差（○）

一周七日	对应力行细则
□□□□□□□	49. 平时，不乱扔果皮纸屑，不虐待动植物，不浪费水和电。（凡是人 皆须爱 天同覆 地同载）
□□□□□□□	50. 常常诵读《弟子规》《大学》《中庸》《论语》《孟子》等传统经典，并力行其中的教诲。（能亲仁 无限好 德日进 过日少）
无论检查情况如何，请记住：勿自暴，勿自弃，圣与贤，可驯致！加油！	